ELO

Un juego sin fronteras

"La historia del ascenso de los Jets es dramática de por sí, pero Cuadros también explora las tensiones que surgen en una comunidad que de pronto vive un gran incremento en el número de trabajadores hispanos y sus familias… *Un juego sin fronteras* quizá debería ser de lectura obligatoria para cualquiera que esté a favor de la construcción de un muro en la frontera sur del país". —*Boston Globe*

"Un libro maravilloso… precisamente por su pequeña escala, precisamente porque podemos llegar a conocer a cada uno de los personajes es que la historia que cuenta Cuadros nos toca el corazón y las emociones íntimamente". —*New York Sun*

"Su mensaje es, después de todo, de esperanza al narrar cómo un equipo que fue abucheado durante su primera temporada llegó a ser, en su carrera a la copa, una fuerza unificadora para la comunidad entera". —*Education Week*

"El ascenso a la gloria del equipo y una temporada soñada se posicionan firmemente en el contexto de la lucha de la comunidad de inmigrantes por la asimilación y en la dura realidad que enfrenta la juventud latina que lleva el uniforme del equipo". —*Durham Herald-Sun*

"Ambicioso… un libro complejo, y un recurso inigualable en estos tiempos en que los norteamericanos debaten sobre inmigración". —*The News & Observer* (Raleigh, North Carolina)

La familia de Paul Cuadros se mudó de Perú a Estados Unidos en 1960. Premiado periodista, ha escrito para la revista *Time* y Salon.com, entre otras. En 1999, Cuadros obtuvo la beca de la Fundación Alicia Patterson para escribir sobre el impacto del gran número de trabajadores latinos de la industria avícola en las comunidades rurales del sur. Se mudó a Pittsboro, North Carolina, para realizar su investigación y permaneció allí para documentar el crecimiento de la comunidad latina en el sudeste.

Un

JUEGO

sin

FRONTERAS

Un

JUEGO

sin

FRONTERAS

Cómo un equipo de fútbol

crea una nueva esperanza en

los Estados Unidos

PAUL CUADROS

Traducción del inglés por Santiago Ochoa

Diseño del libro por Stephanie Huntwork

Este libro fue publicado originalmente en inglés en el año 2006 en Estados Unidos por Rayo, una rama de HarperCollins Publishers.

PRIMERA EDICIÓN RAYO, 2008

Library of Congress ha catalogado la edición en inglés.

ISBN: 978-0-06-162638-8

08   09   10   11   12   DIX/RRD   10   9   8   7   6   5   4   3   2   1

Para mi padre Alberto, quien me enseñó a jugar el deporte, y para mi hermano Alberto, quien me enseñó a ganar en la vida.

Un

JUEGO

sin

FRONTERAS

INTRODUCCIÓN

Durante los últimos quince años, el país ha tenido una migración silenciosa de mexicanos y otros latinoamericanos, quienes han cruzado la frontera y han inmigrado al interior de Estados Unidos. Sin embargo, es sólo ahora que el país ha adquirido conciencia de esta migración y de su impacto en nuestra sociedad. Dicha migración ha causado un acalorado debate sobre la inmigración y sobre lo que hará el país con sus más de 12 millones de inmigrantes indocumentados. No obstante, los orígenes de este problema pueden encontrarse en las mismas políticas de libre comercio de Estados Unidos, las cuales han obligado a los campesinos pobres de México y de Centroamérica a emigrar al norte para poder alimentar a sus familias.

En los años noventa, Estados Unidos aprobó el Tratado de Libre Comercio de Norteamérica, con la esperanza de que el comercio libre entre Estados Unidos, Canadá y México fortaleciera las economías de todos los países participantes. Este acuerdo terminó siendo un desastre para los campesinos mexicanos, pues permitió que el maíz y otros productos agrícolas norteamericanos altamente subsidiados entraran a México. Varios millones de campesinos mexicanos no pudieron competir contra esos precios rebajados artificialmente, y muchos de ellos se vieron obligados a abandonar sus tierras para emigrar a México D.F. y a otras ciudades del centro de México. Como no pudieron encontrar trabajo en los sectores urbanos, emigraron a Estados Unidos, donde encontraron empleo en las industrias empacadoras de carne y de procesamiento de pollos.

La industria de alimentos procesados estaba sufriendo una transformación en la forma de criar, sacrificar y procesar los productos animales para los consumidores norteamericanos. Las compañías de ese sector estaban integrando verticalmente todos los aspectos del negocio, entre los cuales estaba proveer de animales a los granjeros o criadores, suministrar los alimentos y medicinas necesarios para mantener vivos y saludables a los animales, y sacrificarlos y procesarlos a fin de prepararlos directamente para la venta a los supermercados y restaurantes. Aquellos días en los que el carnicero del vecindario cortaba la carne para el consumo humano habían desaparecido para siempre. Las compañías necesitaban una fuerza laboral dócil y maleable que pudiera soportar las duras condiciones de las plantas procesadoras, que no se quejara de ellas ni de los salarios, y no armara sindicatos. Encontraron esa fuerza laboral en los trabajadores latinoamericanos, a quienes comenzaron a reclutar en la frontera y en México. Algunas compañías suministraban incluso el transporte y les prometían vivienda si iban a trabajar a sus plantas del centro o sureste del país. Adicionalmente, les ofrecieron incentivos a los trabajadores para que vinieran con sus familiares. Debido a la inestabilidad del personal en las industrias de empacamiento de carne y de procesamiento de pollos suele ser alta, siempre había necesidad de nuevos trabajadores que reemplazaran a los que cambiaban de empleo o habían sufrido lesiones serias, para seguir realizando el trabajo brutal en las plantas.

La industria del procesamiento de animales servía como una puerta para muchos trabajadores latinos, quienes comenzaron a migrar a estados como Carolina del Norte. Pero luego de soportar las duras condiciones en las plantas de pollos, muchos de ellos buscaron nuevos empleos y comenzaron a trabajar en sectores como la jardinería, la industria textil, la fabricación de muebles y la construcción. Esta última estaba experimentando un verdadero auge en el Sur, pues se estaban construyendo muchas viviendas, carreteras y edificios de oficinas. Estados como Carolina del Norte estaban comenzando a desarrollarse y atraer a personas y negocios.

En 1996, los trabajadores empezaron a traer a sus familias. La migración de latinos ya no era un fenómeno temporal. Las escuelas comenzaron a ver un incremento en la población estudiantil latina, que hasta hoy en día sigue creciendo. Los antiguos residentes empezaron a comprender que esta migración sería permanente y que los latinos iban a establecerse allí.

Las pequeñas comunidades rurales como Siler City en Carolina del Norte, se encontraban en una encrucijada cuando comenzó la migración latina. A comienzos de los años noventa la ciudad enfrentó el cierre de varias plantas grandes de la industria textil y de muebles, y en una ciudad de sólo cinco mil habitantes se perdieron mil puestos de trabajo. Muchos jóvenes comenzaron a abandonar Siler City porque no había empleos estables. La ciudad estaba envejeciendo y su vitalidad se estaba desviando a otras ciudades más grandes. En 1990 la edad promedio de los habitantes de Siler City era de treinta y siete años, según el censo de Estados Unidos. La ciudad estaba envejeciendo.

La migración de trabajadores latinos y sus familias fue como una inyección de vida para Siler City. Renovó y fomentó el crecimiento y el desarrollo en una ciudad que estaba muriendo. En el año 2000 el influjo de latinos había reducido dramáticamente la edad promedio a treinta y un años. El aumento en la población y en el poder adquisitivo también se tradujo en nuevas oportunidades y en un crecimiento comercial.

Sin embargo, tanto los latinos como los antiguos residentes tuvieron dificultades para adaptarse a la migración. Los conflictos culturales eran frecuentes y han seguido causando fricción. Uno de los asuntos en los que los dos grupos se diferenciaban era en su manera de practicar deportes.

Al igual que en muchas otras comunidades rurales, el béisbol y el fútbol americano eran los deportes más populares, y las escuelas y los parques estaban diseñados alrededor de estos dos bastiones deportivos. La identidad de una ciudad pequeña puede medirse por el desempeño que tenga su equipo de fútbol americano de secundaria durante los viernes por la noche. Las tardes de los sábados estaban reservadas para los juegos de sóftbol y de la Liga Infantil de Béisbol que se celebraban en el parque.

Los latinos querían jugar fútbol, pues aman este deporte con pasión. Sin embargo, en Siler City no había dónde jugarlo. Se adecuaron canchas improvisadas para que los trabajadores latinos se desahogaran un poco después de los turnos extenuantes en las plantas avícolas. Los hijos de esos trabajadores jugaban en los patios traseros, en las calles y en los parques. Era inevitable que, además de otros conflictos culturales entre los latinos y los antiguos residentes, llegaría el momento en que estas disputas serían llevadas a las canchas de fútbol de las escuelas de secundaria.

Esta historia abarca tres temporadas de fútbol en Jordan-Matthews High School, y trata muchos de los temas que afectaron Siler City. Las historias que se cuentan en este libro son reales y sucedieron como un torbellino. Yo tenía intenciones de escribir sobre la diáspora latina al Sureste, no escribir un libro sobre fútbol y mi experiencia como entrenador de un equipo. Pero durante ese lapso, conocí a un increíble grupo de chicos que tenían un sueño que pronto también se convirtió en el mío. Este libro está protagonizado por algunos de los jóvenes más valientes que he conocido. Muchos de ellos han soportado enormes dificultades y ahora enfrentan un futuro incierto debido a su condición migratoria. Los nombres de los jugadores y de otras personas han sido modificados y he utilizado apodos para proteger sus identidades. Espero que algún día esta historia pueda contarse con sus nombres reales y que estos jóvenes puedan por lo menos salir de la oscuridad para reclamar sus verdaderas identidades y logros.

Actualmente el Congreso está debatiendo asuntos de inmigración, y qué hacer con los aproximados 12 millones de inmigrantes indocumentados que hay en el país; Siler City tiene mucho que enseñarle a Estados Unidos acerca de cómo enfrentar esta situación. Espero que un día, en un futuro no muy lejano, cuando los historiadores comiencen a escribir sobre la Gran Migración Latina a Estados Unidos, tengan en cuenta esta historia de cómo una ciudad y un equipo se unió y encontró un camino en común para compartir.

Primera
temporada

1

Los chicos ya estaban preparados para un cambio. Las finales estatales de secundaria no tenían nada que se pareciera al "tiempo latino", en que los jugadores llegan con media hora de retraso y recorren la cancha con su ropa de calle. Esta noche habían llegado preparados para jugar con sus jérseys blancos, sus shorts azul marinos y sus medias blancas hasta las rodillas para proteger sus piernas de la fría noche de noviembre. Se dirigieron de inmediato a la línea lateral donde estaba la bolsa con los balones de fútbol, sacaron uno y corrieron a la cancha como potros desbocados por una llanura, saltando y pateando en el frío aire otoñal. Inmediatamente empezaron a hacer tiros al arco para calentar a nuestro arquero Fish para el partido.

Fui a hablar con ellos. Les entregué los suéteres y los chalecos para calentar de color amarillo estridente. Los dividí en dos equipos para que pudieran realizar nuestra rutina normal antes del juego. "¡Vamos! ¡El juego de posesión! ¡Ahorita!", les grité haciendo sonar mi silbato. Los chicos conformaron rápidamente los dos equipos y comenzaron a jugar con el balón, tomando posesión de él y pasándolo, tocándolo sólo dos veces, llevándolo de un lado al otro de la cancha, pasándolo de un jugador a otro tan rápidamente como podían.

Al otro lado de la cancha, los Hendersonville Bearcats estaban realizando sus ejercicios de calentamiento. Habían viajado más de cinco horas en el autobús escolar desde las Montañas Apalaches hacia Siler City, una pequeña ciudad en el centro de Carolina del Norte, dedicada al procesamiento de pollos. El otro equipo era muy diferente al mío. Su calentamiento casi militar consistía en trotar en línea recta a través de la cancha, subir sus piernas al máximo y tocarse las puntas de los pies con los dedos de las manos para estirar los músculos. Sentí un estremecimiento en el estómago cuando vi su corpulencia y estatura; eran todo lo opuesto a los Jets. Eran chicos altos, grandes y fornidos de las montañas, que tenían un estilo de juego de pases largos; pateaban el balón hacia arriba y corrían tras él, superando así a los rivales y disparando al arco.

"Mira, Cuadros, son grandes", dijo Perico, uno de nuestros delanteros, que apenas sobrepasaba los cinco pies de estatura.

Lo miré, puse mi mano en su hombro y me reí. "No importa, siempre serán más grandes que tú, ¿verdad?" El rostro de Perico se iluminó y sonrió en señal de asentimiento. Yo tampoco era mucho más alto que él. Éramos latinos y habíamos aprendido a jugar un estilo diferente contra equipos cuyos jugadores eran más grandes: un gran control del balón, movimientos desequilibrantes y posesión del balón en la cancha. Nos concentramos en adquirir una mayor rapidez, en hacer pases cortos, rotar el balón y en lograr un ataque veloz. Gracias a esto habíamos ganado por primera vez el campeonato de la conferencia y estábamos a punto de ensayar nuestro estilo con un equipo que nos había propinado una derrota fulminante en nuestra primera temporada.

Dos años atrás habíamos viajado durante cinco horas a Hendersonville, en la segunda vuelta de las finales, donde los Bearcats nos golpearon con una gran derrota. Éramos un equipo excelente, lleno de talento en todas las posiciones, pero los Bearcats tenían un juego agresivo, derribaron a nuestros jugadores y los golpearon. Tuvimos muchas limitaciones ese primer año. El programa de fútbol en Jordan-Matthews era reciente y yo no había tenido tiempo de corregir los malos hábitos de mis jugadores, refinar su estilo y hacer que aprendieran a jugar como equipo. Además, no teníamos posesión del balón. Después de perder 1–0 con Hendersonville, tardé dos años en corregir sus malos hábitos, su actitud mental y en instaurar un nuevo sistema y estilo que no dependiera de un jugador al que podían derribar, sino de todo un equipo de jugadores que pudieran mejorar y ganar partidos.

Deseaba a toda costa que ganaran este partido, no sólo para avanzar a los cuartos de final y acercarnos a las instancias finales, sino también para dejar esa horrible noche en el pasado. Como entrenador tienes que saber guardar tus sentimientos y expresarlos de una forma cuidadosa y estratégica. Pero con este equipo —que nos había derrotado y que albergaban una atmósfera envenenada hacia mis chicos— me lo tomé a un nivel profundamente personal. El fútbol no es como los otros deportes; es apasionado, volátil y emocional.

A diferencia de tantos deportes en Estados Unidos, en el fútbol el reloj no se detiene. No hay tiempos de descanso, pausas comerciales ni paros estratégicos en donde el entrenador puede influenciar el juego. El fútbol es un deporte de jugadores, quienes juegan a pesar de las faltas, los penales, los tiros errados, las zancadillas violentas, los codazos en la cara, los balones tocados con la mano, las peleas, las discusiones con los árbitros y los aficionados y entrenadores que gritan. Los jugadores tienen que superar todas esas emociones a fin de ganar.

Los mejores equipos pueden hacerlo con destreza y elegancia, y son un espectáculo digno de contemplar, pero los peores equipos lo hacen recurriendo a la matonería. Los latinos somos apasionados y por eso nos gusta tanto el fútbol. Este deporte lo llevamos siempre a flor de piel, bien sea como jugadores, entrenadores o aficionados. Los americanos no pueden entender por qué dos países entraron en guerra tras un partido de fútbol, como sucedió en 1969 entre Honduras y El Salvador. Los latinos preguntamos: "¿Cómo no hacerlo?"

El partido iba a comenzar y reuní al equipo para darle las últimas instrucciones. Quería que sintieran la importancia del momento, y que fueran capaces de estar a la altura de las circunstancias.

"Bien, chicos. Aquí vamos de nuevo". Necesitaba darles confianza y energía, y prepararlos mentalmente para enfrentar el partido. De algún modo, los consejos más efectivos para levantar la moral hacen que un momento sea personal. Tienes que conectarte con los jugadores, indagar en sus corazones, entrañas y orgullo, y activar algo en ellos para que puedan creer en sí mismos. Antes de un juego, yo pasaba horas pensando cómo hacer esto o aquello, pero cuando llegaba el momento, primero tenía que sentirlo dentro de mí para poder lograr que ellos también lo hicieran. Si yo no creía en eso ni lo sentía, ellos tampoco iban a hacerlo.

"Algunos de ustedes recuerdan a este equipo de las finales hace dos años". Varios de los chicos asintieron. Entre ellos estaba Fish, nuestro arquero, quien recibió ese apodo poco después de emigrar de México a Estados Unidos. Su profesor le preguntó cuál era su comida preferida y lamentablemente la única palabra que él sabía en inglés era *fish*.

A su lado estaba Indio, nuestro mediocampista principal, un jugador extremadamente talentoso y un estudiante destacado, quien había cruzado la frontera por sus propios medios cuando sólo tenía once años de edad. A su izquierda estaba Bomba, un chico alto y tranquilo de El Salvador. Y en el medio estaba "Lechero", nuestro líbero desgarbado y enérgico. Todos le decían así porque había llegado a la escuela con una vieja camiseta que adelante tenía una marca popular de leche mexicana. Todos ellos habían jugado contra Hendersonville tres años atrás y habían sufrido las ignominias de aquella noche, las cuales iban de las zancadillas demoledoras que les hicieron los jugadores, a los insultos de los aficionados. Vi en sus rostros jóvenes y morenos una intensidad que contradecía su edad. Entendían el significado de este partido y no necesitaba hablarles de eso. Esta noche era el momento de recobrarse, dejar atrás a un enemigo y avanzar a cosas más grandes.

"Muchos de ustedes recuerdan a este equipo, lo que nos hicieron y nos dijeron. Quiero que recuerden todo eso ahora. Quiero que lo hagan porque las cosas han cambiado. Ustedes han cambiado". Hice una pausa y por un momento miré a los ojos de cada uno. "Este no es el mismo equipo que ellos derrotaron hace tres años. Este equipo es más fuerte. Este no es el equipo que perdió por un gol. Este equipo puede anotar *muchos* goles". Los chicos sonrieron y asintieron. "Este equipo es diferente. Este equipo es más grande. Este equipo ha crecido. Este equipo es un campeón. ¡Este equipo está hecho de fuego y de hierro!" Y al decir eso, levanté la cadena de acero que tenía en la mano y la agité. Había comenzado a llevar una cadena a los partidos para que los chicos la vieran y la consideraran como un símbolo de nuestra unidad. Gritaron y saltaron, agarrando la cadena. Estábamos reunidos en un círculo, unidos por esa cadena. La agitaron hacia atrás y hacia adelante, probando su fortaleza y probándose a sí mismos.

Eduardo, o "Edi", nuestro mediocampista izquierdo, comenzó a cantar:"¿Quiénes somos?" Los chavos respondieron en coro: "¡Los Jets!". Repitieron, "¿quiénes somos?" "¡Los Jets!" Luego gritaron al unísono y en inglés, "¡*One, two, three—let's go Jets!*", y entraron a la cancha iluminados por las grandes lámparas del estadio.

Muchas cosas habían cambiado desde la primera temporada en que comencé a entrenar al equipo con poco más que los implementos que había suplicado, robado o pedido prestados. Durante los últimos quince años, muchas familias latinas de México y Centroamérica han estado migrando a pequeñas ciudades como Siler City en busca de empleos y de una vida mejor y más tranquila que la que ofrecen las grandes ciudades. Pero han sido recibidos con miedo, desconfianza y terror. No hay nada peor que ser un extranjero en una pequeña ciudad sureña de Estados Unidos donde todos —negros o blancos— conocen tu historia y la de tu familia. Lo que causó aun más dificultades fue que los nuevos inmigrantes no hablaban inglés. Mientras veía a estos jóvenes latinos entrar a esa cancha en la que ningún ciudadano quería que ellos jugaran, no pude dejar de pensar lo cerca que habíamos estado de no llegar nunca a este momento.

2

Por un momento, el cielo de Carolina se extendió ante mí como una colcha ondeante antes de descender y cubrir todo el parabrisas de mi coche. Era una extensión celeste ininterrumpida y sólida donde no se veía ninguna nube, y el sol brillante se abría paso sin piedad haciendo que todo lo que estaba abajo se viera en alto contraste y con siluetas muy definidas.

Llevaba cinco horas conduciendo desde Washington, D.C. —donde vivía y trabajaba como periodista— en mi pequeño Saturn blanco cargado con muebles, ropa y otros artículos que necesitaría cuando encontrara un lugar para vivir en Siler City. Mientras seguía hacia el sur, pasé por Chapel Hill y supe que había dejado atrás el último vestigio de vida urbana, o por lo menos suburbana. Me estaba internando en el campo y a medida que la carretera se abría ante mí exhibiendo tan solo los cables plateados de la electricidad y los esbeltos pinos de color marrón, pensé: *¿En qué me he metido?*

Durante los diez años anteriores había vivido en grandes

ciudades de Norteamérica. Viví un año en Los Angeles, que fue todo lo que pude soportar; pasé ocho en Chicago, donde me convertí en periodista y escritor; y recién había cumplido tres años en Washington, en donde trabajaba en el Centro para la Integridad Pública. No lo había pensado sino hasta que pasé por Chapel Hill, pero durante la última década me había mudado gradualmente a comunidades más pequeñas de Estados Unidos y ahora me dirigía a Siler City, un pequeño pueblo rural con una población de unos siete mil habitantes. Lo estaba dejando todo atrás: los restaurantes exclusivos, las salas de cine, los bares, los clubes de baile y un importante trabajo relacionado con la política. Estaba solo, excepto por la idea de que andaba detrás de algo muy importante.

Era 1999 y yo acababa de ganar una beca de la Alicia Patterson Foundation para escribir sobre la migración silenciosa que se estaba produciendo en el sector rural del Sur a medida que los latinos que trabajaban en plantas de procesamiento de pollos se mudaban a trabajar a pequeñas ciudades como Siler City.

Yo había escrito un capítulo sobre seguridad laboral el año anterior, mientras trabajaba en un libro sobre el Congreso y el financiamiento de campañas. Uno de los aspectos que más me llamó la atención fue la industria del procesamiento de alimentos. La increíble cantidad de lesiones y muertes de las que fueron víctimas los trabajadores de esta industria hacía que fuera uno de los trabajos más peligrosos del país. En 1991, veinticinco trabajadores murieron y otros cincuenta y cinco recibieron heridas cuando el fluido hidráulico de una banda transportadora salpicó una freidora de pollos que funcionaba a gas en la planta de Imperial Food Products Company en Hamlet, Carolina del Norte. Las puertas de salida habían sido cerradas con cadena y los trabajadores fueron encontrados ahí intentando salir desesperadamente.

La planta no tenía alarma contra incendios ni sistema de aspersión. En 1997, Solomon Velázquez, un adolescente que trabajaba haciendo limpieza y que no había recibido entrenamiento adecuado, murió en un triturador de carne de Lundy Packing Company en Clinton, Carolina del Norte. El ex senador republicano Lauch Faircloth había tenido acciones en esta empresa por más de un millón de dólares. De 1999 al 2003, las lesiones y enfermedades en la industria de procesamiento de pollos parecieron reducirse de 15 casos por cada 100 trabajadores a 9.4 en Carolina del Norte, donde un total de 20,000 personas trabajaban en esta industria según la encuesta de lesiones por sector industrial realizada por el Departamento de Trabajo de Carolina del Norte. Sin embargo, el informe de lesiones presentaba serias fallas, pues las compañías no tenían la obligación de reportar las lesiones al Departamento de Trabajo para efectos de análisis ni de investigación, a menos que fueran hospitalizados tres o más trabajadores. Una docena de trabajadores podían sufrir lesiones, pero si ninguno era hospitalizado, el Estado nunca se enteraría.

Al investigar sobre este tema, comencé a notar algo extraño: los trabajadores de las plantas de procesamiento de pollos eran básicamente latinos. Durante cinco años había escrito sobre temas raciales y de pobreza en el prestigioso *Chicago Reporter,* un periódico con clara vocación investigativa que analizaba de manera objetiva estos temas polémicos en una ciudad dividida por asuntos raciales y de clase. Elaboré una base de datos de todas las plantas cárnicas y de procesamiento de pollos en varios estados, incluyendo sus direcciones y códigos postales. Recopilé información del Departamento de Censos de Estados Unidos sobre cambios demográficos, incluyendo aumentos en las poblaciones hispanas de aquellas ciudades en las que había una planta cárnica o de procesamiento de pollos, y descubrí que el número de latinos fue aumentando gradualmente desde 1990.

Tuve la sospecha de que la vida se estaba transformando de manera drástica en estos poblados a medida que los latinos venían a trabajar en las plantas y que la industria del procesamiento de alimentos estaba fomentando una migración sin precedentes en el país. Esto se debe a que la rotación laboral en la industria cárnica o en las plantas avícolas puede llegar al 100 por ciento anual. Estas plantas literalmente masticaban trabajadores y luego los escupían, y hasta el día de hoy, muchos de ellos son sometidos rutinariamente a condiciones laborales penosas e inseguras, a lesiones y enfermedades, e incluso a fatalidades. Muchos de los latinos que venían a trabajar en las plantas del Medio Oeste y del Sur eran indocumentados, razón por la cual las compañías podían despedirlos y controlarlos de la forma que quisieran, pues eran una fuerza laboral muy flexible que se inclinaría ante la voluntad de sus jefes. Así mismo, eran quizá los más trabajadores y tolerantes que la industria había visto en toda su historia y soportaban todo tipo de condiciones humillantes.

De manera casi simultánea —durante las décadas de 1980 y 1990— el consumo de productos a base de pollo comenzó a dispararse en Estados Unidos y los productores avícolas aprovecharon el cambio en la dieta norteamericana. La carne de res estaba pasando a un segundo plano, pues los consumidores con conciencia alimenticia decidieron comer pollo por ser una alternativa más saludable. Estas plantas eran como máquinas y requerían un flujo constante y continuo de nuevos trabajadores que reemplazaran a los que habían perdido. Y esto significaba que siempre se necesitarían trabajadores latinos en estas ciudades y que otros más siempre estaban en camino.

También significaba que, a diferencia de otras actividades agrícolas cuyas cosechas dependían de la temporada, la industria de productos cárnicos y de procesamiento de pollos funcionaba todo el año, durante seis días a la semana, en tres turnos diarios.

Los trabajadores debían permanecer en el lugar y echar raíces, lo cual transformaría el carácter mismo del interior del país. Las grandes ciudades siempre han tenido inmigrantes que hablan un idioma diferente, tanto en sentido literal como metafórico. Sin embargo, ciudades como Omaha, Nebraska; Greeley, Colorado; Siler City, Carolina del Norte; y Gainesville, Georgia, nunca se habían enfrentado a estos temas.

En 1990 el Departamento de Censos de Estados Unidos confirmó mi intuición sobre la migración que estaba ocurriendo en el Sur. Concluyó que Carolina del Norte tenía una población hispana de mayor crecimiento que la de cualquier otro estado en el país, un aumento de casi un 400 por ciento en un lapso de diez años.

Decidí escribir sobre comunidades latinas emergentes en la zona rural del Sur. ¿Cómo serían recibidos los latinos en estas comunidades que todavía estaban luchando con sus propios problemas raciales y de clase? ¿Qué tipo de latinos surgiría cuando los niños crecieran y cómo se verían a sí mismos?

La Carretera 15–501 iba en dirección sur desde Chapel Hill hasta Pittsboro, un pequeño pueblo de unos dos mil habitantes y centro del condado de Chatham. El camino atravesaba la ciudad, pasaba por un sector de dos cuadras con pintorescos almacenes de antigüedades, una heladería y una ferretería, y confluía en una estatua de bronce de un soldado confederado frente a la sede de la Corte del condado de Chatham. NUESTROS HEROES CONFEDERADOS, decía en la parte inferior en letras grises casi desvanecidas.

Di la vuelta alrededor de la Corte y tomé la Carretera 64 en dirección oeste hacia Siler City. No tenía mucho tiempo y quería encontrar rápidamente un lugar dónde vivir. Creía que era importante residir en la zona en lugar de aterrizar como un extraño, hacer un reportaje y escabullirme de allí para no regresar nunca más. Quería asumir la responsabilidad por lo que escribiera y que la gente confiara en mí.

Siler City está a sólo 15 millas al oeste de Pittsboro. La había elegido porque tenía dos plantas de procesamiento de pollos dentro de sus límites urbanos, y Pittsboro sólo tenía una. Había tres plantas y unos trescientos granjeros o personas que criaban pollos en el condado de Chatham. La industria avícola era la más grande del condado y la mayor empleadora.

La Carretera 64 Oeste pasa entre Pittsboro y Siler City como una delgada cinta gris sobre unas colinas suaves, y había sido ampliada a cuatro carriles en Carolina del Norte. Esta mejoría en la infraestructura buscaba facilitar el comercio. En Carolina del Norte y del Sur había una inusitada construcción de vías y carreteras, así como un crecimiento residencial y comercial. Gran parte de los hombres que trabajaban en la ampliación vial eran latinos, y muchos de ellos eran indocumentados. Eran la fuerza laboral barata para la modernización del Sur.

Lo primero que me impactó cuando llegué a Siler City fue el olor en la carretera; era un fuerte olor a pollo hervido. Subí las ventanas del auto pero el olor igual se filtró. Sabía que estaba en el campo y que debía prepararme para vivir en medio de la naturaleza, pero esta era una naturaleza a escala gigante.

A lo largo de la 64 había varias edificaciones bajas, largas y rectangulares, con ventiladores enormes que giraban como hélices en un extremo y lonas azules que ondeaban a los lados como las velas de una embarcación. En cada uno de los corrales había alrededor de 50,000 pollos en varias fases de desarrollo. Los ventiladores los mantenían frescos, mientras que las lonas oscurecían el lugar. Los pollos pequeños revoloteaban en su interior y se movían como olas por el piso cubierto de excrementos. Pero cuando crecían, podían moverse escasamente. Cuando los galpones estaban vacíos, el empleado retiraba los excrementos para convertirlos en abono, despidiendo un olor increíble.

Cuando los pollos alcanzaban todo su crecimiento, venían cuadrillas de trabajadores para agarrarlos, meterlos en jaulas que subían a camiones y luego sacrificarlos. Estas cuadrillas estaban integradas por latinos. Cada trabajador puede tomar un máximo de ocho pollos en cada mano, dos entre cada dedo. Después de hacer esto durante un tiempo, el trabajador suele comenzar a sentir un dolor terrible en las manos, las cuales se vuelven completamente rígidas, y tiene que ser transferido a otra posición.

Los camiones atraviesan la Carretera 64 hacia Siler City con los pollos blancos, quienes esperan su destino final en las jaulas. La carretera estaba salpicada de plumas blancas; parecía como si recién hubiera caído una nevada ligera. Arriba, los buitres negros circulaban por el firmamento, esperando que desapareciera el tráfico para descender y devorar a un pollo muerto que se había salido de una de las jaulas.

El nacimiento de Siler City proviene del mismo río de hierro que le insufló vida a tantas otras pequeñas ciudades de Estados Unidos: el ferrocarril. La ciudad surgió gracias a un depósito del ferrocarril que se construyó al sur de Sanford y al norte de Greensboro en 1884. El ferrocarril impulsó el crecimiento de negocios agrícolas y de mercancías, y en el transcurso de unos pocos años, el pequeño pueblo ya contaba con almacenes de tabaco, con tres establos para caballos, tres hoteles, un aserrío y una procesadora de algodón. En 1890, tenía 254 habitantes. Era conocido como el centro de envío de conejos más grande del condado Chatham, o incluso del estado. Creció durante varias décadas, y después de la Segunda Guerra Mundial, varias industrias importantes se establecieron allí, entre ellas la textil y la avícola. A finales del siglo veinte, los pollos se habían convertido en la principal industria del pueblo y del condado.

Pero, al igual que muchas otras ciudades del Sur, Siler City perdió importancia comercial cuando la industria textil comenzó a enfrentar una fuerte competencia por parte de países extranjeros. Entre tanto, los negocios privados se trasladaron del centro de la ciudad a locales alquilados a un lado de la carretera. La avenida North Chatham, que una vez fue un floreciente sector urbano, se deterioró, como si el corazón de la ciudad hubiera sido extirpado y transplantado a lo largo de la carretera.

Yo no sabía hacia dónde me dirigía, y simplemente iba conduciendo y conociendo a la comunidad en donde viviría al menos un año. Al norte de la avenida North Chatham vi un letrero que decía VÍNCULO HISPANO. Era una agencia que ayudaba a la comunidad migrante de Siler City, y su existencia me sorprendió por completo, pues no esperaba ver algo semejante a pesar de la migración, ni encontrar servicios para los latinos en los sectores rurales del Sur, pero estaba equivocado. En el futuro cercano, aprendería lo especial que era Siler City en diferentes sentidos —malos y buenos— y mucho más de lo que había imaginado.

Estacioné mi auto y entré al local. Inmediatamente vi a una mujer joven de piel clara y cabello negro y brillante recogido en un moño. Tenía ojos oscuros detrás de unos lentes delgados y se movía con rapidez. Se llamaba Ilana Dubester y era la directora ejecutiva y fundadora de la pequeña agencia. Estaba sola.

"Hola, ¿puedo ayudarte?", me dijo con un acento suave que no pude identificar; no era el típico acento latino. Me presenté y le pregunté sobre el Vínculo. Ilana me explicó las labores que cumplía su fundación, entre las cuales estaba ayudar a los latinos a adaptarse a la vida en Siler City, ofreciéndoles servicios de traducción para que supieran cómo matricular a sus hijos en la escuela, brindándoles información sobre centros de salud y otros servicios. Le dije lo que yo hacía y por qué me había mudado a la zona.

"¿Periodista?" Me miró con escepticismo pero me dijo que tenía un rostro amable. Ilana había nacido en Brasil y había viajado alrededor del mundo y del país antes de comprar un terreno y construir una casa en el condado de Chatham. Cuando vio el creciente número de latinos que llegaban a Siler City, fundó la organización sin fines de lucro en 1995. Muchas comunidades semejantes en todo el estado estaban luchando con los mismos aspectos migratorios, pero Siler City era la única en contar con esta organización. Sin embargo, no había sido fácil. Cuando ella abrió el Vínculo, muchos creyeron que quería sindicalizar a los trabajadores. Sindicato es una palabra vulgar en el Sur, pero esa no era la función del Vínculo, y con el paso del tiempo, el pueblo y el sector industrial lo han aceptado a regañadientes y han trabajado con él.

Yo no tenía mucho tiempo para hablar detalladamente de todos estos asuntos con Ilana, pues quería encontrar un lugar para vivir.

"No encontrarás ningún lugar aquí", me dijo mientras movía algunas cajas. Ilana era aguda y nada tonta. No se dejaba engañar fácilmente y abordó el asunto con rapidez. "La vivienda es uno de nuestros mayores problemas. Ve a Pittsboro; encontrarás algo allá".

Me deseó suerte en perfecto español y yo tomé nota mental para hablar de nuevo con ella sobre la migración y preguntarle qué estaba pasando en la ciudad en ese sentido. Subí a mi auto, me olvidé de mi paseo turístico por Siler City y tomé la Carretera 64 rumbo a Pittsboro.

Ilana me había dicho que fuera a una tienda de ropa usada.

La encontré; estaba localizada en la arteria principal de Pittsboro, a un lado del edificio de la Corte. Pam Smith era una
mujer pequeña con cabello ondulado y entrecano y unos brillantes ojos grandes, absorbentes y cálidos como una comida
casera. Hablaba con una voz cansina lenta y perezosa que tejía
cintas gruesas a tu alrededor. Pero yo tenía prisa por encontrar
dónde vivir y al fin mudarme. Me dijo que su esposo estaba
terminando de remodelar un pequeño apartamento de una habitación. "Creo que Snuffy ya lo terminó, pero ¿por qué no vas
y lo averiguas?", dijo con una amplia sonrisa, inclinando ligeramente la cabeza. Sus ojos resplandecieron como si me estuviera
haciendo una broma. Me detuve un momento y pensé, *¿Dijo
"Snuffy"?* Y me empujó hacia la puerta.

Llegué a una entrada de tierra que conducía al lado de una
pequeña casa blanca con dos columnas de ladrillos rojos y con
unas escaleras de madera que llevaban a un porche que tenía un
pequeño columpio. La casa tenía un techo de hojalata verde
bastante inclinado. Al frente había un árbol de magnolia con
grandes retoños blancos y hojas gruesas y brillantes de color
verde oscuro que parecían de plástico.

Toqué a la puerta y pregunté si había alguien. Apareció un
hombre esbelto con jeans polvorientos y una camisa marrón.
Tenía pelo y barba roja, y llevaba unos lentes delgados con marco
metálico dorado y un sombrero grande de paja. "¿Puedo ayudarte?", me dijo. Le pregunté si era Snuffy, y cuando respondió
que sí, le expliqué que estaba buscando un lugar para vivir. Me
dijo que él y su ayudante José aún estaban terminando de remodelar el lugar para alquilarlo, pero que estaría listo en una semana. Snuffy me invitó a ver el lugar.

José estaba calafateando el piso y lo saludé en español. Se
sorprendió complacido y me dijo: "Buenas tardes". Después de
la sala había un dormitorio, pintado en un tono púrpura claro.

Snuffy me explicó que el último inquilino había elegido ese color.

Le pregunté cuánto valía la renta mensual; lo pensó un momento y me dijo: "Bueno, quinientos cincuenta dólares". Me pregunté si era la tarifa normal, pero le dije de todos modos que lo tomaría. Él pareció sorprenderse de que yo hubiera decidido tan rápido. Le pregunté si podía dejar algunas de mis pertenencias y al parecer lo tomé por sorpresa. "Tengo algunas cosas en el baúl de mi auto. ¿Puedo dejarlas aquí?" Me miró con los ojos abiertos y sé que debió pensar que yo estaba loco; las personas no se mudaban tan rápido a Pittsboro. "Claro, ¿por qué no?" dijo. Saqué algunas cajas y José me ayudó a entrar algunos muebles al dormitorio. Le dije a Snuffy que me mudaría en una semana, pero que regresaría ese mismo día a Washington.

Mientras me subía a mi Saturn blanco, vi que mis zapatos Doc Martens estaban cubiertos de un barro rojo y grueso. Había llovido la noche anterior. Snuffy vio el barro y me dijo: "Nunca podrás quitártelo de tus zapatos". Los miré y dije: "Está bien". Sonreí y cerré la puerta.

3

Enrique cogió el par de alicates y unió los alambres de púa que estaban sueltos en la jaula de madera grande; se cercioró que el alambre estuviera seguro y arregló las bisagras de la puerta. Había hecho la jaula utilizando marcos de ventanas desechados y otros escombros de madera. Adentro, un gallo grande rojo y marrón permanecía silencioso, sin reparar en Enrique. Era un gallo orgulloso con vetas azules en las plumas que le daban un aspecto brillante y ceroso. Los ojos de Enrique eran tan negros como los botones de un esmoquin. "Voy a cruzarlos y luego los venderé", me explicó con su suave acento mexicano-americano, pronunciando cada sílaba. "Sí, se puede ganar buen dinero", dijo sonriente, soñando con su futuro negocio.

Enrique tenía trece años y era el mayor de cinco hijos de una familia sin padre conformada por dos hermanos, dos hermanas y su madre. Tenía una constitución fuerte y hombros redondos que apenas estaban comenzando a llenarse. Sus ojos pequeños y adormilados desaparecían cuando reía, y su cabello oscuro era muy corto, de modo que sus orejas sobresalían. En la parte posterior de la cabeza tenía una cicatriz en espiral por un gusano que le removieron quirúrgicamente cuando vivía en Ciudad de México.

"Tenemos que seguir", le dije. ·

"Paul, no tardaré en alistarme", dijo riéndose de mi actitud de gallina nerviosa.

Había transcurrido casi un año desde que me había mudado al condado de Chatham. Había conocido a Enrique y a su familia mientras yo acompañaba a Gloria Sánchez, la coordinadora de necesidades básicas y trabajadora social escolar del condado de Chatham, durante sus rondas habituales. Yo la había ayudado a repartir calentadores a base de querosén a familias pobres como la de Enrique. Su familia acababa de mudarse a Siler City y vivía en un cuarto en una casa que no tenía calefacción, y Gloria había conseguido un poco de dinero para comprar los calentadores. Yo le había enseñado a Enrique a llenarlos con querosén de un modo seguro, y a activar el piloto para encenderlos. En las noches, la familia se apretujaba en el colchón para calentarse.

Yo había comenzado a entrenar un equipo de adolescentes blancos en Pittsboro perteneciente a la Liga de Fútbol de Chatham, una organización voluntaria. Estaba aburrido en mi pequeño apartamento y me resultaba difícil hacer amigos en esta zona rural. Nos divertíamos mucho, pero cuando comencé a investigar sobre Siler City y a conocer más y más familias latinas, comprendí que estos chicos no tenían una forma organizada de practicar el deporte que amaban. No había ligas privadas para los chicos latinos que jugaban en los patios traseros de sus casas. No tenían uniformes de colores vistosos, entrenadores, ni partidos con árbitros.

Decidí unir estos dos mundos en un equipo de "competencia" que trascendiera el fútbol recreativo, modalidad que estaba diseñada para chicos que nunca antes habían practicado este deporte. El fútbol de competencia era para jugadores intermedios con una mayor destreza. Yo quería que los padres de ambos grupos se conocieran mutuamente.

En los meses que llevaba viviendo en Carolina del Norte, había constatado la fuerte segregación de las comunidades. Los latinos permanecían aislados por las barreras idiomáticas o el miedo. Los antiguos residentes no confiaban en los recién llegados porque no podían hablar con ellos. Pensé, "Si logro integrarlos en un equipo, por lo menos podrán conocerse mutuamente".

También quería demostrar que los chicos latinos podían jugar al fútbol. El fútbol es inmensamente popular en la zona triangular de Carolina del Norte comprendida entre Raleigh, Chapell Hill y Durham. Las enormes ligas privadas tenían buenos entrenadores, partidos organizados, canchas impecables, uniformes brillantes y árbitros. Pero estas ligas tenían muy pocos chicos o chicas latinas debido a su alto costo.

El fútbol en Estados Unidos florece en las ligas de clubes. Es allí donde los mejores entrenadores buscan y encuentran a jugadores talentosos y los contratan para clubes privados o los seleccionan para el Programa de Desarrollo Olímpico, las selecciones nacionales de Estados Unidos o los programas universitarios. El fútbol se ha convertido en un deporte de country-club en Estados Unidos, practicado en los suburbios, y su acceso está por fuera del alcance de otros sectores de la sociedad. Si no estás en un equipo prestigioso, tienes muy pocas probabilidades de recibir una beca deportiva en una universidad. Los padres de familia pagan miles de dólares para que sus hijos participen a ese nivel. Ese es uno de los mayores problemas que actualmente tiene este deporte en Estados Unidos: la reticencia a abrir el deporte a otros estratos económicos. Yo creía que los chicos latinos podían competir contra estos equipos gracias a sus habilidades callejeras, y hacer que un mayor número de jugadores tuviera acceso a este deporte.

Fui a recoger a Enrique y a su hermano Edi para llevarlos a un torneo de nuestro equipo privado. Conduje desde Pittsboro hasta una casa que su familia había encontrado a las afueras de Siler City. Se habían mudado dos veces desde que estaban allí, y el alquiler de esa casa era barato. Había dos tráilers en una especie de parque improvisado; Dolores compartía la casa con otra familia que vivía en el piso de arriba y ayudaba a pagar el alquiler.

Nos encontramos con varias familias más, tanto latinas como blancas, y condujimos por dos horas en dirección sur hacia Fayetteville, donde se estaba realizando el torneo. Habíamos entrado al Torneo de Fútbol Competitivo de la región central del estado para jóvenes menores de dieciséis años. El torneo estaba conformado por más de sesenta equipos privados de todo el estado y nosotros éramos el único equipo que tenía jugadores latinos. Edi había sido una estrella desde el comienzo y había anotado tres goles en dos partidos. Ganamos los dos primeros y nos aseguramos un cupo en la final.

Dolores tenía apenas quince años cuando se casó con un hombre mayor en México para poder abandonar la casa de su madre. Estaba enamorada y creía que era lo suficientemente madura para manejar la situación. La pareja se mudó a Chicago, donde tenían familiares. Los cinco hijos de Dolores nacieron allí.

La familia vivía en Pilsen, un vecindario de inmigrantes mexicanos localizado en el South Side de Chicago. Muchos mexicanos llegaban a Pilsen antes de establecerse en Little Italy o en La Villita, en la Calle 26 del West Side. Por todo Pilsen había hermosos murales que describían la rica historia cultural de los latinos.

En los años ochenta, Pilsen era básicamente un sector de inmigrantes, pero en la década de los noventa comenzó a aburguesarse lentamente con la presencia de artistas, actores y con la Universidad de Illinois en Chicago, la cual tenía una sede cercana y quería expandirse, aunque el vecindario conservó sus fuertes raíces mexicanas. Cuando yo vivía y trabajaba como periodista en Chicago a comienzos de los años noventa, iba con frecuencia de Little Italy, donde vivía, hasta Pilsen para lavar la ropa, ir a la iglesia y almorzar. Iba allí para conectarme con mis propias raíces, para sentir esa atmósfera única que se respira en los sectores latinos y para escuchar y leer español. Me sentía cómodo y unido a la gente de Pilsen. Las personas que veía en los andenes eran parecidas a mí. Caminaba por las calles del vecindario, tomaba fotografías y me sentía parte de esa comunidad.

Yo había crecido en Ann Arbor, Michigan, donde había muy pocos latinos. Fue difícil crecer en una ciudad predominantemente blanca, y nunca sentí que pertenecía a algún lugar. Aunque Pilsen no era mi hogar, de algún modo ahí me sentí cierta pertenencia.

En 1996, Enrique y su familia se habían mudado a Cicero, un suburbio en el Oeste de Chicago, que se estaba convirtiendo en un sector predominantemente latino. El padre de la familia se había ido. Dolores y su esposo se habían separado cuando ella estaba embarazada de su quinto y último hijo.

Muchas veces le he dicho que estábamos destinados a conocernos, pues vivía muy cerca de ellos en Pilsen y había escrito sobre la migración de latinos de sectores urbanos pobres como Pilsen y La Villita a suburbios del Oeste como Cicero y Berwyn. Había escrito varios artículos para el *Chicago Reporter* sobre la forma en que los suburbios intentaban reducir a toda costa la migración por medio de la aprobación de órdenes de ocupación de vivienda y otras leyes semejantes. Desde hace varias décadas existían leyes con este propósito, pero nunca se habían hecho cumplir.

Cicero promulgó un decreto de inspección de ocupación de viviendas que produjo una parálisis en el mercado de bienes raíces. Los latinos habían comprado viviendas en Cicero antes de la aprobación de este decreto, pero cuando entró en efecto, un inspector de la ciudad evaluaba si una familia tenía demasiados miembros como para vivir en una casa. En última instancia, ninguna de estas medidas realmente funcionó, y los suburbios se han vuelto predominantemente latinos desde entonces. La familia vivía con la hermana de Dolores en el sótano, un espacio que la ciudad había tratado de prohibir con sus decretos de ocupación. Los niños se matricularon en la escuela local y llevaron una vida normal.

Con la migración de latinos provenientes de sectores tradicionales de Chicago, llegaron también la violencia y las pandillas callejeras. La más grande de ellas eran los Latin Kings, pero había otras como los Playboys, los Foxes y los Spanish Cobras. Las pandillas latinas peleaban y se asesinaban en los barrios latinos por orgullo o asuntos territoriales. Las pandillas afroamericanas como los Gangster Disciples o los Vice Lords controlaban la mayor parte del negocio de drogas y no se enfrascaban en los tiroteos ni en las peleas insignificantes por las que eran famosas las pandillas latinas.

Un día de otoño frío, despejado y brillante, Enrique y Edi regresaban caminando de la escuela a la casa. Edi tenía doce años y era conocido en el barrio por su naturaleza atlética y su temperamento explosivo. Enrique era todo lo contrario. Tenía trece años, era tranquilo, pensativo y más paciente.

Los hermanos habían llamado la atención de los Foxes, una pandilla local que quería reclutarlos. Algunos chicos mayores que ellos los seguían a su casa. Los hostigaban, los coaccionaban y los trataban de convencer para que se unieran a la pandilla, pero los hermanos tenían miedo y se negaron. Sin embargo, no le dijeron a nadie lo que les estaba sucediendo. Al ver que no podían convencerlos, los pandilleros comenzaron a amenazarlos, a perseguirlos e incluso a tirarles piedras y ladrillos.

Mientras se dirigían a casa ese día de otoño, los dos hermanos se encontraron rodeados por un grupo de jóvenes más grandes que salieron de un callejón. Se habían ocultado allí, esperando a que llegaran para abordarlos. Los pandilleros ignoraron a Enrique y rodearon a Edi, obstaculizándole el paso. Tenían un interés particular en él porque sabían que sería un pandillero excelente. Edi era valiente y no tardó en responder.

"Golpearon a mi hermano", dijo Enrique al recordar la forma en que comenzó el incidente. "Edi es buena persona, pero si lo golpeas, te devolverá el golpe".

Los Foxes querían provocar a Edi para que respondiera. Edi miró con rabia creciente al joven que lo había golpeado: "De acuerdo; lo hiciste porque querías, y ahora yo quiero golpearte", y acto seguido, le dio un puño en la cara.

El golpe fue la señal para que los otros jóvenes atacaran a Edi. Lo derribaron y comenzaron a darle patadas. Inicialmente Enrique sintió miedo y no supo qué hacer. Pero al ver que su hermano era golpeado con tanta insistencia, entró en la refriega y golpeó a uno de los pandilleros.

"Ellos no sabían que él era mi hermano. Traté de interponerme y detenerlos, pero me agarraron de la mano, y un chico comenzó a golpearme en todas partes".

Enrique cayó al lado de su hermano. Los dos estaban en el suelo y recibieron un golpe tras otro hasta que los Foxes se cansaron. Enrique miró hacia arriba y vio que varias personas los observaban desde las ventanas de sus casas. Sin embargo, nadie salió para ayudarlos. Nadie llamó a la policía; todos tenían miedo de involucrarse.

Los pandilleros dejaron a los hermanos golpeados y ensangrentados en la calle. Finalmente se acercaron algunas personas para ver si estaban vivos y se apretujaron alrededor de ellos. Dolores había comenzado a preocuparse al ver que sus hijos no llegaban a casa y salió a buscarlos. Entonces se acercó al grupo de personas. "Creo que el peor momento de su vida fue cuando vio lo que nos había sucedido. Comenzó a llorar", dijo Enrique. Los chicos fueron conducidos al hospital, donde permanecieron varias semanas recuperándose de las heridas. Enrique tenía un brazo y varias costillas fracturadas. "No podíamos comer nada porque nos golpearon en el estómago, en las costillas, en todas partes. Sólo podíamos tomar agua".

Durante los dos meses siguientes, Enrique le pidió a su madre que fuera a la escuela y recogiera las tareas suyas y de Edi. Los hermanos no querían retrasarse en sus estudios. "Yo podía escribir y leer", dijo él, "pero no podía levantarme". Los chicos lograron hacer sus tareas mientras se recuperaban. Cuando fueron dados de alta, creyeron que sus dificultades habían terminado, pero realmente, apenas estaban comenzando.

Los chicos regresaron a la escuela y al principio no los molestaron; iban sin problemas de la casa a la escuela. Pasó un mes, y justo cuando empezaban a sentirse cómodos y seguros, los Foxes comenzaron a seguirlos de nuevo. Los hermanos se asustaron y se sintieron impotentes.

Una mañana, mientras iban a la escuela, Enrique y Edi vieron a un chico muerto colgado de una cancha de básquetbol. Le habían disparado. Enrique lo reconoció: era uno de sus atacantes. Posteriormente supo que el pandillero había sido asesinado en venganza por la golpiza que los Foxes les habían propinado a él y a su hermano.

Los Latin Kings, la pandilla latina más grande y antigua de Chicago, les había enviado un mensaje a los Foxes. Enrique y Edi vivían en territorio de los Kings y estaban bajo su protección. Los Latin Kings consideraban que los Foxes habían violado su territorio al atacarlos e intentar reclutarlos.

Esto fue la gota que rebalsó el vaso para Dolores; vendió su Chevy y se mudó con sus hijos a Carolina del Norte para huir de la violencia. Tenía familiares en el sector rural de ese estado y creía que era la única manera de proteger a su familia. Sin embargo, los pandilleros no iban a dejar de reclutarlos. Bien fueran los Foxes o los Kings, tarde o temprano los chicos se sentirían presionados a entrar a una pandilla que los protegiera. Dolores y sus hijos llegaron primero a Burlington y después se establecieron en Siler City, donde ella encontró trabajo en una de las plantas avícolas.

Siler City fue como un sueño para Enrique. Era una ciudad pequeña donde no había mucho que hacer, pero a él le gustaba eso. Después de la violencia de Chicago, no tardó en encantarle el campo. "Yo lo veía como un lugar lindo y agradable", dijo. "Era muy diferente a Illinois; era… bueno, hermoso. Podías estar afuera hasta muy tarde en la noche y no sucedía nada. Nadie te miraba ni trataba de perseguirte o robarte".

Desde 1990, cientos de miles de latinos se han trasladado al Sureste del país, muchos de ellos escapando a la violencia de ciudades como Chicago y Los Ángeles. Ellos siguieron el consejo de familiares que les contaron historias de pueblos pequeños y apacibles donde había mucho trabajo y nada de pandillas, las cuales estaban asfixiando a las comunidades latinas en las grandes ciudades. El flujo de latinos al Sur tenía dos fuentes, algo así como dos ríos confluyendo en un cuerpo de agua.

La primera eran los chicanos —como la familia de Enrique— quienes querían olvidarse de los problemas que había en los sectores pobres de las ciudades. La segunda eran los latinos que escapaban a la miseria y al desespero de sus países natales. Estas dos corrientes confluían en Siler City y comenzaron a transformar al pueblo de maneras sutiles y profundas.

Enrique y Anthony —un integrante americano del equipo de fútbol— se me acercaron por detrás, y siguiendo la tradición americana para entrenadores, me vaciaron el termo de agua de cinco galones encima. Los chicos y sus familias se reían, y los flashes destellaban. Habíamos ganado el torneo 4–0, y Edi había anotado tres de los goles. Él había liderado al equipo mientras daban la vuelta de triunfo alrededor de la cancha, algo que nunca antes habíamos hecho. Los chicos blancos se les unieron.

Completamente mojado, los vi cruzar la cancha juntos, corriendo de un lado al otro, y no pude dejar de preguntarme qué sería de ellos después de aquel día. Era el fin de la temporada; probablemente los chicos blancos de Pittsboro nunca verían de nuevo a los chicos latinos de Siler City; seguirían jugando en su equipo de Northwood High School de Pittsboro con la esperanza de entrar al equipo universitario. Los chicos latinos no tenían esa opción.

Todos eran jugadores extremadamente talentosos que podrían tener carreras estelares en la liga de fútbol de la secundaria y tal vez en la liga universitaria. Ganar este torneo había demostrado que estos chicos podían competir. Pero Jordan-Matthews High School no tenía un equipo de fútbol. Los deportistas latinos de esta escuela corrían en competencias de fondo o de pista. Muchos ni siquiera se molestaban en entrar a los equipos, y eran pocos los que participaban en otros clubes o programas ofrecidos por la escuela, porque simplemente no se sentían bienvenidos. Siler City era una ciudad de fútbol americano y muchos de sus habitantes querían preservar eso. Los antiguos residentes consideraban al fútbol como otra imposición sobre el estilo de vida tradicional del Sur. Los latinos ya se habían "apoderado" de algunos sectores del parque local para jugar su deporte. Para algunos, ya se había trazado una línea alrededor de la cancha de fútbol americano de Jordan-Matthews: allí no habría fútbol. Pero la posibilidad de que jugadores tan buenos como Edi, Indio y su hermano Perico nunca tuvieran la oportunidad de descollar para bien de su escuela y su comunidad, me llenó de rabia en el mismo instante en que me sentía eufórico por el logro de aquel día. Enrique pronto comenzaría noveno grado y extrañaría el fútbol.

Los chicos latinos querían jugar; era lo único que hacían. Sin embargo, los relegaron a las canchas polvorientas de los parques de Siler City para jugar donde nadie podía ver su talento ni celebrara sus goles. Aunque Jordan-Matthews High School se estaba haciendo predominantemente latina, pues cada vez eran más los chicos inmigrantes que entraban al sistema escolar, la idea de ver jugadores con shorts en el campo de fútbol bajo las grandes luces era demasiado para algunos. Pero para mí, era imposible pensar y creer que no hubiera un programa de fútbol en la escuela. Ellos merecían la oportunidad de jugar.

4

Lenin había crecido en Siler City. Su familia había sido una de las primeras en establecerse en el pequeño pueblo dedicado al procesamiento de pollos a comienzos de los años noventa, antes del aceleramiento de la migración. Su familia había conducido dos días desde Texas, y cuando llegaron a Siler City, se encontraron sin hogar, pues nadie le quería alquilar una vivienda a una familia latina. Durmieron en el auto durante dos semanas hasta que finalmente alguien les alquiló una pequeña casa. Poco después, el padre de Lenin encontró empleo en una de las plantas de pollos y Lenin comenzó su nueva vida.

Lenin, uno de los primeros niños latinos de la escuela primaria, se adaptó rápidamente y aprendió un inglés perfecto. Era un chico pequeño de cabeza redonda y rapada, y una sonrisa traviesa capaz de desarmar a cualquier profesor o figura autoritaria.

Por tres años, Lenin hizo campaña para establecer un programa de fútbol en Jordan-Matthews High School. Durante su segundo año comenzó a reunir los nombres de los chicos interesados en jugar, con el objetivo de armar un equipo. Anotó el nombre de todos los chicos latinos en una lista, y también el de algunos de sus amigos blancos.

Llevó sus peticiones y su lista de jugadores al señor Hamilton, el director de la escuela. Le entregó una lista con veintiún nombres, más que suficiente para armar un equipo en una escuela pequeña como JM, que sólo tenía alrededor de seiscientos estudiantes.

"Pero el señor Hamilton siempre me tiraba abajo la propuesta", me dijo Lenin. "El señor Hamilton me preguntaba dónde íbamos a jugar. Yo le decía que 'en la cancha de fútbol', y él me sonreía como diciendo 'de ninguna manera'. No quería fútbol allí y eso era todo. Conoces esa escuela; en JM aman el fútbol americano".

Era cierto. Siler City era una ciudad futbolística. Miles de residentes acudían cada viernes por la noche a ver a los Jets. No importaba que no hubieran ganado un campeonato de la conferencia en varios años; simplemente era lo que hacían todos los habitantes de Siler City los viernes por la noche. Era allí donde los chicos podían reunirse y los padres podían hablar y socializar. No había nada más que hacer aparte de asistir al juego. No había teatro, salas de cine, mucho menos un sector céntrico, tiendas que visitar, centros comerciales ni salas de video.

A diferencia de los habitantes de otras pequeñas poblaciones del Sur, los residentes de Siler City no eran fanáticos del triunfo. Y creo que eso habla muy bien de sus habitantes, pues tenían una visión objetiva sobre ese deporte. Tal vez era porque el pueblo era muy pequeño, y era difícil tener sentimientos encontrados o ser demasiado incisivo cuando las personas tenían un contacto tan frecuente.

Pero al igual que cualquier ciudad pequeña, también tenía

seguidores fieles, personas tradicionalistas que recordaban épocas y partidos mejores, y que querían mantener las cosas como estaban. Eran los guardianes de la tradición futbolística. Habían jugado fútbol americano allí, recordaban cómo habían sido las cosas, y querían preservar eso para sus hijos. Se jugaba fútbol americano los viernes por la noche, con ventas de boletos para rifas, perros calientes y camisetas, mientras el juego era transmitido por la estación local de radio. Todos y cada uno tenían un lugar en Siler City, incluso en la cancha de fútbol americano los viernes por la noche.

La cancha estaba rodeada por una pista de concreto de cuatro carriles. Las tribunas locales y las casetas de la prensa estaban en el costado sur, justo detrás del edificio de ladrillos de la escuela. Las tribunas metálicas estaban divididas en tres secciones. En el extremo occidental se sentaban los estudiantes junto a los profesores y entrenadores. En la parte del medio había una mezcla de familias, profesores y estudiantes. La tercera y última sección estaba destinada a los aficionados y familias negras. La segregación era visible desde el momento en que entrabas al estadio. Había un poco de mezcla en la parte del medio, pero la tercera sección parecía estar reservada casi exclusivamente para aficionados y familias negras.

Cuando le pregunté por ello a Barry Gray, Reverendo de la Primera Iglesia Bautista Misionera, me dijo recostándose contra la valla de tela metálica que había frente a las tribunas: "Las cosas siempre han sido así". La parte más integrada del estadio era el equipo de fútbol americano. Sin embargo, no tenía jugadores latinos.

Al igual que muchas ciudades del Sur racista, Siler City había tenido una comunidad segregada. La tienda de mercancías que estaba frente a la biblioteca pública había sido exclusivamente para clientes blancos. El Café Sidewalk llegó a tener una entrada para blancos y otra para negros. Los afroamericanos que habían padecido las épocas de racismo en Siler City quedaron con una amargura que pueden sentir hasta el día de hoy. Había lugares a los que no podían ir los negros o no estaban dispuestos a hacerlo porque sabían que no eran bienvenidos. Y sólo recientemente eliminaron finalmente los avisos "NE", que demarcaban los sectores negros de este pueblo.

Jordan-Matthews High School había sido una escuela exclusiva para blancos. Tuvieron que pasar más de diez años después de que la Corte Suprema emitiera un veredicto histórico para terminar con la segregación racial en JM, gracias al caso *Brown vs. La Junta de Educación*. Y cuando lo hicieron en 1968, hubo un levantamiento por causa de los nuevos estudiantes negros.

En la fachada del edificio principal, pintada en azul oscuro, estaba la figura de un fantasma con ojos blancos que se cernía sobre toda la escuela. La mascota de Jordan-Matthews era un fantasma que representaba a su equipo, los Fantasmas Azules, y los estudiantes negros tenían muchas dificultades para aceptar lo que veían como una alusión ligeramente velada; el fantasma había acechado a Siler City durante mucho tiempo.

Los afroamericanos sentían que representaba el emblema del Ku Klux Klan", me dijo el reverendo Gray, quien recuerda ocasiones en que la mascota salía a la cancha en una sábana durante los partidos de fútbol y las multitudes la aclamaban. Eso era demasiado para la comunidad afroamericana de Siler City. Si iban a estudiar en la JM, primero debían retirar el fantasma: tuvieron que enfrentarse a la administración de la escuela y de la ciudad para que cambiaran el símbolo; muchos blancos se opusieron, pues no querían renunciar a su mascota tradicional. Sin embargo, los estudiantes negros no cedieron. "Protestaron hasta que el nombre los Fantasmas fue reemplazado por los Jets", dijo Gray.

Y así, la JM se convirtió en la sede de los Jets, un equipo con un nombre inocuo, y la ciudad tuvo que renunciar literalmente al espectro. La palabra *Jets* cubrió al fantasma azul que estaba pintado en la fachada de la escuela. Sin embargo, la disputa que sostuvieron les produjo sentimientos amargos a los estudiantes negros. Gray creía que los profesores se resistían a la integración. "Nunca olvidaré que una profesora blanca me expulsó de clase simplemente porque dijo que yo la estaba 'mirando fijamente' ", recordó." Me pareció que era un caso flagrante de racismo, pues no le dije nada a ella". Gray jugó en el equipo de JM y llegó a ser un gran deportista. El equipo de fútbol americano era el único lugar donde la integración se daba con rapidez, y aunque los fanáticos no podían reunirse en las tribunas, se unían para apoyar a sus héroes locales.

Lenin había renunciado a su campaña por completo cuando estaba en último año. El señor Hamilton lo había rechazado año tras año, y la determinación de Lenin se debilitó a medida que se acercaba su fecha de graduación. Yo sabía lo que había padecido él. Mis hermanos Al y Sergio habían sentido una frustración casi idéntica. La escuela Pioneer de Ann Arbor tenía un equipo de fútbol que practicaba y jugaba partidos, pero el fútbol no era un deporte oficial universitario. La mayoría de los jugadores del equipo eran inmigrantes, chicos extranjeros cuyos padres eran profesores en la Universidad de Michigan. Cuando entré a secundaria, el fútbol se había convertido en un deporte oficial universitario, pero mis hermanos habían entrado demasiado temprano y no llegaron a vivir ese momento. Yo decidí encontrar la manera de que Lenin pudiera jugar.

No tardé en constatar que no había ningún interés en establecer un programa de fútbol en Jordan-Matthews High School, y que había un fuerte interés contra este proyecto. No sólo sería cuestión de resolver algunos problemas, sino de franquear una mentalidad establecida.

El director Hamilton tenía más de sesenta años de edad. Estaba sentado detrás de un escritorio grande y me escuchaba tranquilo mientras yo enumeraba las razones por las cuales pensaba que un equipo de fútbol sería benéfico para su escuela.

Pero me interrumpió y adujo una letanía de excusas para explicar por qué no debería existir un equipo. La principal de ellas era el hecho de que los estudiantes no estaban muy interesados en participar en ese programa. Me dijo que había realizado varias encuestas y que el número de personas inscritas no era suficiente para crear un programa de fútbol. Señaló que se requería un mínimo de veintidós estudiantes.

Gracias a mi labor como periodista había aprendido que cuando alguien comienza hablar, es mejor permitirle que lo haga durante el tiempo que quiera, tomar notas y luego abordar ciertos temas. El señor Hamilton explicó que había sido director deportivo en otra escuela secundaria donde había fútbol, y que era una actividad costosa. Dijo que no se oponía a la idea de un programa de fútbol en JM, pero que no era el momento adecuado.

"El problema que tenemos con nuestros estudiantes hispanos es que realmente no entienden cómo ser elegibles para jugar el deporte", dijo. A continuación explicó los requerimientos estatales de elegibilidad. "Cuando vimos la población hispana que estaba interesada en jugar fútbol, nos dimos cuenta de que no había el número suficiente de estudiantes que cumplieran los requisitos para jugar, debido a las notas escolares y especialmente a la asistencia".

Hamilton no se detuvo allí; tenía más razones para explicar por qué un equipo de fútbol no era una idea viable. Estaba el costo de los uniformes, los arcos y los balones, pues el Athletic Boosters Club no financiaría eso. Según él, era imposible que el fútbol produjera ingresos. Sólo había dos deportes en la escuela que generaban ingresos: el fútbol americano y el básquetbol. Los otros deportes —el tenis, el golf, el cross-country, el béisbol, el sóftbol y el atletismo de pista— arrojaban saldos negativos. Yo lo escuché con calma.

Mientras más excusas y obstáculos esgrimía Hamilton para no aceptar el programa, más rabia sentía yo, pues quería disuadirlo. Al mismo tiempo, yo sabía que no era necesario hacer un esfuerzo descomunal para comenzar con el programa; sólo necesitabas la voluntad de hacerlo. Y entonces Hamilton me dijo la verdadera razón por la cual el fútbol no podía entrar a JM y nunca lo haría.

"Además, no se puede jugar de noche porque el parque no tiene luces", señaló. Me explicó que ya había suscrito un acuerdo para que la escuela pudiera utilizar el Parque Bray y adecuar una cancha si el fútbol llegaba a JM. Sin embargo, el verdadero mensaje era claro: no se jugaría fútbol en la cancha de fútbol americano.

El Parque Bray era el principal de la ciudad, y era básicamente un campo de béisbol; tenía varios terrenos de béisbol, una cancha de tenis y una piscina.

También tenía un campo abierto donde los latinos jugaban los partidos de La Liga —la liga privada latina de fútbol— los fines de semana. La Liga estaba conformada por hombres que trabajaban toda la semana en las plantas avícolas y jugaban por diversión allí los fines de semana. La cancha estaba en condiciones lamentables; era inclinada, literalmente había que correr por una pendiente hacia el arco contrario. El césped había desaparecido hacía mucho tiempo y prácticamente sólo quedaba tierra. No había instalaciones sanitarias, luces ni tribunas para los aficionados.

Éste era el lugar donde Hamilton había decidido que podía jugar el equipo de secundaria. Era increíble pensar siquiera que una escuela permitiera que uno de sus equipos jugara fuera de ella, y mucho menos en semejantes condiciones.

Hamilton fue un paso más allá para dejar su posición completamente clara. "Y no se puede jugar en la cancha de fútbol americano porque no está reglamentada para jugar fútbol", me dijo. Eso era demasiado; había sugerido que la cancha de fútbol americano no estaba disponible y que había una alternativa en caso de que se jugara fútbol en JM. Y ya lo había dicho: no se podría jugar fútbol en la cancha de fútbol americano. El hecho de que cientos de escuelas de secundaria de Carolina del Norte jugaran fútbol en sus canchas de fútbol americano significaba muy poco para él.

Los equipos se ajustaban a las limitaciones de las canchas. Algunos de ellos se adaptaban a las condiciones; generalmente las canchas eran más largas que anchas, pero los equipos de fútbol se las arreglaban. El hecho de que no hubiera una cancha reglamentaria de fútbol no impedía que en otras escuelas de secundaria se practicara ese deporte: ¿Por qué tenía que ser diferente en JM? De hecho, el único lugar del estado donde había canchas "reglamentarias" de fútbol era en las grandes universidades como en la UNC o en la Universidad Estatal de North Carolina.

Sin embargo, no mencioné nada de esto. Yo había ido a proponerle un equipo a Hamilton y decirle por qué sería algo positivo para la escuela, especialmente cuando su población estudiantil estaba cambiando. Yo quería que él expresara sus razones de manera abierta y honesta, para luego abordar los problemas que surgieran. Yo no había ido a discutir ni a suplicar, sino a aprender y a comenzar a superar obstáculos.

Anoté todas las cosas que debía hacer. Necesitaría pedirles a los padres y a los estudiantes que manifestaran sus verdaderos intereses e informarles a los padres acerca de la importancia que tenían las calificaciones escolares y la asistencia de sus hijos para poder participar en el equipo. Señalé que de alguna manera, éste tendría que ser autónomo y generar sus propios ingresos; podrían jugar y entrenar en el Parque Bray, pero no había ningún espacio para una cancha en la escuela, ni el menor interés en que se utilizara la de fútbol americano.

Salí de la oficina de Hamilton con dos sensaciones: determinación para sobreponerme a todo esto y rabia de que Hamilton sólo se hubiera concentrado en los obstáculos que tenían los estudiantes latinos de JM que querían conformar un equipo de fútbol. Yo no dije que el equipo se conformara para estudiantes latinos ni que fueran los únicos que pudieran jugar; esa nunca fue mi intención. Consideraba al equipo de JM como el mío; simplemente como una mezcla de estudiantes que querían jugar. De hecho, me había propuesto hablar en términos generales porque sentía que la campaña para llevar el fútbol a JM tendría mayor contundencia si no se concentraba en un grupo étnico determinado, pero Hamilton había mencionado el origen étnico de los estudiantes que querían jugar fútbol. Había deducido que el fútbol era básicamente para los estudiantes latinos.

Durante mi conversación con él, se hizo evidente que el programa de fútbol americano tendría que financiar el de fútbol, razón por la cual no habría fútbol en JM.

Ese verano, en un caluroso día de julio, Rick Givens estaba en la estación de policía de Siler City cuando uno de los oficiales le comentó un problema. Givens, que en esa época era el jefe de los inspectores del condado de Chatham, dedicó un minuto a escucharlo.

El oficial le dijo que el departamento de policía estaba teniendo problemas con trabajadores indocumentados que conducían sin licencia, abandonaban las escenas de los accidentes y no aparecían cuando eran citados a la corte. Pero los oficiales no eran los únicos que se estaban quejando de los recién llegados. Los oficiales del sector de la salud estaban preocupados por el sobrecupo en las clínicas, por los pacientes que no tenían seguro médico y porque las escuelas se estaban llenando de estudiantes que hablaban poco o nada de inglés.

La ciudad estaba destinando recursos para atender la fuerza laboral que la industria avícola reclutaba de manera activa. Estaba subsidiando a la industria avícola, compensando los inadecuados y costosos planes de salud a los que no se afiliaban los trabajadores, y a un creciente número de estudiantes. Adicionalmente, los trabajadores no podían obtener licencias de conducción sin mostrar un número de Seguro Social, aunque eso no les impedía conducir hacia las plantas para trabajar sus turnos.

Givens, un hombre bajito, enjuto y de piel rosada, había sido combatiente en la guerra de Vietnam y se había jubilado como piloto de una aerolínea. Se le ocurrió la idea de enviar una carta al INS, solicitando un mayor cumplimiento de las leyes en el Condado Chatham. Convenció a otros inspectores del condado de que la carta sería una buena idea. Luego la escribió y la envió. "Cada vez hay una mayor cantidad de recursos que tienen que desviarse de necesidades importantes para poder ofrecerle ayuda a los inmigrantes que tienen pocas posesiones o ninguna", decía la carta. "Creemos que muchas de esas personas necesitadas que han llegado recientemente son indocumentadas o tienen documentos falsos. Necesitamos la ayuda de ustedes para que estas personas reciban la documentación adecuada o sean enviadas de nuevo a sus hogares".

Al igual que muchos oficiales locales de Estados Unidos, Givens veía el problema en términos de blanco y negro: si los trabajadores eran ilegales, había que legalizarlos o deportarlos.

El rumor de la carta no tardó en llenar de miedo y preocupación a las familias latinas; muchas de ellas temían salir de sus casas porque la migra iba a deportarlos. Las plantas avícolas sufrieron trastornos porque los trabajadores tenían miedo de ir a trabajar. Los latinos comenzaron a esperar que la migra llegara y tocara sus puertas a medianoche.

La migra no llegó, pues no tenía personal suficiente para cumplir con las leyes de inmigración en cada una de las ciudades avícolas del Sur. Sin embargo, la carta tuvo otras consecuencias. Givens había disparado el primer tiro y otras personas decidieron abanderar esa causa. Acorralar a los latinos se había vuelto legítimo a los ojos de los residentes de Siler City y los actos discriminatorios contra ellos aumentaron de manera dramática. Comenzaron a pedirles documentos de identidad si compraban alimentos y muchos fueron amenazados con la deportación en los semáforos. Los residentes se volvieron abiertamente hostiles con los recién llegados. Siler City había perdido la paciencia. Los antiguos residentes comenzaron a reunirse en las noches para discutir el problema y ver qué podían hacer. En el tope de las prioridades estaba lo que sucedía en las escuelas, y los padres de familia no estaban nada felices con eso.

Siler City Elementary es una pequeña escuela localizada en un sector boscoso en la periferia de la ciudad, cerca de la

Carretera 64. Hace diez años era una escuela nueva con pisos blancos y resplandecientes, y salones inmaculados con profesores dedicados. Los estudiantes eran mayormente blancos, con algunos negros. Pero la composición étnica de la escuela comenzó a cambiar a partir de 1995. Un nuevo grupo de niños comenzó a matricularse en esta escuela, pero nadie había tenido contacto con ellos en el pasado. Anteriormente, muchos de los inmigrantes latinos que habían llegado a trabajar en las plantas avícolas eran hombres solteros. Pero alrededor de 1995, los habitantes de la ciudad comenzaron a notar que familias enteras estaban llegando a Siler City, y que tenían muchos hijos.

La población de niños latinos en la escuela primaria se disparó en más del 40 por ciento en sólo cinco años, tomando por sorpresa al personal escolar, a los administradores educativos del condado, y a otros padres de familia. El rápido influjo de niños que hablaban poco o nada de inglés hizo que los educadores pensaran en una forma de enseñarle a este nuevo grupo. En 1998, el 9 por ciento de la población estudiantil del condado de Chatham tenía un "conocimiento limitado del inglés", y casi todos estaban concentrados en Siler City, la mayoría de ellos en escuela primaria. En esa época, Carolina del Norte no asignaba fondos a las escuelas locales para que éstas ayudaran a los niños recién llegados, ni para conseguir profesores calificados para enseñar inglés como segunda lengua. Diversas comunidades como el condado de Chatham pagaron por esos servicios hasta 1999, cuando el estado reconoció finalmente que necesitaba ayudar. De 1990 a 2000, los estudiantes hispanos representaban el 15 por ciento de las matrículas estudiantiles en Carolina del Norte. De 2000 a 2005, el crecimiento en las matrículas de hispanos fue del 57 por ciento, según un estudio realizado por el Instituto Kenan para la Empresa Privada, de la filial de la UNC en Chapel Hill.

Siler City Elementary había pasado de ser una escuela predominantemente blanca con alguna población negra, a una escuela con una creciente mayoría latina y una minoría blanca y negra. A mucha gente no le gustó eso. Los padres blancos retiraron a sus hijos de la escuela y se quejaron de que los profesores dedicaban mucho tiempo a enseñarles a esos estudiantes que no sabían inglés. Fueron a la junta escolar y solicitaron transferencias a otras escuelas predominantemente blancas localizadas en el condado. Los profesores de Siler City Elementary también comenzaron a irse de allí. Algunos padres negros querían sacar a sus hijos, pero a diferencia de los blancos, no tenían dinero para enviarlos a otras escuelas. Un nuevo tipo de éxodo blanco surgió a causa de los niños latinos y comenzó a asolar la escuela.

Comenzaron a circular rumores que decían que la calidad educativa de la escuela estaba disminuyendo, que los estudiantes latinos ni siquiera sabían ir al baño, que sus padres no habían pagado los impuestos con los que se había construido la escuela, razón por la cual sus hijos no deberían estudiar allí. Los padres blancos que querían que sus hijos estudiaran en Siler City Elementary estaban furiosos con los otros padres blancos que estaban huyendo por medio de las transferencias. Algunos sostenían que mientras más estudiantes blancos se fueran, más estimularían el éxodo blanco, y querían detenerlo antes de que todos los estudiantes blancos se fueran de la escuela.

Finalmente, en septiembre de 1999, la junta escolar convocó una reunión especial en la escuela para discutir la política de transferencias.

El gimnasio de Siler City Elementary estaba abarrotado de padres y profesores la noche de la reunión. Los padres se sentaron en grupos separados en sillas plegables frente a una mesa larga donde estaban los miembros de la junta escolar del condado. A un lado de ellos había un micrófono para que los asistentes se dirigieran a la junta.

Los padres negros y blancos estaban juntos, mientras que los latinos estaban a un lado; permanecían en silencio, y aunque se suponía que la reunión iba a ser sobre las no transferencias, sabían que realmente era sobre ellos y sus hijos. El ambiente era tenso pero también había una sensación palpable de que finalmente iban a hablar de las cosas que tenían que decirse.

T. C. Yarborough, un detective de la oficina del sheriff, fue el primero en hablar. Era alto, de bigote poblado y tenía una hija pequeña que estudiaba en Siler City Elementary. Creía que el éxodo blanco de la escuela era una presión enorme para los padres blancos que quedaban y deseaban seguir en esa escuela. Él quería que anularan la política de transferencias y que los padres blancos dejaran de huir.

"Si tienes un hijo en esta escuela, matricúlalo aquí el próximo año", les dijo a los asistentes. Aseguró que no transferiría a su hija a otra escuela y que la junta necesitaba revisar la política de transferencias y detener el éxodo blanco.

Pero a medida que los profesores y los padres hablaron por el micrófono, cada uno sostuvo que la barrera del idioma era la única razón por la que los padres estaban retirando a sus hijos de la escuela. Los temas raciales y étnicos estuvieron temporalmente ocultos, y se hizo énfasis en que los niños que no hablaban inglés estaban consumiendo el tiempo de los profesores. Donna Jones se refirió al respecto: "Hace un par de años, mi hija lloraba todas las mañanas. No quería ir a la escuela porque le aburría mucho que su profesora pasara todo el tiempo tratando de enseñarles a niños que no podían comunicarse con ella, y eso no está bien", dijo. Otros padres blancos se quejaron de que sus hijos estaban recibiendo una educación de segunda categoría.

Kay Staley señaló que su nieta era una de las dos estudiantes blancas del salón. "Las dos niñas estaban devastadas y completamente aterrorizadas porque nadie hablaba su idioma". Según ella, el problema no era de raza, y ella no tenía prejuicios, pero había que hacer algo con respecto al problema del idioma. Dijo que, anteriormente, Siler City Elementary había sido una gran escuela. "Ahora se ha deteriorado y es por el problema con los hispanos. Los más afectados ahora son las minorías, pero fue aquí donde crecieron, y son ciudadanos americanos. Creo que debemos defenderlos. ¿Vamos a cruzarnos de brazos mientras nuestros hijos tienen que ser retirados de esta escuela y enviados a otra para que puedan recibir una educación? Apoyemos a nuestros hijos y nietos", dijo en medio de aplausos.

Luego ofreció su solución, la misma que había dado el Sur a todos los problemas raciales. "Tal vez necesiten escuelas alternativas hasta que aprendan inglés, después de lo cual nos agradaría que ingresaran a este sistema escolar, pero no tenemos por qué hacer eso. Nosotros pagamos esta escuela. Fue construida con nuestros impuestos, no con la de los hispanos", finalizó en medio de más aclamaciones y aplausos.

Staley no estaba sola. Annette Jordan, una madre afroamericana que tenía una pequeña hija en la escuela, también estaba preocupada. "No tengo problemas con los mexicanos, con los blancos ni con nadie, pero tengo un problema cuando mi hija llega de la escuela y dice que la profesora no tuvo tiempo de enseñarle o mostrarle cómo hacer la tarea, pues tenía que dedicarle todo el tiempo a esos mexicanos que no entienden", dijo. Reconoció que, si pudiera, retiraría a su hija de la escuela, pero que su esposo no se lo permitía.

La reunión se estaba convirtiendo en una sesión de quejas sobre los latinos. La atmósfera era semejante a la de un evento deportivo, en el que los grupos aclamaban y apoyaban a su equipo a medida que cada persona tomaba el micrófono y expresaba sus sentimientos sobre los latinos. Pero aunque los padres blancos despotricaron contra ellos, otras personas se les enfrentaron y defendieron la escuela, la comunidad latina y la idea de que las personas podían vivir juntas a pesar de ser diferentes.

Heidi Green, una profesora nueva, dijo que una escuela diversa era una experiencia maravillosa para cualquier niño, pues el país se estaba haciendo más diverso. "Damas y caballeros, siento decirles esto, pero independientemente de que les guste o no —y no quiero ser ruda— lo cierto es que nos estamos integrando. Estados Unidos es el crisol de razas del mundo y tenemos que aceptarlo", dijo.

Doris Marsh, una antigua profesora afroamericana de la escuela, confrontó al público: "¿Nos habríamos reunido hoy si todos los niños negros se estuvieran retirando de esta escuela? ¿Nos habríamos reunido si todos los niños hispanos se estuvieran retirando de esta escuela? Creo que no. Si los padres blancos están sacando a sus hijos de nuestra escuela, lo hacen porque quieren y punto".

Sam Gregor, pastor de la Iglesia Metodista de Siler City, dijo que el responsable del problema era el miedo. "No me importa si mi hija rubia de ojos azules es la única estudiante blanca de su clase", dijo en medio de los murmullos del público. "Como pastor cristiano, me daría vergüenza sacar a mi hija. Ella ha crecido en un hogar donde le enseñamos que debe amar al prójimo sin importar el idioma que hable".

Los padres latinos permanecían en silencio, pues realmente no entendían lo que estaban diciendo exactamente sobre ellos, aunque sabían que estaban siendo el blanco de toda la energía negativa. Sin embargo, no era mucho lo que podían hacer, pues nadie se había molestado en suministrarles un traductor para que respondieran a los comentarios desagradables sobre ellos y sus hijos. Virginia Tabor, una madre latina, tomó el micrófono: "Sé que hay una barrera idiomática, pero eso no significa que mi hija sea retardada ni que tenga problemas de aprendizaje", dijo en medio de aplausos.

"El problema aquí es la segregación y la discriminación", dijo David González en medio de aclamaciones. Rechazó la idea de que los latinos de Siler City no pagaban impuestos y que por lo tanto no tenían derecho a enviar a sus hijos a la escuela ni a recibir otros servicios. La idea de que los latinos no pagaban impuestos estaba firmemente arraigada en la mentalidad de los antiguos residentes de Siler City.

La reunión era polémica y ruidosa, y los padres blancos finalmente tuvieron la oportunidad de expresar sus sentimientos. Estaban abandonando esas instituciones en favor de lugares como las nuevas escuelas experimentales, donde sus hijos no eran minoría. Sentían que no tenían otra opción. Sus prejuicios y temores los estaban alejando de la ciudad y tenían rabia. La estructura del poder blanco en la ciudad estaba siendo desafiada por la rápida migración y sus miembros no sabían cómo manejarla. Necesitaban latinos que trabajaran en las plantas avícolas y que hicieran crecer la economía, pero no querían necesariamente que los conciudadanos o sus hijos vivieran con ellos ni compartieran sus recursos.

Durante mis viajes y reportajes sobre los latinos que emigraban a las zonas rurales del Sur, descubrí que cada ciudad enfrenta la migración en fases semejantes a las cinco etapas del dolor. Inicialmente puede presentarse una negación, donde las comunidades ignoran la creciente presencia de trabajadores latinos en la sociedad. La siguiente etapa es de rabia. La tercera es de negociación y algunas veces las personas dicen que los latinos deberían marcharse tan pronto haya una recesión económica. La cuarta es la depresión. Recuerdo haber escuchado en muchas ocasiones a personas blancas que suspiraban acongojadas por los latinos que se habían establecido en Siler City. Una mujer blanca que estaba subastando su granja, me tomó de la mano y me dijo: "Ay, ¿puedes creer lo que esos mexicanos le están haciendo a Siler City?", puso los ojos en blanco, miró al cielo e inclinó la cabeza a un lado en señal de incredulidad por la supuesta desgracia de Siler City. La última etapa es, por supuesto, la aceptación, y en 1999 Siler City estaba muy lejos de aceptar a la población latina. Siler City tenía rabia.

Los ciudadanos estaban frustrados y enfadados de que su forma de vida y la estructura que había tenido durante varios siglos estuviera cambiando, y que ellos también tuvieran que cambiar. Después de la reunión con la junta escolar, comprendí que crear un programa de fútbol en JM sería una tarea monumental.

5

Rick Givens creció en las llanuras del oeste de Kentucky, donde los habitantes extraían carbón y eran generalmente pobres. Su padre había vivido mejor que la mayoría, trabajando como guardagujas del ferrocarril, y la familia tenía una tienda de mercancías donde Givens brindaba ayuda. Este hombre decía que no había crecido en la pobreza, sino más bien en "circunstancias exiguas", y recordaba que en muchas ocasiones su padre hurgaba en el sofá de la sala con la esperanza de encontrar algunas monedas para comprar una taza de café.

Como piloto de la Fuerza Aérea, Givens había pasado por muchos apuros y momentos difíciles, pero nunca como con las críticas que estaba recibiendo por haber concebido la carta al INS. Recibió quejas de defensores de los latinos, de políticos y de la comunidad empresarial, quienes no querían perder su fuerza laboral barata. Los medios lo describieron como un fanático y a él le dolió eso.

Al igual que muchos sureños, Givens rechazaba la idea de

que el racismo jugara un papel en cualquiera de sus decisiones. Los sureños blancos habían decidido que el fin de las Leyes de Jim Crow también había marcado el fin del racismo. Se lo tomaban de manera personal cuando eran acusados de ser fanáticos o racistas, especialmente si lo hacían los forasteros. Sin embargo, el problema racial en Estados Unidos es extremadamente complejo, pues está entremezclado con la historia y las clases sociales, a la vez que pasa por la superficie de muchos temas diferentes como si se tratara de la capa superior del suelo terrestre. Los afroamericanos del Sur no habían podido superar el asunto del racismo porque todavía vivían en la estructura de clases propia de muchas ciudades como Siler City. A los blancos les molestaba profundamente que los tildaran de racistas. Pero lo que no querían confrontar era que la estructura social y económica de sus comunidades los favorecía a ellos en perjuicio de los demás.

Obviamente, este no era un fenómeno regional. El Norte también tenía los mismos problemas. La serie de artículos que escribí sobre los latinos en 1994, como la de Enrique y su familia, quienes se mudaron a los suburbios al oeste de Chicago y fueron víctimas de una terrible discriminación de vivienda por parte de las autoridades locales, era mucho peor que lo que yo había visto en Siler City o en Carolina del Norte.

Pero la carta y la reunión de la junta escolar atemorizaron a los latinos. Todos parecían estar en contra de ellos y no entendían por qué. Las grandes compañías los habían invitado a venir a trabajar y en muchos casos los habían transportado, suministrado vivienda y les habían proporcionado empleos que otras personas de Siler City no querían. Esto es algo que los enemigos de la inmigración se niegan a reconocer. Muchos trabajadores, bien sea indocumentados o documentados, han sido *invitados* por el representante más influyente y destacado de Estados Unidos: el sector corporativo de Estados Unidos. Fueron los negocios los que decidieron que necesitaban una fuerza laboral más maleable y barata, y la consiguieron a pesar de —o estimulada por— la ausencia de una política inmigratoria oficial de Washington.

Givens y varios funcionarios más del condado de Chatham fueron invitados a un viaje de una semana a México, patrocinado por el Centro para el Entendimiento Internacional de la Universidad de Carolina del Norte. Givens había estado anteriormente en México, pero al igual que muchos americanos, sólo había visitado las zonas turísticas. Este viaje sería muy diferente.

Cuando el grupo fue a Puebla, una ciudad al este de la capital, Givens visitó una escuela donde los niños recibían clases bajo carpas de lona a la intemperie. Él nunca había visto tanta pobreza. "No tenían libros", dijo. La mayoría de los niños dejaban de estudiar después del sexto grado, como sucedía en muchas partes de México.

Givens conoció en esa escuela a un estudiante con una pierna deforme. Este joven caminaba varias millas en muletas para ir a la escuela. Se puso de pie y les leyó un ensayo a los delegados sobre el gran significado que tenía para él la educación. Givens se conmovió profundamente al recordar las dificultades de su infancia en Kentucky y prometió darle el dinero necesario para terminar sus estudios.

Givens estaba comenzando a entender que las fuerzas responsables de la migración de latinos a Carolina del Norte eran mucho más contundentes de lo que había creído. Había visto las condiciones reinantes y conocido a madres cuyos esposos e hijos habían hecho el peligroso viaje a través de la frontera y vivían solos en algún lugar de Estados Unidos, enviando el dinero que podían para que sus familias sobrevivieran. Él había ido a la casa de una familia cuando recibieron una llamada de una planta de pollos de Carolina del Norte en la que pedían ayuda para encontrar más trabajadores. "Estaban llamando para buscar más trabajadores allá. Llamaron de una compañía de pollos", dijo él.

Givens comprendió que el problema era superior al planteado en su carta. "En aquel entonces dije, ¿para qué molestarnos? Si el gobierno federal no puede controlar sus propias reglas, este condado tampoco tiene el tiempo ni los recursos", dijo cuando regresó.

"Aún sostengo que es ilegal, pero comprendí que no era un asunto en blanco y negro", añadió. "Me había equivocado y soy lo suficientemente hombre para reconocerlo". Givens decidió ayudar a la comunidad a asimilar esto y a ser una parte más activa de de Siler City.

Lo primero que hizo Givens cuando regresó fue contribuir a la educación del estudiante adolescente. Luego se reunió con representantes de Carolina del Norte a fin de conseguir más fondos para el programa de Inglés como Segunda Lengua (ESL, por sus siglas en inglés) en el condado de Chatham. Y los inspectores del condado, liderados por Givens, aprobaron un fondo de $129,000 para crear un Programa para Recién Llegados, el primer programa especializado del país para estudiantes de ESL.

El viaje había producido algunos resultados positivos en lugar de unos exclusivamente punitivos. Pero no todos en Siler City veían esto de la misma forma que Givens. Muchos veían a los funcionarios del condado —en particular a Givens— como traidores a su causa para deshacerse de los latinos de la ciudad.

Era una fría noche de febrero de 2000 y yo estaba en casa revelando fotografías cuando sonó el teléfono. Dejé varias fotos remojando y fui a la sala a contestar. Era tarde, ya pasadas las once de la noche, y yo iba a revelar una hora más. Había tomado unas fotos de trabajadores en una planta de procesamiento de cerdos en Tarheel, una pequeña ciudad a una hora y media de Pittsboro, donde criaban muchos cerdos.

Era Ilana Dubester y estaba alterada. "No vas a creerlo. Van a organizar una manifestación", dijo, dándole una bocanada a un cigarrillo.

Inicialmente creí que la migra había llegado finalmente y estaba rodeando a los latinos. "¿Quién la está organizando?

"El KKK", señaló. "Están organizando una manifestación contra los inmigrantes que se realizará en dos semanas frente al edificio del ayuntamiento".

Tuve que reconocer que después de la carta al INS y de la reunión con la junta escolar, parecía lógico que se realizara una manifestación. Yo había cubierto otras manifestaciones del Ku Klux Klan y de otros grupos extremistas en Chicago y Michigan. Esto iba a ser un desastre.

"¿Y adivina quién es el orador principal?", me preguntó Ilana, dándole otra calada a su cigarrillo.

"No tengo idea".

Ella exhaló el humo. "David Duke".

En un extremo de la ciudad, resguardada entre la división de dos carreteras, como la piel entre el dedo gordo y el índice, había una pequeña estación de gasolina. Su propietario era Richard Vanderford, un hombre alto de cincuenta y tantos años y de barba entrecana. Se rumoraba que muchos años atrás había sido miembro del Ku Klux Klan, pero ahora era miembro de la Alianza Nacional, un grupo racista con sede en Reston, Virginia. El 24 de enero de 2000, Vanderford decidió hacer algo con respecto al problema mexicano. Fue al ayuntamiento de la ciudad y solicitó un permiso para realizar una manifestación con el fin de "protestar por la inmigración descontrolada (sic.) de un gran número de trabajadores no americanos e inasimilables (sic) en el condado de Chatham y en Siler City. Este influjo está creando una carga insoportable para los residentes nativos, para nuestras tradiciones, instituciones y nuestra infraestructura". Dos años atrás, Vanderford había demandado a la División de Automotores para que le expidieran una placa con la inscripción ARIO, y había ganado.

Inicialmente, se suponía que la manifestación sería un evento local para que los ciudadanos expresaran sus opiniones sobre el creciente número de latinos, pero rápidamente se transformó en algo más. Vanderford invitó al director local del capítulo de Raleigh de la Alianza Nacional para que fuera el orador principal. Luego se le ocurrió la idea de invitar a David Duke, antiguo dragón del KKK en Louisiana y ex candidato al Senado de Estados Unidos. Cuando Duke aceptó, la manifestación dejó de ser un pequeño evento local y se convirtió en un acontecimiento nacional que atrajo espectadores, los medios y partidarios y detractores de todo el estado.

Ilana y el Vínculo querían que los latinos permanecieran en sus casas para evitar una confrontación. Juan, quien trabajaba en una planta avícola local, se reunió con otros compañeros para discutir la situación y decidir qué hacer. Algunos querían confrontar a los encapuchados, mientras que otros querían permanecer en sus casas. Decidieron obedecer al Vínculo.

La manifestación estaba programada para el día sábado 19 de febrero, y a medida que se aproximaba la fecha, era evidente que la tensión se apoderaba de la ciudad. Todos comenzaron a tomar partido.

Aparentemente, los afroamericanos de Siler City decidieron permanecer fuera de este asunto. Habían vivido situaciones semejantes en el pasado y creían que ésta no era su lucha, pero

cambiaron de parecer cuando se acercó el día de la manifestación y de la llegada de David Duke. Los pastores afroamericanos
comenzaron a arengar a sus congregaciones para que apoyaran a
los latinos y denunciaran la manifestación. Concluyeron que a
pesar de todo lo que habían padecido, no tendrían ninguna garantía de estar más seguros que antes si los seguidores del Klan
podían realizar una manifestación abiertamente. Sin embargo,
su apoyo a los latinos obedecía más a la defensa de sus propios
intereses. El espectro de la manifestación los hizo tomar conciencia de las dificultades de los latinos en Siler City y ver que
su situación no era muy diferente.

El reverendo Brian Thompson de la Iglesia Union Grove
AME Zion fue categórico al afirmar que su congregación debía
protestar contra la "manifestación del Klan sin capuchas. No se
trataba de una protesta violenta, sino de expresar que no estábamos apoyando a la comunidad hispana, a la negra o a la blanca,
sino que estabamos cansados de todos los actos flagrantes de
racismo", dijo.

Los pastores afroamericanos de Siler City se reunían frecuentemente con los pastores blancos, pero habían tenido dificultades para comunicarse con las iglesias latinas. Habían
conversado con los pastores de la Iglesia Bautista Latina y de la
Iglesia Metodista Latina, así como con los de las iglesias evangélicas, pero aparentemente no podían conectarse con la parroquia
católica de Santa Julia, que tenía la mayor congregación de latinos del condado.

Los estudiantes latinos asistían temerosos y asustados a la escuela a medida que el día se aproximaba. No podían entender
por qué la gente estaba contra ellos. Sus familias trabajaban duro
y se sostenían por sus propios medios. Además, ellos estudiaban:
¿entonces por qué la gente los odiaba tanto? ¿Qué habían
hecho?

Las instituciones educativas ignoraron lo que estaba sucediendo.

"Muchas veces sienten que realmente no le importan a nadie en las escuelas", señaló Willa Mae Thompson, una afroamericana que trabajaba para el programa de educación de migrantes del condado, y quien conocía muy bien a la comunidad.

"Hay dos o tres consejeros en las escuelas, y nadie los llamó para decirles, 'Miren, esto es lo que va suceder y queremos que sepan que no somos parte de esto y que los vamos apoyar a ustedes' ", señaló.

Muchos residentes blancos no apoyaban la manifestación y les desagradaba la imagen que estaba adquiriendo Siler City a causa de David Duke. "No quiero tener nada que ver con ellos", le dijo Joyce Gibson a un periódico. "No quiero que vengan a mi ciudad".

La parroquia católica de Santa Julia siempre había estado aislada de Siler City. Muchas iglesias protestantes veían a la pequeña iglesia católica como una cosa rara. Anteriormente había sido una pequeña iglesia cuyos escasos miembros no tenían contacto con nadie; pero eso cambió de manera dramática con la migración. La pequeña iglesia triplicó su feligresía en poco tiempo y el padre Daniel Quakenbush oficiaba más misas en español que en inglés.

La noche anterior a la manifestación, la pequeña iglesia estaba de nuevo abarrotada de personas pertenecientes a todas las comunidades de Siler City, blancos, negros y latinos, quienes se habían reunido para rezar y pedirle ayuda a Dios en esos momentos, los más difíciles de la ciudad. Entré y el padre Daniel estaba orando con los feligreses. Vi a Margaret Pollard, una afroamericana que era comisionada del condado, sentada en el ex-

tremo de un banco. Su familia llevaba varios siglos viviendo en
la región. Margaret era una persona amable de más de sesenta
años, pelo entrecano y conocida por su disposición para escuchar a las personas. A veces iba a la iglesia con su primo Wilbur,
quien vendía los vegetales que sembraba en su granja en un lote
de Pittsboro. Ella acostumbraba ir con su sombrero grande e
invitaba a la gente a comprar calabazas u otros productos que
Wilbur estuviera vendiendo ese día.

Era una persona sonriente, pero esa noche tenía un aspecto
lúgubre. Le pregunté si creía que la carta —la cual firmó, además de ayudarle a Givens a enviarla al INS— había suscitado la
manifestación. Me miró frunciendo el ceño en actitud pensativa
y dijo que esperaba que la carta no hubiera precipitado el evento.
Por el contrario, esperaba que la carta hubiera motivado su viaje
a México con Givens, como una manera de logar mejor comprensión entre todos.

"Algunas veces las malas relaciones marcan el comienzo de
las buenas relaciones", me dijo; yo me arrodillé a su lado para
que no tuviera que levantar la cabeza. "Mientras no hablemos
no hay posibilidad de solución. Cuando empiecen las conversaciones, así sea a partir del conflicto, es gracias a él que adquiri-
mos un sentido de aquello que nos une y somos conscientes de
todo lo que tenemos en común, de nuestra humanidad y de
nuestras necesidades conjuntas".

Pensé con frecuencia en las palabras de Margaret. Es indudable que los conflictos sacan a flote aquello que ocultamos bajo la
superficie. Incluso mi esfuerzo por crear un equipo de fútbol en
JM nació a partir de un conflicto entre los sueños de los estudiantes latinos y el personal tradicionalista de la administración.
Yo tenía la esperanza de que lo que había comenzado como una
mala relación terminara siendo una buena.

Avancé por el pasillo y canté con la congregación.

Los cielos de mi tierra son más azules que el océano,
Y los rayos del sol resplandecen en los pinos y los tréboles;
Pero hay otras tierras que también tienen sol y tréboles,
Y en todas partes hay cielos tan azules como el mío.
Escucha mi plegaria, tú que eres Dios de todas las naciones,
Una plegaria por la paz de su tierra y de la mía.

La Carretera 64 se extendía ante mí, vacía y desolada. Eran las últimas horas de la mañana y el cielo tenía el color de un trapo sucio después de limpiar una mesa. Había llovido esa mañana, dejando una humedad en el aire que se sentía más frío de lo usual. Conduje en dirección a Siler City para ver la manifestación. Tenía unos jeans y una chaqueta Eisenhower que me gustaba usar durante mis reportajes porque tenía muchos bolsillos. Tenía mi cámara con película en blanco y negro en el asiento de al lado. La película a color me parecía inapropiada para ese día. En la radio, Los Lobos interpretaban una canción tejana.

Siler City estaba desierta. En el autoservicio de McDonald's, que usualmente bullía con el murmullo de los vehículos de los clientes que iban a comprar el desayuno, no había un solo auto. La calle Raleigh estaba vacía y parecía como si las casas le hubieran dado la espalda a la vía y no quisieran ver lo que estaba sucediendo.

El edificio del ayuntamiento se erguía como un templo en medio de la Segunda Avenida, la vía principal del centro de la ciudad. Era una edificación baja de tres pisos y el salón principal estaba en el último. Las paredes de piedra eran de color gris claro con ribetes blancos y había un pequeño balcón en el tercer piso donde los policías observaban la calle entre dos columnas cuadradas de color blanco. Habían instalado barricadas en el edificio y clausurado la entrada para impedir que los medios de comunicación ingresaran al área donde los oradores se dirigirían al público. Los principales participantes de la manifestación tenían permiso para permanecer en el jardín delantero. Las demás personas fueron relegadas a la calle que descendía por la colina, así los partidarios se sentirían a salvo.

Inicialmente los asistentes comenzaron a llegar de manera aislada, y luego hubo una conmoción súbita detrás del ayuntamiento: Parecía que habían llegado Vanderford, sus seguidores, los integrantes de la Alianza Nacional y David Duke.

Me instalé en la entrada reservada para los medios y comencé a tomar fotos. Unos cuarenta partidarios fanáticos llegaron y se pararon frente al edificio. Había un anciano con chaqueta y sombrero con la bandera confederada, algunos cabezas rapadas —como era de esperarse—, una pareja joven vestida de negro y otros que parecían granjeros y gente del campo. Muchos llevaban letreros que decían LA RAZA VUELVAN A CASA; ¡ESTA ES NUESTRA TIERRA!; DENUNCIE A LOS ILEGALES; LA CONTAMINACIÓN DE NUESTRA POBLACIÓN ES INCREÍBLE; y NO OLVIDEN AL TRAIDOR RICK GIVENS. Una mujer llevaba un letrero escrito a mano que decía SI LOS LÍDERES DE CAROLINA DEL NORTE QUIEREN AYUDAR A LOS MEXICANOS, HÁGANLO EN MÉXICO, NO AQUÍ. NECESITAMOS NUEVOS LÍDERES. Y mi favorito: la palabra LLENO dentro de un mapa de Estados Unidos.

Mientras tomaba fotos agachado, vi a una periodista. Su cabello ensortijado y claro se asemejaba a la paja de verano en contraste con su suéter de cuello de tortuga color marrón; tenía un micrófono negro extendido hacia los partidarios. La saludé y ella me lanzó una sonrisa radiante que atravesó el día gris. Tenía rasgos afilados pero delicados, ojos grandes y un cuerpo delgado

pero armónico. Le hice la pregunta típica de los periodistas;
"¿Con quién trabajas?" Era agradable saber quién era la persona
que trabajaba a tu lado.

"Con la radio pública", dijo mirándome.

"¿Qué piensas de esto?"

"Me pregunto por qué no están en la planta avícola".

Era una buena pregunta y la razón era obvia. Podían hacer la
manifestación frente al ayuntamiento de la ciudad, pero si trataban de hacerla frente a las plantas Gold Kist o Towsends, no habrían tardado en expulsarlos.

"¿Cómo te llamas?"

"Leda", respondió, mirando su grabadora y estirando el brazo
para grabar más sonidos.

Richard Vanderford se acercó al micrófono que habían instalado en las escaleras de la entrada. Llevaba una camisa oscura
con franjas blancas, de esas que venden en JCPenney, una chaqueta liviana, una gorra de béisbol con la imagen de un camión,
y la inscripción ALBRIGHT DIESEL. Vanderford tenía barba rala y
ojos pequeños y penetrantes como los de un terrier, apropiados
para cazar bajo el suelo. Les pidió a los asistentes reunidos en la
calle, que ya eran más de cien, que juraran fidelidad a la bandera
norteamericana y todos lo hicieron. *Los americanos lo harían sin
importar quién se los pidiera,* pensé.

David Duke era alto, esbelto y llevaba un traje azul. Parecía
una estrella de Hollywood, cabello ondulado rubio plateado,
dientes parejos y blancos y hoyuelos al reír, algo que hacía con
frecuencia. Tenía el estilo propio de un político y la desenvoltu-
ra para dirigirse al público. Los organizadores de la manifestación lo trataban como a un miembro de la realeza; lo protegían,
lo atendían y lo mimaban. Él era el espectáculo.

Duke fue directo a la yugular. "Lo que ustedes tienen que

entender es que esta inmigración masiva está cambiando el aspecto de esta comunidad, está cambiando el aspecto de Estados Unidos y transformará a nuestro país en algo muy diferente a los principios y valores de los padres fundadores de nuestra patria", vociferó. "Ustedes terminarán superados en votos y en número en su propia tierra".

Habló sobre varios temas, incluyendo el papel de la industria avícola en la migración. "Lo que sucede en este país es que algunas compañías no están contratando ciudadanos americanos, sino extranjeros ilegales para ahorrarse unos pocos dólares. Creo que necesitan a alguien que desplume los pollos, pero los pollos no son los únicos que están siendo desplumados en el condado de Chatham, pues los que están siendo desplumados son las personas de estas comunidades, las cuales son trabajadoras, pagan impuestos y tienen que pagar las cuentas".

Atacó a la industria por "vender su derecho de nacimiento por unos pocos dólares", y luego invitó a los afroamericanos que se encontraban presentes a oponerse a lo que estaba sucediendo en su ciudad. Dijo que ellos tenían eso mismo en juego o acaso más.

Luego atacó personalmente a Rick Givens. "Ahora, este hombre fue elegido bajo la presunción de que iba a defenderlos a ustedes de la invasión de extranjeros ilegales en esta zona, pero viajó a México gracias a unas vacaciones pagadas y cambió su posición, ¿acaso no?"

Las quejas de Duke eran extrañamente parecidas a las quejas de la carta dirigida al INS y a las que se expresaron en la reunión con la junta escolar. Reflejaban las mismas ideas y sentimientos presentes en los cables noticiosos sobre las "fronteras vulnerables" y las "invasiones". Pero de alguna manera, y tal como fueron enunciadas por el líder de un grupo racista, las palabras eran diferentes a las utilizadas por los expertos de los medios o los halcones conservadores. La retórica era la misma, pero el odio contenido en las palabras quedaba al descubierto gracias a la identidad del orador.

Duke habló más de una hora; despotricó contra la industria avícola, Givens y los latinos, y les pidió a los negros que se unieran a su causa. Concluyó invocando El Álamo, alabó la valentía de los tejanos que resistieron al asalto mexicano a esa misión, y recordó cómo les habían arrebatado esas tierras a las tropas de Santa Anna. "La batalla de ustedes aquí es la batalla de Estados Unidos".

Muchos asistentes lo aclamaron. Más de trescientas personas habían asistido a la manifestación, incluyendo defensores y detractores, estudiantes de la UNC, disidentes blancos y negros y algunos latinos.

Los afroamericanos que asistieron por curiosidad no podían creer lo que sucedía de nuevo en su propia ciudad. Les daba asco pensar en la posibilidad de respaldar a un antiguo gran dragón del KKK. Muchos blancos de Siler City resolvieron no ir a la manifestación, pues no iban a tomar partido por Duke y el Klan. El hecho de que la mayoría de los latinos hubiera permanecido ausente era prueba fehaciente del talento organizativo de Ilana y de otros partidarios. Ese día no hubo ninguna confrontación, pero muchos de los manifestantes tuvieron la oportunidad de expresarse y de desahogar sus sentimientos.

Dwight Jordan —un partidario de la manifestación— estaba enfadado. "Tengo rabia porque aquí no hay autobuses Greyhound para subirlos y enviarlos a todos y cada uno de ellos al lugar del cual vinieron", me dijo. "Llevo cuarenta y un malditos años viviendo aquí. Conduzco un camión". Jordan responsabilizó a la industria avícola de los problemas existentes. "En lugar de tratar de negociar salarios decentes con las personas que trabajan aquí, quieren ofrecer tarifas más baratas", señaló.

"Hemos venido acá y agradecemos la hospitalidad que hemos encontrado. ¿Y cómo la agradecemos?", dijo Julio Pérez, quien trabajaba para una emisora local en español. "Trabajamos duro y hacemos que las compañías para las cuales trabajamos se sientan felices de tenernos". Señaló que los latinos eran los responsables de la bonanza económica de Siler City.

Una pareja madura se encontraba entre los más fieles seguidores frente al ayuntamiento de la ciudad. Su hija estudiaba en Bonlee Elementary School, una escuela predominantemente blanca y les asustaba que los latinos llegaran pronto a su escuela. "No me molesta que las personas vengan y traten de superarse", dijo la madre. "Pero me molestan los que los dejan venir sin tener que pagar diez centavos y luego le quiten el trabajo y la educación a mi hija".

La manifestación terminó sin incidentes. El único momento tenso se presentó cuando llegaron estudiantes de la UNC para protestar por la presencia de Duke, pero nadie les prestó atención. Los manifestantes comenzaron a dispersarse y Duke se acercó a la barricada donde estaba la prensa. Le pregunté cuál creía que era la causa de esta situación.

"Creo que la codicia tiene que ver mucho con este problema porque algunos están tratando de ganar unos dólares más, no pagan salarios decentes y saben que pueden pagar menos", dijo como un estadista. Sin embargo, realmente parecía un sindicalista. "Y lo que sucede es que esta comunidad termina financiando mayores costos en el cuidado de la salud y la educación, y realmente eso no es justo".

"Si así es, ¿por qué no organizaron esta manifestación en las plantas avícolas?", le pregunté.

Duke sonrió e inclinó la cabeza hacia atrás. "El aire es más dulce aquí", dijo despreocupado. "Tal vez vayamos allá".

Sin embargo, Duke no fue allá; él tenía hambre. Era un trabajo extenuante destilar veneno durante dos horas, así que él y Vanderford se dirigieron al restaurante Golden Corral, localizado en la Carretera 64, afuera de la ciudad. Una fuente me había informado que almorzarían allí, y me adelanté con la esperanza de tener la oportunidad de entrevistar a Duke con mayor detenimiento. Me senté en la parte de atrás y esperé a que llegaran. Unos cabezas rapadas y subalternos de Duke estaban encorvados sobre las mesas. Me miraron y uno de ellos me preguntó, "¿Qué estás mirando?"

Duke y Vanderford entraron al restaurante acompañados de otras personas. Duke sobresalía entre el grupo. Era el más alto, el mejor vestido y el más apuesto, aunque no tenía mucha competencia, teniendo en cuenta los campesinos, cabezas rapadas y sureños de clase baja que lo acompañaban. La tensión del lugar era palpable y las meseras se miraban con nerviosismo. Intenté acercarme a Duke para continuar con la entrevista, pero estaba muy bien protegido. Decidí sentarme y observar. Quizá tuviera una oportunidad si él iba al baño.

Duke había pasado dos horas despotricando contra la industria avícola y los trabajadores, y extrañamente pasó a otros temas que no captaron el interés de la multitud. Cuando lo vi firmar su nuevo libro después de la manifestación, fue evidente que él era poco más que un oportunista; era su oportunidad para vender libros y recibir algún dinero en efectivo. Él no estaba interesado en Siler City; era tan sólo otro desfile de carnaval para él.

Me disponía a abandonar el sitio sabiendo que no recibiría más información de Duke, cuando vi que se levantó de la silla con un plato en la mano. Pensé que podría ser la oportunidad para hablar con él, pero por alguna razón me contuve. Lo vi dirigirse al bufé, tomar unas pinzas de aluminio, sacar algunas presas de pollo frito y servirlas en su plato blanco. Después de todo, era un buen chico sureño y le encantaba el pollo frito.

Incliné mi cabeza mientras regresaba a su mesa; ya no tenía que ver nada más. Duke lo había dicho todo con lo que se había servido. Lo había dicho todo para todas las personas en Estados Unidos que ven la migración y a los latinos de la forma en que él lo hace. Ellos no querían que los trabajadores ni sus familias vivieran en sus ciudades, pero por supuesto que querían seguir comiendo pollo: Eso era todo lo que importaba. Estados Unidos hablaba con su estómago, y quería que alguien recogiera sus tomates, sus pepinos, sus naranjas, sus arándanos, que moliera sus hamburguesas, que procesara sus cerdos, que sacrificara sus pavos para el día de Acción de Gracias, que cortara sus árboles de Navidad, que sacrificara sus pollos, y no le importaba cómo lo hicieran siempre y cuando las personas que le suministraban sus alimentos fueran baratas e invisibles.

Duke había pasado dos horas criticando los mismos trabajadores que le habían llevado su pollo frito. Ni siquiera se percató del verdadero alcance de su hipocresía. Ninguno de ellos lo hacía cuando se trataba de esto. No lo hacían Lou Dobbs, Bill O'Reilly, el representante Tom Tancredo, ni ninguno de los abanderados de la anti-inmigración. Si fueran sinceros en su campaña por la reducción de la inmigración ilegal, se negarían a comprar estos productos. Podían dejar de consumir pollo frito, tocineta, hamburguesas, carne, lechuga, pavo, perros calientes, tomates, uvas y vino. Podían dejar de comprar otros productos como muebles y textiles, y negarse a recibir servicios como la construcción y la jardinería. Pero sospecho que al igual que Duke, la mayoría simplemente se serviría una buena porción de pollo.

Abandoné deprimido el restaurante y sopesé las falsas pretensiones de superioridad moral que había presenciado. Toda mi vida he tenido el sueño americano y me he esforzado para conseguir mi parte. Sin embargo, nunca he sido aceptado como un verdadero americano. No alcanzo a recordar el número de veces en que las personas me han preguntado si hablo inglés o si soy ciudadano norteamericano. Amo este país, pero es un amor no correspondido. Creo que muchos latinos, especialmente las nuevas generaciones, tienen los mismos sentimientos con respecto a Estados Unidos. Amamos este lugar, pero puede ser caprichoso con sus afectos y nos hace sentir como amantes plantados y hastiados, aunque constantemente esperanzados.

No pensaba que pudiera sentirme peor, pero más tarde supe que después de esa noche de plegaria por la paz, la Iglesia de Santa Julia fue vandalizada. Alguien pinchó los neumáticos de dos autos en el estacionamiento y rompió el aviso luminoso de enfrente. La policía investigó el hecho pero nadie fue capturado ni sindicado por el ataque.

Dos meses después, un grupo de personas se reunió alrededor de la Primera Iglesia Bautista Misionera en el centro de Siler City para responder con otra manifestación a la de David Duke. Fue dirigida por los reverendos Barry Gray y Brian Thompson, por pastores blancos y latinos, y por el padre Daniel Quackenbush. Marcharon hasta el ayuntamiento y hablaron de paz y de curar heridas. Sólo asistieron cuarenta personas.

6

María Hitt dedicó varias semanas del verano de 2001 a realizar una encuesta sobre lo que los estudiantes de Jordan Matthews High School querían de su comunidad. Hitt trabajaba en el Departamento de Salud del condado y dedicaba mucho tiempo a educar a la comunidad latina sobre los peligros de las enfermedades transmitidas sexualmente. A comienzos del año, yo la había ayudado a ella y al Departamento de Salud a realizar una campaña masiva para la prevención de la sífilis en la comunidad latina de Siler City.

El condado había enviado a trabajadores de la salud y a traductores para que fueran puerta a puerta y se concentraran en los parques de tráilers donde vivía la mayoría de los latinos. Fuimos al Snipes, que estaba en condiciones lamentables. Los tráilers estaban prácticamente desbaratados, los pisos desprendidos, las paredes llenas de agujeros, no había calefacción en invierno ni aire acondicionado en verano y algunos ni siquiera tenían electricidad. El parque había sido creado por un propietario blanco que quería ofrecerles vivienda a los afroamericanos. Lo había construido en Lincoln Heights, el barrio tradicionalmente negro de la ciudad. Sin embargo, el propietario original se lo había vendido a John Snipes, un afroamericano que le alquiló el parque a la creciente comunidad latina.

Snipes era un lugar destartalado y, como tal, atraía a delincuentes, venta de drogas y prostitución, tanto de la comunidad latina como de la blanca. Las prostitutas no latinas adictas al crack frecuentaban el parque para ofrecerles sus servicios a los hombres que vivían allí, con el fin de reunir dinero para comprar una piedra de $20. Tocaban las puertas y se vendían por un par de dólares. Algunas veces su desespero era tal que lo hacían por unas pocas monedas.

El Departamento de Salud sospechaba que las prostitutas habían contagiado a los hombres con sífilis. Sin embargo, resultó que no era así, por alguna razón inexplicable. Los hombres examinados mostraron pocos niveles de infección.

Hitt presentó los resultados de la encuesta estudiantil a un foro comunitario en el que participaron varios accionistas y miembros de la comunidad, entre ellos John Phillips, quien había sido nombrado recientemente como director deportivo de JM. John tenía menos de cuarenta y cinco años y había crecido en Bennett, una pequeña población rural al sur de Siler City. Era un hombre muy inteligente que enseñaba ciencias sociales en la escuela y que solía ocultar sus habilidades intelectuales. También era el entrenador de básquetbol y había ganado un campeonato estatal varios años atrás. Soltero durante muchos años, recientemente se había casado con una mujer latina con quien había tenido un hijo. A su manera, Phillips había desafiado las antiguas convenciones por medio de su intelecto, su capacidad para ver los dos lados de una historia y por medio de su matrimonio.

La mayor prioridad de los estudiantes latinos de JM era la

necesidad de crear un equipo escolar de fútbol. Esta era una prueba indiscutible, suministrada por un grupo desinteresado que había descubierto una necesidad y un deseo de tener un equipo. Pero a pesar de esta realidad, la escuela no quería ceder.

Yo me molesté, pues todo aquello me parecía ridículo. ¿Por qué la idea de un equipo de fútbol era tan difícil de digerir para JM? No tardé en comenzar a escuchar rumores de que el entrenador de fútbol americano de la secundaria, quien llevaba mucho tiempo en ese cargo, se oponía a que se creara un programa de fútbol. Parecía como si el fútbol amenazara a la vieja guardia de la escuela, tal vez de la misma forma en que el creciente número de latinos amenazaba a la comunidad.

Pero la situación cambió en el verano. El señor Hamilton se retiró y fue reemplazado por David Moody, quien había sido director de una escuela grande fuera del condado, la cual tenía un equipo de fútbol. Era una buena noticia, pues no sería una idea completamente nueva para él. Supe que Moody había sido jugador de fútbol americano y tenía un hijo que jugaba béisbol para la Universidad Estatal de Carolina del Norte. Sin embargo, me sentí optimista, pues creía que se necesitaba un nuevo punto de vista y que Moody podría aportarlo.

David Moody era un hombre grande. Medía más de seis pies y tenía una complexión sólida. Estaba perdiendo su cabello rubio y tenía una papada propia de los hombres maduros, pero su aspecto era imponente. A veces parecía más un sargento que un director escolar, aunque era razonable y escuchaba cualquier argumento serio. Moody no tardó en asumir el control de la escuela. Mientras Hamilton parecía dejar que sucedieran las cosas, Moody controló de inmediato todas las actividades cotidianas. Tenía una visión sobre la forma en que debía administrarse la escuela, y comenzó a implementar sus ideas desde el momento en que asumió su cargo.

Yo creía que Moody merecía la oportunidad de comenzar de cero con el proceso de crear un equipo de fútbol, y se lo manifesté abiertamente. Me dijo que se reuniría conmigo y acordamos el día y la hora para hacerlo.

Mientras tanto, comencé a reunirme con otros miembros de la comunidad de Siler City para que me ayudaran a conseguir patrocinio. Una de las primeras personas que contacté fue a Kathy Cockman, madre y miembrea del JM Boosters Club. Cockman había estado abogando por un equipo de fútbol por años. Ella me comunicó con el Optimist Club, el cual prometió comprar los arcos. El McDonald's de la ciudad se comprometió con los balones, mientras que Dennis de St. Albans, un comerciante que había sido deportista universitario, dijo que donaría los uniformes. Sin embargo, necesitábamos un entrenador. Yo pensaba que la persona más adecuada sería un profesor y Cockman me puso en contacto con Chad Morgan, un profesor de educación física de Chatham Middle School que también era entrenador de fútbol allí. Había dirigido clubes de ligas privadas en Carolina del Sur y tenía experiencia. Era el candidato ideal para dirigir el equipo si llegaba a conformarse.

Cuando finalmente tuve la oportunidad de hablar con Moody durante el verano, rápidamente dejó en claro que crear un equipo sería algo problemático. Comenzó diciéndome que anteriormente había hablado con varias personas sobre este asunto, pero que los planes se habían interrumpido porque no había suficiente interés por parte de los estudiantes. Luego me dio las mismas excusas que había esgrimido Hamilton: la falta de espacio, los costos para implementar el programa, la falta de una cancha para practicar, de otra para jugar y las notas bajas e inasistencia de los estudiantes latinos que haría que muchos de ellos no pudieran jugar.

"Si quieren jugar les daremos la oportunidad, pero no me

parece que esa necesidad o interés justifique que tengamos que dar tres mil dólares para ello", señaló.

Tras escuchar a Moody, sospeché que él había discutido la propuesta con el entrenador de fútbol americano y que había llegado a la misma conclusión de Hamilton. Pero mientras que Hamilton se había cerrado por completo a la idea, Moody por lo menos se lo tomó con humor y me recomendó que elaborara otra lista con los estudiantes interesados.

Elaboré otra lista junto con Cockman, Morgan y un padre de familia de Silk Hope Middle School, de la que provenían muchos estudiantes de JM. Sin embargo, cometí el error de anotar los nombres de algunos chicos que estudiaban en Chatham Central High School. Algunos padres blancos de Silk Hope habían retirado a sus hijos de JM y los habían matriculado en Chatham Central, que tenía una población estudiantil predominantemente blanca, y estaba localizada en un sector muy rural al sureste del condado. Las transferencias eran casos flagrantes de éxodo blanco y eran permitidas por la junta escolar.

La lista que le entregué a Moody contenía nombres de estudiantes que habían pasado a Chatham Central, pero que estarían interesados en regresar a JM si se creaba un programa de fútbol. Sólo había cuatro estudiantes de esa escuela de un total de 19, pero fue motivo suficiente para que Moody adujera esa razón para rechazar la lista.

"Eso es un reclutamiento ilegal y no vamos a hacerlo", me dijo con su mejor voz de sargento.

Moody tenía razón en que el equipo necesitaba provenir de JM y no de la escuela a donde habían huido los estudiantes blancos. Comprendí que había saboteado involuntariamente mi propia causa, y que tendría que comenzar de nuevo. Yo había tratado de entablar una buena comunicación con Moody para descifrarlo y encontrar la mejor forma de abordarlo; pero me había tropezado. No era consciente de todas las estrategias que necesitaba dominar. No podríamos permitirnos más errores.

Volví a hablar con los chicos. Me reuní con Enrique y con Indio, y trazamos una estrategia para la lista. Anoté los nombres y números telefónicos de los estudiantes de JM, y de quienes asistirían el próximo año para que Moody y Phillips pudieran preguntarles si estaban interesados. Me ofrecí incluso a servir como traductor en estas conversaciones, pero Moody me dijo que no me necesitarían porque la esposa de Phillips hablaba español. Esperé a que la administración examinara la nueva lista.

Sin embargo, no habíamos llegado a ningún lado cuando comenzó la temporada escolar, y por esos días supe que nadie había llamado a Enrique ni a Indio para preguntarles si estaban interesados en ser parte de un equipo. Hablé con otros chicos que estaban en la lista y me dijeron que tampoco los habían llamado. Eso ya era demasiado; yo había tratado de cumplir con las condiciones impuestas por la escuela para poder conformar un equipo, pero siempre me habían rechazado. Incluso las listas se habían convertido en un impedimento para establecer un interés serio en el deporte. El verdadero problema era la falta de compromiso. La escuela necesitaba comprometerse con los estudiantes antes de que éstos se comprometieran con el equipo. Si la escuela conformaba uno, los estudiantes se inscribirían en él, ¿acaso no? Pero las autoridades de JM creían que los estudiantes necesitaban inscribirse por adelantado.

Hablé de nuevo con Moody sobre las listas. Me explicó que Phillips había tenido un éxito limitado en contactar a los chicos de la lista durante el verano, probablemente porque muchos no tenían líneas telefónicas o no las mantenían en servicio. Debí prever esto, pero Moody ofreció una luz de esperanza. Dijo que algunas niñas querían jugar fútbol y la creación de un equipo femenino probablemente podría conducir a la creación de un equipo masculino en el futuro.

"Las llamadas telefónicas nos permitieron concluir que las mujeres estaban mucho más interesadas en jugar que los hombres", dijo para mi sorpresa; en ninguna de mis listas había chicas, pues mi campaña se había concentrado en los chicos. Y Moody reveló la verdadera razón por la que la escuela estaba súbitamente interesada en armar un equipo femenino. "Para ser honesto, tengo que acatar el Título IX, razón por la cual no puedo tener varios deportes masculinos y ninguno femenino".

Supe que el equipo femenino de *cross country* de JM se había desintegrado el año anterior por falta de interés. Esto hacía que el programa deportivo tuviera un equipo femenino menos, y conformar un equipo de fútbol masculino entraría en conflicto con el Título IX, en el que la Corte Suprema decretaba que las escuelas públicas debían tener un programa deportivo que fuera equitativo para hombres y mujeres. La conformación de un equipo femenino de fútbol cumpliría dos funciones: Primero, resolvería el aspecto referente al Título IX, y segundo, no supondría una amenaza para el equipo de fútbol americano.

Yo no sabía qué grado de interés había en la escuela para la conformación de un equipo femenino de fútbol. Sospechaba que tener un equipo masculino que dependiera de otro femenino también era otro obstáculo. Mis experiencias con Hamilton y la escuela me habían producido sentimientos de desconfianza.

Ya estaba harto; era hora de una táctica diferente, de conseguir nuevos aliados y de tener la verdadera motivación para sacar este asunto adelante.

Durante el fiasco de la carta al INS y de la manifestación de David Duke, conocí a Gary Phillips, el nuevo comisionado jefe del condado. Phillips era un demócrata liberal en un condado demócrata conservador. Respaldaba muchos temas progresistas como la conservación y el crecimiento lento. Era un hombre alto, de espalda ancha y tenía un bigote estilo Dalí que parecía del siglo dieciocho. Era relativamente joven, pues tenía menos de cincuenta años. Había crecido en el oeste de Carolina del Norte y tenía buenas credenciales sureñas, lo cual era importante en la política local. Era casi imposible ser elegido si no habías nacido en el condado. Conocía la forma de pensar de los sureños, el funcionamiento de la red de hombres influyentes y la mejor forma de utilizarlo.

Yo había trabajado más de diez años como periodista en una ciudad grande y había cubierto asuntos de política urbana, estatal y federal. Sabía cómo funcionaban las cosas a nivel local, y había aprendido muchos trucos luego de cubrir la escena política de Chicago. En esta ciudad, el verdadero poder se encontraba en las negociaciones tras bambalinas que hacían los concejales o el alcalde. Si eras un hombre de negocios y necesitabas algo, le pedías el favor a un concejal, quien te pedía otro favor a cambio, y todos quedaban satisfechos. Así funcionaban las cosas.

Yo necesitaba una persona o una forma de sortear los obstáculos de la escuela. Creía honestamente que Moody estaba abierto a la idea, pero que necesitaba encontrar la manera de explicárselo a los sectores tradicionales que no querían ceder.

Entonces hablé con Gary Phillips sobre el problema. Él negaba con la cabeza, sorprendido por lo difícil que estaba resultando armar un equipo de fútbol de secundaria. Phillips estaba de mi parte. Me dijo que hablaría con Larry Mabe, el superintendente, y que le pediría un favor. "Me debe algo", dijo Phillips.

"Lo apoyé en el último presupuesto escolar, y él consiguió lo que quería".

Phillips se reunió con Mabe en las oficinas administrativas escolares del condado en septiembre de 2001 y llegaron a un acuerdo. Mabe tomó el teléfono, marcó el número de Jordan-Matthews High School y le dijo a Moody: "Haz todo lo posible para apoyar el fútbol en JM. No hagas nada para obstaculizar la formación de un equipo de fútbol. Esto no tiene nada que ver con el fútbol americano, y conseguiremos el dinero para apoyar este deporte". Mabe colgó y le prometió a Phillips que cumpliría su promesa siempre y cuando hubiera estudiantes interesados en jugar. Esa llamada telefónica bastó para que se conformara un equipo de fútbol en JM. Todas las disculpas, el desinterés, la falta de un campo de prácticas o de una cancha para jugar, el costo de los equipos, las excusas de elegibilidad, las listas numerosas, todo eso quedó atrás y el programa recibió luz verde.

El cambio en la actitud tuvo resultados inmediatos y dramáticos. Moody estaba en la junta escolar y respaldó al equipo con toda su autoridad. Coordinamos una reunión entre Moody, Gary Phillips, Lex Alvord —miembro de la Liga de Fútbol de Chatham—, un padre de familia y yo. La reunión fue directa y el mensaje claro: Se establecería un programa de fútbol en JM. "Mi posición es la misma que la del verano", nos dijo Moody. "Quiero un programa que sea viable".

Pero Moody también quería algunas concesiones. Quería intentar primero con un equipo femenino. No estaba dispuesto a permitir la conformación de un equipo durante ese año escolar, aunque algunos estudiantes jugaban cascaritas de manera improvisada con Ricardo, un profesor chileno visitante. Moody quería que el director del equipo fuera un profesor de la escuela, requerimiento que no se aplicaba a otros deportes escolares como el tenis y el sóftbol. Decidimos que Ricardo sería el entrenador y que yo lo ayudaría. Habían descartado a Chad. Ricardo amaba el fútbol pero no había sido entrenador ni tenía experiencia con los deportes de las escuelas secundarias norteamericanas.

El equipo se conformaría el siguiente otoño. Cuando terminó la reunión, Moody se acercó y me dijo en tono gruñón que esperaba que yo me comprometiera a ayudar. Lo miré: "Sé que comencé este lío, y que he causado molestias, pero le doy mi palabra de que no renunciaré. Haré todo lo posible para ayudar. Lo prometo".

Cuando le hice la promesa a Moody, sabía muy bien que me estaba involucrando en una situación que podría salirse de mis manos. Yo no había querido entrenar un equipo de secundaria, pues implicaba mucho trabajo y un gran compromiso. Sin embargo, había presionado para que se creara un equipo y no iba a darles la espalda. Moody tenía razón; yo necesitaba comprometerme tanto como la escuela, y de un modo tan fuerte como el deseo que los estudiantes tenían de jugar. Sentí el peso de esa promesa pero fue una sensación agradable. Me dio un propósito y una dirección. Yo estaría disponible para los chavos sin importar lo que sucediera en los meses o años siguientes.

Moody, Lex y yo fuimos a examinar la cancha de fútbol americano. Lex le dijo a Moody que muchas escuelas jugaban fútbol en las canchas de fútbol americano. Yo sospechaba que él no se comprometería a permitir esto antes de hablar con los entrenadores de fútbol americano. Le delegué la responsabilidad a Moody, quien ahora tendría que entablar la verdadera batalla para sacar el programa adelante. Tendría que convencer a los entrenadores veteranos. Pero yo le había dado las mejores armas posibles; Moody siempre podría decir que las órdenes para este nuevo programa venían directamente de la oficina del superintendente. Hablando en términos políticos, yo sabía que esto haría que todo fuera mucho más fácil.

Mientras estábamos en la cancha de fútbol americano discutiendo cómo se podría jugar fútbol allí, Moody me dijo: "Paul, sé que crees que yo soy el enemigo, pero no lo soy. Siempre quise tener un equipo de fútbol aquí, pero quiero más que un equipo; quiero un verdadero programa".

"Sé que no eres el enemigo", le dije. "Sólo debes entender que nos lo impidieron durante mucho tiempo, y sé que los chicos quieren jugar".

Nos reímos. Fue una risa nerviosa, como la de antiguos adversarios que finalmente comprenden que son aliados. Estábamos empezando a comunicarnos. Moody me dijo que quería que yo apoyara al Boosters Club y sacara adelante su programa. La atmósfera se había hecho más relajada entre nosotros y yo me sentí alegre. Finalmente los chicos iban a jugar para su escuela. Llevarían sus colores y por fin serían los Jets.

Era una fría tarde de septiembre cuando entré a la cancha de fútbol del Parque Bray. Una docena de chicos latinos de JM estaban listos para jugar una cascarita con Ricardo. El césped del parque estaba tan desgastado por los partidos de fútbol que habían jugado los trabajadores latinos de las plantas avícolas, que era más tierra y polvo que otra cosa. Los arcos estaban oxidados y las redes estaban llenas de enormes agujeros. La cancha tenía un declive y literalmente había que correr ladera abajo. Era descabellado pensar que un equipo de secundaria pudiera jugar en este parque.

Saludé a Ricardo y nos dimos la mano. Yo llevaba a mis espaldas una bolsa con balones viejos que había reunido en los años en que había dirigido a mi equipo. Algunos estaban tan gastados que habían perdido la cobertura hexagonal, dejando al descubierto el cuero peludo. Tendríamos que conformarnos con eso. Ricardo había jugado cascaritas con ellos después de clases durante el mes anterior. Y aunque a algunos de los chicos les encantaban las cascaritas, no eran partidos auténticos contra oponentes reales. Ellos estaban ansiosos de jugar en un equipo de verdad.

"¿Es cierto que el próximo año tendremos un equipo?", me preguntó Rogelio, un chico alto y de rostro melancólico, con párpados caídos y orejas grandes.

"Sí, es cierto", le respondí.

Los chicos se miraron maravillados. Era cierto y podían sentirlo. Lo sentían en sus pies mientras sacaban los balones de la bolsa y comenzaban a lanzar tiros contra los arcos oxidados. Saqué mi silbato y comenzó la cascarita.

7

Era una agobiante tarde de agosto cuando comenzamos el primer día de prácticas en medio de un calor que envenenaba el aire, dejaba tu cuerpo sin líquidos y te debilitaba las piernas. Pero a los chicos del nuevo equipo de fútbol de Jordan-Matthews que asistieron no pareció importarles. Estaban entusiasmados, emocionados y felices de que finalmente hubiera llegado ese día. Eran más de treinta chicos, todos latinos excepto dos. Cualquier duda sobre el nivel de interés escolar por este deporte fue calcinada por los rayos brillantes del sol de Carolina.

Nos habíamos reunido en el terreno de béisbol y los chicos se sentaron con las piernas cruzadas frente al dugout de los visitantes. Representaban todas las edades y grados de la secundaria, llevaban shorts y camisetas viejas, y guayos negros cubiertos de barro y polvo. Esperaron a que Ricardo y yo comenzáramos oficialmente la práctica, les explicáramos las reglas y les habláramos de la próxima temporada. Bromearon entre ellos, se dieron puños en los brazos, se tiraron pedos, se preguntaron entre risas quién lo había hecho y siempre se decían "güey". "Eh, güey". "No, güey". "Tú, güey". "Órale güey".

Detrás de la primera base estaba un veterano entrenador de béisbol en el dugout de su equipo. Tenía los brazos cruzados sobre su pecho y su mirada fija en nosotros. Había reaccionado con rabia cuando Moody le dijo que los jugadores de fútbol jugarían en su cancha inmaculada durante el receso de la temporada. Moody le explicó que todos tenían que compartir las instalaciones.

Pero el entrenador no sentía mucha compasión por un equipo de chicos que estropeaban su amado terreno de béisbol, así fuera durante el receso la temporada. Trataba el terreno de béisbol como si fuera un jardín y lo regaba con afecto y amor. Era un terreno destinado a los chicos de verano y no a los chavos de otoño. Y allí estaba sentado, observándonos como un espantapájaros con una bandada de cuervos en su campo.

Durante los años anteriores, muchos antiguos residentes de Siler City se preguntaron cómo podría llegar a suceder esto, y ahora los funcionarios de la secundaria se hacían la misma pregunta. Finalmente, el cambio llegaba a JM. Habría chicos morenos corriendo por las canchas. Habría chicos morenos que serían los Jets.

Ricardo y yo reunimos a los chicos en un semicírculo para explicarles qué esperábamos de ellos durante la temporada. Matt, quien se había graduado de la Facultad de Salud Pública de la UNC y había sido arquero del Dartmouth College, también nos estaba ayudando.

"Hablemos sobre los requisitos académicos", dije.

Les explicamos los requisitos y algunos inclinaron sus cabezas. Sabía que perderíamos a varios debido a sus notas bajas o faltas de asistencia. El reglamento estatal de secundaria estipulaba que los estudiantes deportistas tenían que haber aprobado tres de cuatro asignaturas del semestre anterior para poder jugar. Todos los estudiantes de noveno grado podían jugar, porque no habían estado en la secundaria el año anterior. Los estudiantes también tenían que haber asistido al 85 por ciento de los días escolares requeridos durante el año anterior. Esto significaba no haber faltado a más de 14 días escolares sin excusa. Algunos de los chicos serían inelegibles simplemente porque habían faltado demasiados días escolares.

Muchas veces las familias latinas del condado Chatham no entendían por qué faltar a la escuela podía tener consecuencias serias. No enviaban a sus hijos a la escuela los días de cumpleaños y los llevaban con ellos a sus trabajos o a la corte para que los ayudaran como traductores. Muchos estudiantes solían perder su primera clase o siempre llegaban tarde porque tenían que cuidar a un hermano o hermana menor. Los latinos no utilizaban guarderías, sino a la familia.

"Los que no hayan aprobado tres de cada cuatro asignaturas no podrán jugar", les dijo Ricardo. Les preguntamos quiénes no calificaban y algunos levantaron las manos. Podían entrenar ese día pero no el siguiente.

Luego nos levantamos, formamos un círculo y comenzamos el estiramiento para la práctica. Posteriormente, les hicimos darle cuatro vueltas al parque de béisbol para calentar.

"¿Por qué, Cuadros? ¿Qué pasó con la cascarita?"

Les dije que no habría cascarita. Necesitaban entrenar. Teníamos dos semanas de preparación para el partido inicial y no habría tiempo para jugar. Se trataba de un equipo y no de un juego improvisado. Quería dejar esta idea bien firme y clara, para determinar el tono y asegurarme de que supieran que esto no iba a ser La Liga del parque.

Íbamos a hacer pruebas de velocidad y algunos ejercicios pliométricos para que fortalecieran sus piernas y se prepararan para el partido. Ellos no sabían lo exigente que podía ser el fútbol de secundaria. Muchos habían jugado cascaritas en el patio de la casa de Indio; algunos habían jugado incluso en La Liga. Pero ninguna de esas experiencias se acercaba en intensidad y emoción a los juegos de secundaria. Era un nivel completamente distinto.

Los alineamos en dos filas. Iban a hacer pruebas de velocidad de 40 yardas. Cuando lo hicieran varias veces, correrían con los brazos estirados al frente, levantando sus muslos hasta tocar sus manos. Luego colocarían sus brazos y manos atrás y levantarían sus talones hasta tocarse las manos. Íbamos a hacer estos ejercicios varias veces y luego pasaríamos a algunas tácticas defensivas básicas.

Los primeros en alinearse fueron Lobo y un chico al que todos le decían Borracho, pues se había embriagado con cervezas Corona en una fiesta. Lobo era un chico fuerte y sensible, con una musculatura sólida, y era uno de los más preparados. Estaba en décimo grado, pero debería haber estado en onceno. Muchos inmigrantes se retrasaban un año o más por su conocimiento limitado del inglés.

Enrique se colocó frente a Oso, un estudiante del último grado; era el más alto y grande de los jugadores. Oso había jugado el año anterior en Chatham Central; supo que JM iba a tener un equipo de fútbol y se matriculó de nuevo en JM para jugar allí. Su familia era de Honduras y era un chico brillante, ambicioso, maduro, y quería ser dentista. Medía seis pies y cuatro pulgadas y tenía un poco de sobrepeso. Tenía cabello oscuro y ensortijado, y su piel era negra como el grano de café.

Los chicos comenzaron a decirle La Mosca a Enrique, por los grandes lentes deportivos que utilizaba para jugar. Los utilicé cuando estaba en secundaria y se los había prestado a él.

Edi se colocó frente a Loco, un estudiante de noveno grado

intenso y juguetón al que yo había entrenado en mi equipo mixto el año anterior. Loco tenía rapidez y velocidad, podía desorientar al rival con sus rápidos movimientos de piernas y carreras demoledoras, pero nunca podía estarse quieto. Siempre estaba haciendo malabares con el balón, pateándolo o lanzando tiros durante nuestras conversaciones. Yo le decía algo y él hacía malabares con el balón y me decía, "Cuidado, Cuadros. Cuidado", y lanzaba el balón veinte yardas en dirección a la meta mientras estábamos hablando sobre posesión del balón.

Pee Wee y Caballo formaron otra pareja. Pee Wee era de Los Ángeles, practicaba monopatín y jugaba fútbol en su escuela. Su familia se había mudado a Siler City para escapar de las pandillas y de la violencia. Su padre era puertorriqueño y su madre salvadoreña. Pee Wee era uno de los chicos más adaptados del equipo. Le gustaba el rap, tenía amigos negros y latinos, y no tenía dificultades para moverse entre los diversos grupos de la escuela. Era un mediocampista talentoso que podía controlar el balón mientras driblaba, penetraba en el campo rival y armaba jugadas buenas.

Caballo era un grandulón. Tenía dieciocho años pero apenas estaba en décimo grado. Los jugadores le decían así por dos razones: Corría con una velocidad increíble, era rápido para llegar y tenía una gracia al jugar que era visiblemente equina. También le decían Caballo porque tenía la cara larga y plana, y sus ojos eran anchos y entrecerrados. Podía correr con el balón en sus pies, rematar al arco contrario y vencer al arquero. Era un pura sangre, un caballo de carreras con un balón entre las piernas.

Indio y Fish se colocaron juntos y se estuvieron empujando en la línea de partida hasta que pité para que corrieran. Indio había cruzado solo la frontera cuando tenía apenas once años. Cursaba noveno, estaba decidido a triunfar, se esforzaba mucho en cada partido y nunca se acostumbraba a perder, pues siempre quería ganar. Eso lo convertía en un gran jugador, quizá el de mayor potencial cuando terminara la secundaria.

Fish tenía unas cualidades superiores a la mayoría de los jugadores que fueron ese día. Era un portero extremadamente talentoso, aunque sólo cursaba décimo grado. Había comenzado a jugar con Güero, su hermano menor, en una cancha improvisada que había hecho el padre de Indio al lado del cementerio en el patio trasero de su casa. Indio y Perico —su hermano menor— se reunían con Fish y Güero, y jugaban hasta bien avanzada la noche. Fish jugaba como portero durante esas cascaritas y detenía todos los tiros de los chicos. Le encantaba ser el centro de atención y hacía atajadas fantásticas. Aprendió a lanzarse con el cuerpo y a detener los balones con una mano. Tenía la agilidad de un gato y nunca se asustaba cuando tenía a un delantero frente a él. Con Fish, era indudable que teníamos un equipo para dar la pelea.

Luego estaban La Pepa y Fidel, ambos eran inseparables y cursaban décimo grado. Jugaban béisbol y todos los días se la pasaban juntos. Pepa era alto y delgado. Había jugado en uno de mis equipos, tenía muchos deseos y algo de talento, pero le faltaba concentración y disciplina. Fidel era igual, pero desafortunadamente carecía de talento en la cancha. Los chicos lo apodaron El Robot, porque siempre corría con los brazos estirados a los lados.

En la parte posterior estaban Bomba y Lechero. Bomba era un chico tranquilo de El Salvador, y su familia había emigrado para escapar a los horrores de la guerra civil. Cursaba noveno grado y era un jugador sólido. Lechero estaba en el décimo; era un defensor fuerte y no dejaba pasar a nadie. Era menudo, pero a su vez fuerte y vigoroso.

Les dijimos a los chicos que calentaran; luego hicieron ejercicios para ver qué podían hacer en defensa uno a uno. Formé dos filas; Ricardo supervisó una y yo la otra. Un jugador tenía el balón y el resto se ubicó en los extremos. El ejercicio comenzaba cuando el que tenía el balón se lo pasaba a otro, quien atacaba y trataba de driblar con el balón entre los jugadores que estaban en la otra línea. Era un buen ejercicio para ver con qué efectividad atacaba uno y qué tan bien defendía otro. Hicieron ese ejercicio un par de veces, los detuve y les expliqué lo que debían hacer para evitar que los atacantes los superaran.

"Ustedes necesitan aprender cuatro aspectos defensivos", comencé. "Primero tienen que cerrar el espacio que hay entre ustedes y el jugador que tiene el balón. Deben marcarlo a presión e ir hacia él, en vez de esperar que él llegue a ustedes. Segundo, no se precipiten a atacarlo; no se acerquen y permitan que él intente superarlos. Tercero, ataquen desde un ángulo, procuren arrinconarlo contra la línea lateral, y utilícenla como otra defensa. Cuarto, sean pacientes. Permanezcan a su lado y háganle perder tiempo para que sus compañeros puedan ayudarlos a ustedes".

Cuando practicamos ese ejercicio y los chicos aprendieron los principios básicos, cambiamos el ejercicio y pusimos a dos defensores y un atacante. Los principios eran los mismos, salvo que el papel del segundo defensor era cubrir en ángulo al primer defensor en caso de ser superado.

Ellos lo intentaron, pero siempre volvían a sus antiguos hábitos de la cascarita, pues todos saltaban, perseguían y atacaban al contrario. Nunca se apoyaban mutuamente. El balón los atraía como un imán. Necesitaban tener disciplina, cumplir una función y tener seguridad mientras jugaran como debían. Lechero no había auxiliado a Pee Wee —su compañero defensivo— y sólo lo hizo cuando su compañero estaba con Caballo, quien no tuvo problemas en superarlos con un movimiento rápido.

"Lechero, mira. Tienes que apoyar a Pee Wee. Si Caballo lo

supera, tú eres el último defensor. Si vas a auxiliarlo, el atacante los superará y no habrá nadie atrás. Tienes que ser paciente, esperar atrás pero no muy lejos, sino en ángulo, y si Caballo supera a Pee Wee, vas hacia él y lo presionas. No lo ataques, hazlo ir a un lado y espera para quitarle el balón".

"Cuadros, ¿y qué si él me supera?", preguntó sin estar convencido de la estrategia.

"Pues Pee Wee tiene que correr a ayudarte, y si el delantero lo elude, tú tienes que ayudarlo a él. Ustedes dos tienen que apoyarse siempre".

Lo intentaron de nuevo; Caballo superó de nuevo a Pee Wee, pero Lechero esperó atrás, y cuando Caballo pasó a Pee Wee, Lechero cerró el hueco, lo presionó con rapidez y le arrebató el balón en la línea lateral. Cuando los chicos vieron que la estrategia funcionó contra Caballo, comenzaron a creer en ella y a aplicarla.

Luego modificamos el ejercicio de nuevo. Ahora eran dos atacantes y dos defensas, pero los principios eran los mismos. Después de trabajar en ejercicios defensivos y enseñarles los fundamentos del juego defensivo, hicimos algunos lanzamientos. Eso les gustaba mucho.

Nos quedaba una media hora de práctica y nos preparamos para jugar una cascarita. Los chicos se dividieron en dos equipos, y uno de ellos se puso los chalecos amarillos que yo había llevado. Ricardo y yo jugamos en equipos contrarios. Yo observaba cómo jugaban el partido mientras corría y jugaba con ellos, moviéndome y corriendo para recibir el balón. Muchas veces hay jugadores que son muy buenos en los entrenamientos, pero son discretos cuando llega la hora de jugar un partido.

Ellos habrían jugado toda la noche si los hubiéramos dejado, pero Ricardo y yo teníamos que irnos a nuestras casas. Indio y Lechero necesitaban que alguien los llevara. Vivían camino a mi casa, y subieron a mi auto con sus mochilas. Les pregunté cómo les había parecido el entrenamiento. Indio ya estaba acostumbrado a mi sistema, sabía en qué consistía y había recibido instrucción en los principios de defensa. Pero todo esto era nuevo para Lechero.

"Fue bueno, Cuadros", dijo Lechero, "pero debió ser más duro. Necesitamos correr más". Lechero pertenecía a una familia de siete hijos. Tenía piel oscura como el chocolate, una cara triangular, ojos grandes y nariz ancha. Sus rasgos eran visiblemente indígenas.

"¿Y qué te parecieron los principios defensivos?", le pregunté.

Él sonrió. Ese día había aprendido algo sobre fútbol, y probablemente era la primera vez que le habían enseñado una estrategia sobre este deporte. "Sí, estaba bien", dijo y sonrió. Lo pesqué a Indio sonriendo por el espejo retrovisor.

Sólo vinieron dieciséis jugadores al segundo día de entrenamiento. Varios de ellos no eran elegibles para jugar en el equipo y tuvieron que retirarse. A otros, la primera práctica les pareció muy dura, el sol muy agobiante, y prefirieron quedarse en casa. A otros no les gustó la disciplina férrea del entrenamiento y sólo querían jugar cascarita. Muchos no pudieron ir porque trabajaban después de la escuela.

El trabajo era muy importante para ellos. La mayoría tenía un empleo o lo estaba buscando. El trabajo definía su esencia; si tenías un trabajo, eras alguien y no un perezoso. Para estas familias latinas, el trabajo era tan importante que casi todo lo demás ocupaba un lugar secundario. No importaba el empleo que tuvieras siempre y cuando trabajaras y estuvieras ganando dinero. Algunos chicos no tenían otra opción que buscar un empleo para ayudar a pagar las cuentas del hogar. Las familias latinas esperaban que sus hijos ayudaran a pagar los gastos de la casa a medida que crecían. Muchas pensaban que si sus hijos estuvieran en México y tuvieran dieciséis años, ya habrían dejado de estudiar y estarían trabajando. Algunos lo hacían en construcción, en restaurantes de comidas rápidas, en talleres de mecánica o en lo que pudieran encontrar. Otros trabajaban incluso en la planta avícola en el segundo turno durante las horas de la noche, utilizando documentos de identidad falsos porque eran menores de dieciocho años.

El trabajo era realmente un obstáculo para el equipo. Algunos no podían integrarse debido a sus empleos. Les pedí que trataran de cambiar los horarios durante la temporada y varios lo hicieron, pero otros no pudieron. El requisito fundamental era que pudieran entrenar por lo menos tres veces por semana.

Después de dos semanas de entrenamientos rigurosos donde nos concentramos en el trabajo en equipo, Ricardo y yo terminamos con la acostumbrada cascarita que tanto les gustaba a los chicos. Nos reunimos en círculo y les contamos lo que sucedería la próxima semana. Íbamos a comenzar oficialmente la temporada con un partido como locales contra Chatham Central, nuestros rivales en la conferencia del condado.

Los dejé con Ricardo, y fui a mi auto por dos cajas grandes que luego arrojé en medio de los chicos. Ya era hora, necesitaban sus uniformes y yo los había adquirido con descuento en la Liga de Fútbol de Chatham, de cuya junta directiva yo era miembro. Un comerciante local los había donado.

Abrí la caja y fue como si la tierra les hubiera transmitido una descarga eléctrica. Saltaron y corrieron hacia los uniformes. Les dije que los estudiantes de último año escogerían primero, luego los de penúltimo año, después los de segundo, y finalmente los de primero. Los chavos refunfuñaron, pero era la manera más justa de hacerlo. Llamamos a los estudiantes de último año, quienes se acercaron y escogieron sus uniformes. Eran dos por cada jugador, uno para los encuentros como locales y otro para los partidos en calidad de visitantes. Los uniformes locales eran blancos, con mangas de color azul marino y ribetes dorados. Los shorts eran azul marino y las medias blancas con rayas azules. Los uniformes de visitantes eran jérseys azul marino con ribetes dorados, shorts dorados y medias azules. En el pecho de cada uniforme estaba inscrita la palabra JETS. Ellos se pusieron inmediatamente los jérseys, sonriendo y tocando la tela sedosa. Era la primera vez que se ponían uniformes con la palabra JETS en sus pechos; estaban radiantes de felicidad.

"Está chido, Cuadros", dijo Loco cuando se puso el uniforme.

Escucharle decir eso y ver a los chicos vestir los uniformes, me hizo pensar en todo el esfuerzo requerido para llegar a este punto. Era la primera vez que los estudiantes latinos de JM se sentían finalmente como parte de su escuela, como si realmente pertenecieran a ella y tuvieran la oportunidad de dejar en alto a su escuela y a su comunidad. Ya no eran extraños que veían a otros equipos competir como los Jets; ahora ellos también eran Jets, y se sentían ansiosos y emocionados por su primer partido.

Sólo Oso —un estudiante de último grado— reconoció la importancia del momento y el trabajo que habíamos realizado para llegar a él. Se acercó con su jérsey blanco y me murmuró, "Gracias, Cuadros". Luego me dio un abrazo con sus grandes brazos. Oso tenía la madurez para entender la importancia que tenía este momento para la escuela. El año anterior había jugado para Chatham Central, escuela que había inaugurado un programa de fútbol un año atrás. Se había transferido con el único fin de jugar en ese equipo, pero siempre había querido jugar para JM. Cuando supo que íbamos a tener un equipo, prescindió de su transferencia y regresó para ser un Jet. Ahora llevaba su jérsey con un orgullo rebosante de dignidad.

Los reuní mientras se ponían los jérseys blancos y azules. Intenté decir algo para aprovechar la oportunidad.

"Ustedes son los primeros", comencé a decir. "Recuerden que tienen una oportunidad que muchos otros latinos de esta escuela quisieron pero nunca tuvieron. Ustedes están haciendo historia el día de hoy. Ustedes son los primeros Jets latinos".

Los chicos hicieron una pausa y me miraron.

"Algunas personas nunca quisieron que llegara este día, pero aquí está. Algunas personas no querían que ustedes llevaran esos uniformes, pero ustedes ya están vestidos de blanco y azul. Algunas personas no creían que ustedes pudieran aprobar los grados escolares, que permanecieran en la escuela o actuaran como un equipo. Pero aquí lo hacen. Ahora tienen que demostrarles a todos ellos que ustedes pueden ganar, porque eso es lo que ellos quieren ver y eso es lo que ustedes saben que pueden hacer: ganar. Veamos ahora si ustedes tienen la voluntad y las ganas".

"Sí, Cuadros, sí", dijeron. "Vamos a echarle ganas".

Pensé un momento en la palabra *ganas*, y en todo lo que significaba. No sólo implicaba que quien la decía debía darlo todo desde lo más profundo de su corazón, sino que también se refería al material del que estaba hecho su corazón. Y eso aún estaba por verse.

El primer partido de nuestra temporada de la conferencia sería la semana siguiente. Formábamos parte de la Conferencia del Valle Yadkin, integrada por nueve equipos de tres condados de la zona central del estado. Muchas de las escuelas de la conferencia estaban localizadas en sectores rurales, en el campo o en las periferias de pequeñas ciudades que tenían una o dos fábricas.

Nuestro primer partido sería contra los Chatham Central

Bears, nuestros rivales del condado. Eran de una pequeña comunidad llamada Bear Creek en el suroeste del condado, y la suya era conocida como la "escuela rural". Los estudiantes de Chatham Central veían a los chicos de JM como si fueran de una gran ciudad, con problemas y dificultades propios de una urbe, algo que no dejaba de asombrarme, pues hay que recordar que la población de Siler City era apenas de siete mil habitantes.

Teníamos que hacer muchas cosas a fin de prepararnos para nuestro primer encuentro como locales. Las porterías ya estaban instaladas. El Optimist Club las había donado y era un regalo generoso para la conformación de nuestro equipo, pues valían más de $2,000. Tenían las medidas reglamentarias: ocho pies de alto por veinticuatro de ancho, y postes de color blanco. Las redes también eran blancas. Pedí prestados los banderines de los tiros de esquina en la Liga de Fútbol de Chatham porque no pude conseguir quién los donara. El programa de fútbol había comenzado a funcionar sin que la escuela pagara ningún costo inicial. Yo les había pasado un programa elaborado con anticipación a los administradores, y sabía que el Boosters Club apreciaba eso, pues patrocinaban a la mayoría de los equipos de la escuela por medio de casetas de ventas durante los partidos de fútbol y de básquetbol. No les pedí muchas cosas el primer año, y opté más bien por tratar de encontrar donantes y patrocinadores entre la comunidad.

Pero antes de poder jugar como locales, la cancha de fútbol americano tenía que adaptarse para un partido de fútbol. Las reglas escolares estipulaban que no se podían utilizar colores blancos, porque era el color del equipo de fútbol americano. Utilicé pintura azul suministrada por la escuela y le pedí a la Liga de Fútbol que me prestaran una máquina para pintar la cancha. Lo hice el día anterior al partido.

Hacía una hermosa tarde cuando entré ese domingo a la

cancha para demarcar las líneas. La hierba, de un verde profundo, se sentía esponjosa. La cancha no había sido demarcada aún para el torneo de fútbol y era como una alfombra verde y desnuda. Las medidas de una cancha de fútbol son más largas y anchas que las de una de fútbol americano, y habíamos alargado la cancha en la medida de lo posible. Sin embargo, no era lo suficientemente ancha, como suele suceder en las escuelas en donde el fútbol se practica en las canchas de fútbol americano. No obstante, las reglas estatales lo permitían. Sonreí al pensar en el antiguo director Hamilton, cuando me dijo que no podíamos jugar aquí porque no era una cancha reglamentaria de fútbol.

La cancha tenía una corona alta en el centro para drenar el agua cuando llovía. Muchas canchas de fútbol estaban diseñadas así, para que el agua se fuera hacia los lados y el centro no se enfangara demasiado. Si uno está en una esquina de la cancha, tendrá dificultades para ver la otra esquina a través de la corona. Me pregunté cómo nos afectaría esto y concluí que tendríamos que acostumbrarnos.

Me quité los zapatos y las medias para no mancharme con la pintura azul, y comencé a demarcar las líneas. El césped se sentía fresco, suave y cauchoso. Comencé desde la esquina y seguí por la raya final donde estaría la portería. Luego demarqué el área del penalti, que era la parte más importante de una cancha de fútbol. Estaba a 18 yardas de la línea final.

Me encantó demarcar la cancha. Me pareció relajante, me concentró en el partido y mi mente divagó. Mis pensamientos deambularon por la cancha, siguieron las líneas que yo había trazado y detuve la máquina cerca de la línea de las 55 yardas. Miré mi trabajo y me pregunté lo que significaban realmente esas líneas azules para nosotros. Yo estaba trazando sobre las líneas tradicionales de Siler City; las líneas azules eran nuevas y diferentes, algunas de ellas estaban dentro de la cancha de fútbol y otras afuera. Teníamos nuestras propias ideas sobre lo que estaba adentro y afuera de los límites. Siler City se estaba adaptando a unos límites nuevos.

Tardé cuatro horas en pintar la cancha. Cuando terminé, mis dedos estaban pintados de azul. Dejé la cancha demarcada y lista para nuestro primer partido.

Al día siguiente supe que algunas personas se habían sentido impactadas y confundidas cuando vieron las líneas azules. No entendían para qué eran y se quejaron de que alguien había estropeado la cancha.

Los Jets comenzaron a jugar con timidez el primer partido contra Chatham Central mientras se acostumbraban por primera vez a sus posiciones y a jugar juntos en un partido real. Fish estaba en el arco. En la defensa estaban Bomba, el salvadoreño de segundo año como marcador izquierdo, y Dominic, un estudiante alemán de intercambio a quien Moody había llevado a los entrenamientos. Dominic parecía una máquina; intimidaba a los atacantes con su tamaño y velocidad. Oso era el defensor central y esperábamos que su estatura le permitiera contener los lanzamientos aéreos de los mediocampistas. Edi actuaría como líbero; sabíamos que podía detener cualquier ataque que intentaran por la línea defensiva gracias a su velocidad y temeridad. En el mediocampo estaba Chuy, un estudiante del grado doce, larguirucho y brillante pero que siempre se metía en problemas. En el costado derecho estaba su hermano Loco, rebosante de una energía frenética. Pee Wee sería el armador central que manejaría los hilos del partido. En la línea de ataque estaban Lobo, Indio —el talentoso jugador del noveno grado— por el centro, y Caballo por el costado derecho.

Chatham Central llegó a JM confiado en poder controlar a

nuestro equipo de novatos. Después de todo, éramos principiantes. Los chicos estaban emocionados y deseosos de jugar.
Nos reunimos y empezamos a cantar antes del inicio del partido.
Lo hicimos con nuestras entrañas, era un rugido bajo que salió
de nuestros pulmones, llegó a nuestras gargantas y finalmente lo
exhalamos: "¡Uno, dos, tres, vamos, Jets!".

El partido comenzó. Casi desde el pitazo inicial, los Jets tomaron posesión del balón y no lo soltaron. Al cabo de pocos
minutos, Caballo había marcado el primer gol para los Jets dejando a Chatham perdiendo 0–1. Al terminar el primer tiempo,
él había marcado tres goles y los Jets los habían apabullado; Ricardo y yo les dimos a todos la oportunidad de jugar.

El árbitro decretó el final del partido y los Jets habían logrado
su primera victoria 5–0. Pensé que si todos los partidos iban a
ser así de fáciles, ganaríamos el campeonato de la conferencia.
Había sido una gran noche. El equipo había ganado su primer
juego de la conferencia de una forma emocionante, y había enviado el mensaje de que seríamos parte de los finalistas.

Al día siguiente por la mañana recibí una llamada de Moody.
Me sorprendió que me llamara a mi oficina.

"Paul, tenemos un problema", dijo. Me devané los sesos pensando qué había sucedido.

Sabía que iba a referirse al partido, pero, ¿qué tendría que
decir al respecto?

"De acuerdo". Esperé a que me dijera qué había sucedido.

"¿Alineaste a un estudiante llamado Juan?". Su voz era más
gruñona y acusatoria que de costumbre. Yo no sabía si ese chico
había jugado o no. Juan estaba en el equipo. Era un chico mayor,
debería estar en el grado doce, pero realmente cursaba el diez.
Tenía fama de problemático, y yo tendría que revisar mis apun-
tes para ver si había jugado; no quería responderle sin antes saber
la verdad.

"Él está en el equipo, pero tendría que mirar mis notas para saber si jugó anoche".

"Si lo hizo, podrían anular el partido", dijo Moody con todo el peso de un martillo que me hubiera golpeado en los omoplatos. "Él es inelegible".

"¿Inelegible?", pensé. ¿Cómo podía ser? Se lo habíamos preguntado a los chicos, pero comprendí que habíamos confiado demasiado en ellos. Habíamos ganado nuestro primer partido. El periódico local había asistido y tomado fotos, pero ahora tendríamos que retractarnos y pasar una gran vergüenza. Mi mente estaba por las nubes; ya podía escuchar a las personas que se habían opuesto al equipo de fútbol decir: "Ya lo ven… esos hispanos". El hecho de que Juan no cumpliera los requisitos no sólo anularía el triunfo y las señales positivas que procurábamos enviarle a la conferencia, sino que también pondría en peligro el programa de fútbol. No seríamos conocidos como ganadores sino como tramposos, como un equipo que tenía que recurrir a artimañas para poder ganar, un equipo sin honor. Recordé la historia de los Baby Bronx Bombers, un equipo de hispanos que jugaban en la Liga Infantil de Béisbol, a quienes los despojaron del título cuando se descubrió que su lanzador estrella había mentido sobre su edad. Le dije a Moody que verificaría con Ricardo si Juan había jugado o no.

Lo llamé de inmediato, creyendo que el director ya había hablado con él. Moody exigía una verificación. Luego de hablar con Ricardo, descubrimos que Juan estaba en el equipo, pero no había ido a jugar porque tenía que trabajar. Era curioso: aquello que les habíamos pedido a los chicos que evitaran, era precisamente lo que nos había salvado. Ricardo y yo suspiramos aliviados.

Moody nos reprendió; exigió que revisáramos los nombres de todos los jugadores para comprobar si cumplían los requisitos y le mostráramos la lista antes de los partidos. Dijo que había puesto en juego la reputación de la escuela y que quería asegurarse de que no se cometieran más errores. Fui a las oficinas de la escuela y me reuní con John Phillips; hablamos de la asistencia y de las notas de los chicos. Moody estaba satisfecho pero aún tenía rabia. No le gustaban los descuidos y yo lo entendí. El programa estaba en la picota pública y no podíamos cometer errores de principiantes.

Durante el entrenamiento de esa tarde, Ricardo y yo llamamos a Juan a un lado, le preguntamos sobre los requisitos y tuvo el descaro de decirnos que sí los cumplía. Ricardo y yo nos miramos; él se sentía aislado y apartado. Quería ser parte de algo y lo había intentado, pero su deshonestidad por poco acaba con el equipo y así se lo hice saber.

"Oye, Juan, ¿no te das cuenta de lo que acabas de hacer?", le dije. "Pusiste a todo el equipo en peligro. Corrimos el riesgo de que anularan el partido, y eso hubiera sido una verdadera desgracia. Les pedimos que fueran sinceros con nosotros, y no lo fuiste. ¿Por qué, hombre?"

Me observó con el rabillo del ojo y luego miró a la cancha. "Yo sólo quería jugar", dijo. Su respuesta me sorprendió. Su reacción era muy natural; ellos sólo querían jugar. ¿Qué chico no quería hacerlo? Pero a Juan no le importaban las reglas de elegibilidad, pues no significaban nada para él. En México, las escuelas no tenían equipos; no había uniformes ni reglas. Ellos sólo jugaban. Sin embargo, ya no estaban en México.

Habían pasado gran parte de sus vidas tratando de evadir las reglas, siendo informales, infringiendo las leyes. Muchos de ellos estaban en Carolina del Norte gracias a los engaños. Sus padres trabajaban con documentos falsos, que a veces les servían para conseguir empleos buenos y otras para trabajar apenas en la planta avícola. Vivían en dos mundos diferentes con dos identidades diferentes. Yo había conocido trabajadores que habían llorado por todos los logros en sus empleos, por los reconocimientos como empleados del mes, por las felicitaciones por sus trabajos bien hechos, por las medallas y placas que estaban a nombre de otra persona. Algunas veces no sabían quiénes eran realmente. Cuando una identidad dejaba de ser útil, ahorraban dinero para comprar otra nueva y trabajar con ella. Si eran realmente ingeniosos, pagaban $3,000 por unos buenos papeles falsos o como bien decían, chuecos; no por un simple número de Seguro Social, sino por una verdadera identidad que alguien les vendía y les duraba algunos años. Pero al final, la mayoría de los nombres falsos eran descubiertos. Durante varios años conocí a algunas personas por un nombre, y de un día a otro me dijeron que las llamara por sus verdaderos nombres cuando los descubrían.

Y aunque este era el mundo en el que habían crecido estos chicos, teníamos que decirle a Juan que estaba fuera del equipo. Sorprendentemente, me preguntó si yo podía hacer algo para que él pudiera permanecer en el equipo, pero le dije que era imposible.

Necesitaba que todos aprendieran que había una forma correcta de hacer las cosas y una forma incorrecta. Quería que el equipo viviera en un ambiente honesto y transparente. El equipo les ayudaría a sus miembros a aprender algo más que a ganar partidos. Los chicos necesitaban saber que había un lugar donde las cosas eran absolutas, y que supieran de una vez por todas cuál era su situación en el equipo: eran elegibles o no, pero no existían puntos intermedios. Tenían que aprobar los cursos y asistir a la escuela o no podrían jugar. No habría concesiones, negociaciones ni informalidad sobre estas reglas. Necesitaban aprender que las cosas que querían en la vida tenían un precio. En este equipo no habría chuecos.

8

Afuera del bus, el paisaje se deslizaba por hileras de plantas de tabaco verdes y marrones, y las hojas brotaban de la tierra como manos abiertas buscando el sol. Las grandes extensiones de hojas doradas se difuminaban en la distancia. Era la época de cosecha y las hojas flexibles y voluminosas pronto serían cosechadas y puestas a secar en los desvencijados cobertizos de madera que salpicaban el paisaje. Los afroamericanos habían sido la principal mano de obra en el cultivo de tabaco, pero durante las últimas décadas habían sido reemplazados por trabajadores mexicanos. Algunos de los padres y madres de los chicos que iban en el autobús habían trabajado en los cultivos cuyas plantas eran tan altas como ellos.

Habían soportado días calurosos, jornadas extenuantes y habían sufrido los efectos de los pesticidas utilizados para atacar el mal de las hojas verdes. Los trabajadores contraían una enfermedad debilitante que les producía mareos y náuseas luego de trabajar desde las primeras horas de la mañana, cuando las grandes hojas estaban húmedas y la nicotina del agua se les mezclaba con el sudor y se adhería a sus ropas. Esta mezcla penetraba en la corriente sanguínea a través de la piel y los trabajadores se enfermaban. La Facultad de Medicina de Wake Forest University, perteneciente al Departamento de Ciencias de Salud Pública, realizó en el año 2000 una encuesta a 144 trabajadores migrantes hispanos sobre la enfermedad del tabaco verde. Descubrieron que el 41 por ciento de los encuestados había contraído la enfermedad al menos una vez en el verano. La mayoría no había tomado precauciones contra las hojas húmedas, y los efectos a largo plazo eran desconocidos.

El estadio de fútbol americano de South Stanly High School tenía la misma construcción que los estadios de las pequeñas escuelas 1A. La tribuna local principal era de concreto. Había una caseta de ventas arriba y una cabina de prensa para el periódico y la emisora locales. La mascota de la escuela estaba pintada en rojo y gris y se llamaba los Rebeldes. La mascota se basaba en los soldados confederados de la Guerra Civil con uniformes escarlatas y grises.

Durante esa guerra sangrienta, el condado de Stanly había enviado seis compañías a combatir por la causa rebelde; eran más de setecientos jóvenes, quienes realizaron el valiente asalto a Pickett-Pettigrew en Gettysburg, donde se calculaba que el 54 por ciento de los 12,500 sureños habían sido heridos o asesinados.

Parecía que Norwood, el sector donde estaba localizada la escuela, aún seguía apoyando las filas rebeldes, sólo que ahora los jóvenes vestían el uniforme escarlata y gris de su escuela. En 2005, South Stanley reemplazó a su mascota por los Toros Rebeldes.

Tuvimos un buen primer tiempo en el partido contra ellos. Los dominamos en el campo de juego y marcamos tres goles. Cuando mis chicos se acercaron a la línea lateral al final del primer tiempo, se quejaron de que sus rivales blancos los habían insultado, y les habían dicho cosas como "Mexicanos estúpidos", "Regresen a México", y el tradicional "Grupo de mojados".

Enrique estaba visiblemente disgustado por los insultos. Yo ya había pasado por esto cuando era entrenador de otro equipo. "Tendrán que afrontar esta realidad de la vida", les dije mientras me movía en círculo a su alrededor. Muchos estaban tan irritados como Enrique, y otros estaban al borde de las lágrimas. "Sé lo que se siente, pero no pueden permitir que esto los detenga".

Les dije que podían responderles de varias formas. "Si los insultan, anoten un gol. Si les dicen algo malo, anoten un gol. No los golpeen, porque eso es lo que quieren. Están tratando de provocarlos".

Los chicos regresaron al campo de juego e ignoraron los insultos. Les ganamos fácilmente 5–1, con un total de 21 disparos directos al arco. Nuestros defensores los encerraron y les impidieron llegar en el segundo tiempo.

Sin embargo, esta no sería la única vez que tendríamos que soportar este lenguaje hiriente. La situación empeoró aún más cuando viajamos a South Davidson para enfrentar a los Wildcats. Allá, no sólo los jugadores fueron agresivos y desagradables, sino también los hinchas. Nos gritaron cosas terribles como "Regresen a México", "Vamos a llamar a Inmigración", y mi favorita: "Árbitro, no les muestre la tarjeta amarilla. Deles la tarjeta verde". Una cosa era que los chicos lucharan contra un equipo malintencionado, pues podían manejar la situación y hacer algo en la cancha. Pero otra cosa era escuchar insultos por parte de padres y estudiantes. La primera vez que jugamos contra ellos les ganamos 5–0, y en la segunda ocasión los derrotamos 9–0.

La primera mitad de la temporada fue un verdadero éxito. Teníamos una impresionante marca de nueve victorias y una derrota contra los Albermarle Bulldogs, el mejor equipo de la conferencia, quienes no habían perdido un solo partido en cinco años.

Sin embargo, comenzamos la segunda mitad de la temporada con un rendimiento discreto, y sólo pudimos derrotar a los Bears gracias a un gol en el último minuto, marcado por Oso, nuestro gran defensor que una vez había estudiado en Chatham Central. Oso hizo un disparo casi desde la mitad de la cancha; el balón se fue por el suelo, pasó en medio de todos y se alojó en el fondo de la red. Asimismo, ganamos con dificultad los tres partidos siguientes, que debieron ser victorias fáciles. Nos reunimos para discutir lo que debíamos hacer en la segunda ronda para continuar con nuestra racha triunfadora.

La charla surtió efecto; después de la reunión, regresamos a nuestro antiguo nivel, derrotamos 5–2 a South Stanley, y 6–2 a West Davidson. Sin embargo, dejamos que Albemarle se saliera con la suya, pues nos derrotaron 2–0. Les dimos guerra, pero su organización nos demolió. A pesar de la derrota, ocupamos el segundo lugar en la conferencia y en la escuela se sorprendieron de que el programa hubiera sido tan exitoso en su primer año.

El último juego de la temporada fue contra East Montgomery, que tenía una marca de 13–2, y apenas había perdido dos veces contra un equipo muy bueno. Ese partido iba a ser una pelea difícil; habíamos conseguido una victoria apretada en nuestro encuentro como locales, derrotándolos 2–1 en la primera mitad de la temporada. Era un equipo fuerte, rápido y habilidoso, y predominantemente latino al igual que nosotros. Era nuestro fiel reflejo en muchos sentidos, pero muy diferentes en otros.

En nuestra conferencia había un total de cuatro equipos predominantemente latinos, incluidos los Jets. Integrábamos lo que denominé como "el circuito de los huesos de pollo". Estas escuelas estaban localizadas en poblaciones dedicadas al procesamiento de pollos, y todas tenían el mismo flujo migratorio de Siler City.

East Montgomery estaba localizada en Biscoe, una pequeña población a sólo cinco millas de Candor, la sede de las granjas avícolas Perdue Farms y Mountaire Farms. Robbins, sede de North Moore High School, donde había estudiado John Edwards, antiguo senador de Carolina del Norte, también tenía una planta de procesamiento de pollos. La cuarta escuela era Thomasville, conocida por Thomasville Furniture Industries y otras empresas de manufacturas. Muchos latinos habían encontrado trabajo en fábricas textiles y de muebles allí.

Estos cuatro equipos eran relativamente nuevos, pero los Jets era la adición más reciente a la conferencia. Nuestro juego era más rápido, nuestro ataque se caracterizaba por su presión y teníamos pasión y emoción. Nuestros hinchas gritaban cosas como, "¡Muy bien, muchachos, muy bien!" Traían tambores, trompetas y otros instrumentos para hacer ruido, tal como lo habrían hecho en sus países natales. Sin embargo, éramos diferentes a los otros tres equipos, los cuales llevaban más tiempo en la conferencia, aunque no habían tenido ningún impacto y se habían desvanecido rápidamente durante los cuartos de final.

Vi que varios de esos equipos todavía estaban jugando a la cascarita, y que empleaban el estilo de juego propio de las divisiones inferiores de La Liga. No estaban bien organizados, los jugadores eran egoístas y carecían de una verdadera unidad y disciplina de equipo. Tenían una tendencia a cometer faltas malintencionadas, zancadillas desde atrás, codazos a la cara y todos jugaban en el medio. Los chicos de mi club también habían comenzado así, pero con el paso del tiempo y de los entrenamientos, trabajamos para deshacernos de ese estilo predecible y destructivo.

Queríamos hacer algo diferente en JM. Queríamos que los chicos jugaran juntos, como un equipo. Y aunque Ricardo y yo no teníamos mucho tiempo para entrenarlos, éramos el equipo latino más organizado de todos.

East Montgomery tenía buenos jugadores, entre ellos un mediocampista central a quien le decían Bocho; era rápido, fuerte y talentoso. Los habíamos derrotado en el tiempo adicional cuando Caballo se descolgó por el carril derecho y lanzó un disparo certero que nos dio el gol de la victoria. Pero había sido un partido disputado donde cualquiera de los dos equipos pudo haber ganado. Y ahora íbamos a enfrentarlos en su propio estadio, en casa, en el último partido regular de la temporada.

Dolores —la madre de Enrique y Edi— a veces esperaba varias semanas para poder ir a lavar la ropa acumulada en una de las lavanderías de Siler City. Las lavanderías eran el sitio de encuentro para las latinas de la ciudad. Ninguna de las familias tenía lavadora ni secadora, y dependían casi exclusivamente de las máquinas que funcionaban con monedas. Algunas veces Dolores lavaba la ropa en la lavandería, y para ahorrar dinero escurría el agua de cada camisa o par de pantalones con sus manos fuertes y luego las metía en el baúl de su auto y las ponía a secar en casa. Sus antebrazos eran completamente musculosos. Llevaba a sus dos hijas para que le ayudaran, y ellas se quejaban con razón de que sus hermanos evadían su responsabilidad con los oficios domésticos.

Dolores era una mexicana, y trataba a sus hijas de un modo diferente que a sus hijos, lo que no era justo. Sin embargo, siempre les decía, "A todos los quiero por igual. Ustedes son como los cinco dedos de mis manos. Y yo no puedo querer a un dedo más que a otro". Una mañana fue a la lavandería con poca ropa.

Enrique y Edi habían jugado dos días atrás y ella quería que tuvieran uniformes limpios para el partido final de la temporada que se jugaría esa noche. Pensaba seguir al autobús junto a sus dos hijas para verlos jugar.

Estaba sacando la segunda tanda de ropa del asiento trasero de su Chevy Impala dorado, cuando sintió una punta metálica pesada, redonda y fría en su sien izquierda, justo debajo de su cabello negro. Inmediatamente supo lo que tenía contra su piel. Era como si le hubieran lanzado una abispa en la cara. Trató de girar instintivamente la cabeza para ver en qué dirección venía, pero el cañón de la pistola la golpeó en la cabeza y se vio obligada a mirar hacia el asiento trasero de su auto.

Inmediatamente pensó en sus hijos: ¿Quién iba a cuidarlos? Una voz masculina le dijo que le entregara todo su dinero. Introdujo una mano en el bolsillo y sacó una bolsa plástica con las monedas que había traído para lavar la ropa. Escuchó el sonido de las monedas cuando él las tomó. El hombre se metió en el auto y sacó el equipo de música que Enrique le compró con el dinero que había ganado trabajando por las noches en Pizza Hut. El tráfico de la Carretera 64 seguía circulando a su lado, pero nadie vio el asalto. Dolores vio a un hombre negro de unos treinta años que llevaba una camisa azul. Le puso de nuevo el arma en la cabeza; Dolores miró hacia el asiento trasero y dijo "Está bien, está bien. Todo está bien", en su mejor inglés, pero lo único que escuchó fue "Cállate". El hombre huyó por detrás de la lavandería y desapareció. Por un momento, Dolores permaneció temblorosa, luego subió a su auto y se dirigió a casa. Estalló en llanto en un semáforo, sacudió la cabeza y le preguntó a Dios por qué siempre parecían sucederle cosas malas.

Cuando los latinos comenzaron a mudarse al Sureste del país, no tardaron en ser objeto de robos, asaltos domiciliarios y otros delitos. Rápidamente se propagó el rumor de que no tenían cuentas bancarias, pues no podían abrirlas sin documentos, y muchos ni siquiera sabían cómo funcionaban. Recurrían a los sitios de cambio de cheques, estaciones de gasolina, tiendas de víveres y otros lugares, para cambiar sus cheques. A muchos les robaban mientras se dirigían a casa. Otros veían cómo los ladrones derribaban las puertas de sus tráilers o departamentos y desmantelaban todo en busca de dinero, pues sabían que los latinos lo guardaban en efectivo.

En Durham, una banda de ladrones aterrorizó a los residentes de un complejo de apartamentos; derribaron puertas, violaron mujeres y se llevaron los ahorros de toda una vida de las familias latinas que vivían allá. La situación era tan grave que los defensores locales de los latinos crearon una unión de crédito para los trabajadores y sus familias, a fin de que pudieran depositar su dinero con seguridad. El jefe de la banda fue arrestado y enviado a prisión, pero pocos años después fue liberado porque los fiscales no pudieron encontrar a los testigos que habían declarado anteriormente contra él.

Dolores no pudo hacer nada el día del robo. El ladrón nunca sería arrestado, pero a ella no le importaba eso; lo que la hizo temblar fue pensar que sus hijos pudieran quedar solos. Si hubiera muerto aquel día, no habría nadie que se encargara de ellos. Dolores había luchado por sus hijos durante toda su vida adulta. Había encontrado varias formas de conseguirles alimentos cuando no tenía dinero para comprarlos. Cuando estaban en México, un día se alimentaron exclusivamente de sal porque no tenían nada qué comer. Siempre encontraba una forma de solucionar sus problemas, de huirle a la pobreza y hacer que sus hijos estuvieran sanos y felices. Pero en ese momento se preguntó qué harían sin ella. La idea fue insoportable. Se llevó la mano a su sien izquierda y se tocó los bordes de la marca roja que le había dejado la pistola. Eso fue lo primero que vio

Enrique cuando llegó de la escuela y la encontró dormida en la cama.

Había llovido la noche anterior y la cancha de East Montgomery se había convertido en un lodazal. El águila blanca pintada en la línea de las 50 yardas parecía como un pterodáctilo fosilizado y congelado en el fango, y el centro de la cancha se semejaba a una taza llena de barro. Cuando los chicos entraron al campo, los taches de sus guayos quedaron atrapados en la profundidad de la tierra pantanosa. Esto afectaría el partido y ellos necesitarían conservar el equilibrio, controlar más el balón y mantenerlo a su lado. Durante el calentamiento, les dije que se alinearan en un extremo de la cancha. Luego nos dirigimos al arco contrario para examinar y reconocer la cancha enfangada y resbalosa.

Enrique no había venido y yo estaba preocupado por él. En un comienzo, Edi no quiso decirme lo que había sucedido; intenté sonsacarle la historia y supe que Enrique se había quedado en su casa para estar al lado de su madre. Edi estaba furioso, y lo traté de consolar diciéndole que su madre se recuperaría.

"Paul, si lo encuentro lo mato", dijo, y sus ojos humedecidos se secaron rápidamente.

Yo sabía lo que quería decir. Edi era un chico dulce, pero su familia había atravesado tantos momentos difíciles que ahora se protegían férreamente entre sí. Por eso el fútbol era tan necesario para él. Lo necesitaba para descargar su agresión en la cancha, pues de lo contrario corría el riesgo de liberarla de otra forma.

El partido comenzó del mismo modo que había terminado el último contra los Eagles: ambos equipos atacaban y se disputaban el juego. Pero a mediados del primer tiempo comenzamos a dominar y a controlar el balón. Caballo se escabulló por el carril derecho y llegó al arco contrario. Lanzó un disparo fulminante, demasiado fuerte y veloz para el portero de los Eagles, quien intentó detenerlo, pero el balón se deslizó entre sus brazos extendidos. El gol animó al equipo y lo llenó de confianza. Desde ese momento, los Jets encendieron sus motores y el partido fue nuestro.

Loco robó un balón, avanzó rápidamente por el lado izquierdo de la cancha y lanzó un tiro al arco contrario. El arquero estaba atento esta vez y rechazó el disparo. Pero Lobo, nuestro delantero izquierdo, agarró el rebote, lo introdujo en el arco y nos puso 2–0 en el marcador. Los Jets anotaron el tercer gol cuando Chuy le lanzó un pase elevado a Caballo, quien lo recibió con calma y lo introdujo en la red. El partido estaba prácticamente decidido, pues íbamos ganando claramente 3–0 al final del primer tiempo. Anotamos otro gol en el último minuto, cuando los Eagles permitieron que Loco ingresara y lanzara un tiro fulminante al ángulo superior derecho del arco.

Cuando el partido finalizó, los chicos celebraron su victoria de 14–2 lanzándose al fango. Se rieron, celebraron y se subieron el uno encima del otro mientras jugaban la bolita. Luego fueron por Ricardo, Matt y yo, y nos untaron barro en la cara y en la cabeza. Habíamos terminado la temporada fortalecidos, con ocho victorias consecutivas y tres partidos sin recibir un gol. Estábamos preparados para las finales. Pero aunque festejábamos y yo trataba de evitar que los chicos me llenaran de barro, no dejaba de pensar en Enrique. Celebrar sin él me hacía sentir un poco vacío. Quería regresar rápidamente a Siler City y ver cómo estaba.

Era casi medianoche cuando Edi y yo llegamos a su casa blanca en las afueras de la ciudad. Edi sacó su mochila del baúl de mi auto y entramos a su casa. No sabía qué esperar, pero confiaba que Enrique estuviera despierto. Sólo quería cerciorarme de que estuviera bien; sabía que Dolores lo estaba, pues era una mujer fuerte. Pero Enrique era un chico sensible, el típico niño que se había visto obligado a madurar con rapidez y que siempre sentía el peso del mundo sombre sus hombros. Entramos y lo vi sentado en la mesa redonda de la cocina con una camiseta blanca y unos jeans. Le pedí a Edi que me dejara un minuto a solas con él. Me senté a su lado y mantuve los ojos apartados de una pistola negra y marrón que había sobre la mesa; era mejor no hablar de eso en aquel instante. Le pregunté qué le sucedía, pero Enrique no levantaba su mirada de la mesa. Le costaba pronunciar las palabras. "¿Qué te pasa, Enrique?", le pregunté de nuevo.

"Nada", fue lo único que respondió.

Le insistí; quería que me contara qué le había sucedido, y sería mejor si lo expresaba con palabras. Enrique no era como su hermano, y tenía problemas para expresar sus sentimientos. Edi vivía el momento; podía estar triste ahora y sentirse feliz instantes después, como si los sentimientos desagradables no existieran. Enrique estaba pensativo. Hablamos sobre el partido y le conté lo que había sucedido, la forma en que los habíamos dominado, que los chicos se habían arrojado a la cancha llena de fango y que trataron de llenarme de barro. Sonrió al imaginar la escena y eso lo ablandó un poco. Luego me contó lo que le había sucedido a su mamá. Me pidió disculpas por no haber ido al partido pero dijo que necesitaba estar en casa con ella.

"Oye, hiciste lo correcto", le dije. "No te preocupes por el partido, ya lo ganamos. Jugarás en las finales. Tu mamá te necesitaba esta noche y estuviste a su lado. Y eso era más importante que cualquier partido. ¿Cómo está ella?"

Él asintió. "Bien. Está dormida. Ha dormido desde ayer por la tarde", dijo, evidentemente preocupado.

"Estará bien. Necesita dormir después de lo que le ha sucedido. Mañana hablaré con ella". Enrique era su hijo, pero Dolores no podía contárselo todo; todavía era un chico, y yo sabía que ella no se iba a desahogar con él. Enrique se recostó y bostezó profundamente; su preocupación y sentimientos encontrados lo tenían exhausto. Estaba comenzando a desmoronarse y era mejor que se fuera a dormir.

"Oye, ya sabes que debo llevarme esa arma", le dije mientras me ponía de pie. Eso le sorprendió, pues no tenía intenciones de entregármela. "No puedo irme de aquí sin ella. Te la devolveré en un par de días, pero tengo que llevármela ahora".

"¿Te vas a llevar mi arma?"

"Sí, no puedo irme de aquí sin ella".

Enrique estaba molesto y pensando cosas malas cuando se desahogó. "Paul, lo único que quiero es matarlo. Quiero salir, encontrarlo y dispararle. No sé dónde está, pero puedo encontrarlo. La policía no hará nada. Quiero hacer algo; tengo que…" Comenzó a llorar, lo abracé y le dije que todo estaba bien. Yo sabía que él no encontraría al responsable aquella noche, pero sí se toparía con muchos problemas.

"Lo sé", le dije con suavidad. Aceptar que yo entendía lo que él estaba sintiendo fue lo único que Enrique necesitó para desahogar su rabia.

"De acuerdo", dijo, cerrando los ojos. Estaba muy cansado para discutir, le di un abrazo, tomé el arma y me sorprendí de lo pesada que era. Yo nunca había tenido ni querido un arma. Enrique tenía una porque a veces llegaban extraños embriagados a su casa, buscando a la gente que había vivido allí anteriormente. Yo lo entendía; cuando vives en el campo te sientes solo y nunca recibes ayuda a tiempo. Por eso las personas sienten la necesidad de protegerse.

Abrí el baúl de mi auto y puse la pistola a un lado del termo de cinco galones que llevaba a los partidos. Cerré el baúl y subí a mi auto. Había sido una noche larga y aún no había terminado. Todavía necesitaba organizar algunas cosas en los vestidores del equipo de fútbol americano de los Jets.

El hangar de los Jets estaba localizado en el extremo oriental de la cancha de fútbol americano, entre la tribuna local y la de visitantes. La fachada del edificio tenía dos ventanas grandes que se plegaban durante las ventas en los partidos. El interior estaba dividido en dos. Un lado estaba reservado para el equipo y contaba con casilleros, sillas, armarios, baños y duchas para los jugadores. El otro lado tenía las mismas comodidades para los visitantes. Había cuatro entradas: La de la caseta de ventas, localizada al frente, la del casillero de los visitantes, la del casillero del equipo local y la puerta de los entrenadores de fútbol que conducía a su pequeña oficina.

No utilizábamos los casilleros, pero sí la máquina de hielo para nuestro termo. Antes de cada partido, le echaba hielo al termo y luego lo llenaba con agua de la fuente que había en los casilleros. Muchas veces, los entrenadores de fútbol estaban allá, cotorreando sobre los jugadores, el equipo, el partido y los entrenamientos prolongados. Yo no hablaba mucho; entraba, me ocupaba de lo mío, y era tan amable como podía. Éramos los nuevos chicos del vecindario y sabía lo que eso significaba. Teníamos un lugar y debíamos respetar el suyo. Eran *sus* instalaciones.

Con el transcurso de los meses, nuestros saludos amables fueron dando paso lentamente a breves conversaciones sobre el desempeño del equipo y nuestros rivales de turno. El director del equipo de fútbol americano era un hombre decente, amable y educado; tenía una gran responsabilidad sobre sus hombros. Mucha gente no sabe la responsabilidad que se le delega al entrenador en una comunidad pequeña. La gente te ama si vas ganando y te desprecia si vas perdiendo. Y luego tienes que verlos en la iglesia el domingo por la mañana.

Inaugurar el programa de una manera tan exitosa durante nuestro primer año había abierto muchos ojos en JM y nos había ganado un respeto considerable. Los estudiantes, los profesores y la comunidad habían visto que el fútbol era algo bueno y una adición positiva para la escuela. Conversar con los demás entrenadores en la pequeña oficina había hecho que ellos dejaran de pensar que el fútbol era una amenaza para el fútbol americano.

Y por eso me sorprendí la noche en que vi un volante sobre el escritorio del entrenador principal. Además de las hojas que decían "La excelencia exige preparación" y "Se gana con el trabajo, no con el deseo", había otro volante muy elaborado con dos fotos de uno de los entrenadores lanzando uno de nuestros balones de fútbol. Al pie de la foto decía: "El imbecil. Tú no tirar el balón de fútbol, tú patearlo". El corazón se me cayó a los pies. El volante había sido puesto allí para que todos los entrenadores y jugadores de fútbol americano lo vieran. Era ofensivo en varios sentidos, pero lo que más me dolió fue que quienes lo habían puesto allí eran los profesores de los chicos.

Ellos eran conscientes de su acento español. Sentí como si me hubieran arrojado a un pozo oscuro. ¿Nuestras agradables conversaciones habían sido falsas? ¿Las palabras amables que habíamos cruzado eran sólo una fachada? Tendría que realizar un gran esfuerzo para salir del hueco al que había caído y me sentía demasiado cansado para lidiar con todo esto. Estas ofensas lograban mucho más que hacerte sentir mal. Penetraban en lo más profundo de tus valores, y hacían que te preguntaras acerca de cosas como la fe en la gente y la bondad de Dios.

Sabía que necesitaba responder inmediatamente a ese volante, pero no sabía cómo. Me dispuse a arrancar el papel y romperlo en pedazos, pues el sentimiento más comprensible era la rabia. Yo podía hacer un escándalo y exigir una explicación, pero eso sólo me generaría más enemigos y una mayor oposición. Podía informarle a Moody y dejar que tomara medidas. Pero los entrenadores podrían perder sus empleos y esta situación no ameritaba unas consecuencias tan drásticas. Si hay algo que he aprendido tras escribir sobre asuntos raciales es que las cosas pueden llegar a un nivel explosivo realmente rápido. Informarle a Moody sólo haría que esta situación tan candente fuera develada al público, creando heridas profundas en la escuela.

Con mucha frecuencia había visto en Chicago a grupos de latinos y afroamericanos protestar por el racismo y la discriminación. Habían organizado manifestaciones, desafiado a las autoridades y realizado demandas legales. Esas medidas fueron exitosas en muchos casos, pero también hicieron que la ciudad quedara herida y dividida. La confrontación funcionaba para corregir injusticias, pero siempre tenía un alto costo humano. Debía haber otra forma.

¿Qué quería yo de los entrenadores? ¿Una excusa? No; quería que quitaran los volantes y que aprendieran algo. Quería que aprendieran a pensar antes de abrir sus bocas. Quería respeto. El respeto nace del miedo o del amor: Es muy fácil sentir miedo, pero mucho más difícil sentir amor. El movimiento por los derechos civiles había utilizado ambos, pero lo que queda actualmente parece ser la táctica del miedo y la confrontación más que el amor. El amor requiere que todos dejen su orgullo a un lado y maduren. Y mientras estaba en esa oficina con el volante en mis manos, quise que maduraran. Quemar la tierra hace que todo quede desnudo, negro y humeante. Sabía lo que quería hacer. Este era un asunto de entrenadores de fútbol americano y de fútbol. Y teníamos que solucionarlo entre nosotros.

La tarde siguiente antes del entrenamiento, entré a la oficina de los entrenadores donde estaba la máquina de hielo. Serví la cantidad habitual en el termo y los escuché conversar sobre su próximo encuentro. Me preguntaron cuándo sería nuestro primer partido de las finales y les dije que el miércoles. El entrenador principal estaba sentado en su escritorio, hablando por teléfono. El volante todavía estaba en el tablero de anuncios. Era la oportunidad perfecta para hablar con él, cuando colgara el teléfono o terminara de hablar con los demás entrenadores. La oficina estaba abarrotada y yo quería que esto fuera sólo entre nosotros. Finalmente colgó el teléfono y vi el momento justo y lo aproveche.

"Entrenador", dije. Él me miró. "Hay que quitar eso". Miró hacia donde yo señalé y su rostro adquirió el color de la ceniza. Inmediatamente supo que el volante era un error. Había sido una broma entre ellos y pensaron que nadie más lo veía. No pretendían mostrárselo a nuestro equipo de fútbol. Aceptó que debía quitarlo y se sintió avergonzado. Pero yo no iba a dejar que él se olvidara del asunto así de fácil.

"Entrenador. Eso es altamente ofensivo e irrespetuoso. Usted sabe que los chicos tienen muchas dificultades para hablar inglés sin que se burlen de ellos. Hay que quitar eso". Pero el entrenador se me adelantó. Arrancó el volante de la pared e inmediatamente lo arrugó y lo arrojó a su papelera. Nos miramos y él entendió los problemas que le causaría el volante en JM. Le pregunté de dónde había salido. Dijo que un periodista del diario lo había hecho y se los había llevado, lo cual tenía mucho

sentido porque las fotos habían sido copiadas o escaneadas pro-
fesionalmente. El volante estaba muy bien hecho, pero que lo
hubiera elaborado un extraño no lo excusaba en lo más mínimo.
"Probablemente sea así, pero usted es el entrenador principal y
no puede colgar eso en la pared para que todos lo vean", le dije.
"Colgarlo en su pared significa que usted apoya eso". Él entendió el mensaje; lo hizo desde el momento en que señalé el volante, y también comprendió los problemas que podría causarle
si los rumores salían del hangar. Le agradecí por retirarlo de la
pared.

La conversación duró unos pocos segundos, pero el entrenador y yo habíamos llegado a un acuerdo. Yo no iba a delatarlo; él
arrancó el volante y ambos sabíamos que las cosas no tenían que
ir más allá. Era sólo algo entre entrenadores. Me di vuelta y
hablé con algunos que estaban en la oficina. Me preguntaron si
íbamos a ganar nuestro primer partido de las finales. Ninguno
de ellos había escuchado mi conversación con el entrenador
principal y eso estaba bien. Pero por el rabillo del ojo, vi al entrenador sacar su papelera del hangar. Más tarde, cuando los
entrenadores y futbolistas se fueron a practicar, fui a buscar el
volante. No estaba ni siquiera en las grandes canecas de basura
que había afuera del hangar. Sin embargo, yo le había tomado
una foto la noche anterior.

Ganamos nuestro primer partido de las finales en una noche
fría de noviembre, derrotando 4–0 a una escuela de la región del noroeste de Carolina del Norte. El sistema de finales
estatales estaba diseñado para recompensar a los equipos que
ocuparan las primeras posiciones de su conferencia. Albemarle
había sido el primero y nosotros habíamos sido los segundos.
Por esa razón, ambos equipos jugaríamos nuestros encuentros

iniciales de las finales en calidad de locales contra equipos que habían ocupado posiciones inferiores en sus respectivas conferencias. Como habíamos ocupado el segundo lugar, podríamos jugar un partido como locales, y posiblemente un segundo partido, dependiendo del nivel del otro equipo. Un equipo tenía que jugar sólo cuatro partidos a nivel estatal 1A para llegar a las finales. Jugar como locales fue una gran ventaja, pues cuando terminamos nuestro primer partido de las finales en casa, organicé a los chicos en una fila, nos dirigimos a nuestros hinchas y levantamos los brazos. Luego hicimos una venia. Tomé a Enrique de la mano. Había tenido un partido difícil como defensor esa noche. Habíamos logrado mucho en la primera temporada. Habíamos terminado segundos en nuestra conferencia y ganado nuestro primer partido de las finales en casa. Este equipo era bueno de verdad.

9

El autobús escolar rugía en su ascenso por la carretera de Blue Ridge, de viaje a Hendersonville High School para nuestro segundo partido de las finales. La carretera serpenteante y empinada estaba incrustada en las Smoky Mountains, dejando al descubierto los fragmentos irregulares de rocas a ambos lados del autobús. Los chicos observaron maravillados las montañas cuando pasamos por ellas. "Se parece a México", dijo Lechero desde la parte trasera del autobús. Con sus caras pegadas al cristal frío, algunos de los chicos observaron a través de los valles del tiempo y la distancia cuando apenas eran niños jugando en el gran campo de sus tierras natales. Pero su visión duró sólo un momento, y luego regresaron a Estados Unidos y a su nueva realidad. Se sentaron de nuevo en sus asientos y pasaron el tiempo durmiendo, jugando cartas y escuchando rancheras en sus reproductores de CD. Eran cinco horas de viaje a Hendersonville y nos faltaban dos para llegar.

Me senté junto a Caballo. Estaba despierto y nervioso. Tenía dieciocho años pero ya era un hombre en muchos sentidos. Era mayor y más experimentado que los otros chicos y había tenido una vida dura como inmigrante. Sus ojos tenían el color oscuro de la tierra profunda. Hablamos de su vida y me contó los trabajos que había tenido desde que se mudó a Carolina del Norte. Había recogido arándanos en el condado de Duplin; el poco dinero que ganaba dependía del número de canastas que subiera al camión. "Yo también he estado en las montañas, Cuadros", dijo, mirándome con sus ojos pequeños y conocedores. "Tomates", murmuró.

Su familia había recogido tomates durante un verano en el condado de Swain. Los empacaban en cajas de cartón blanco que apilaban entre las hileras de arbustos para ser recogidas posteriormente. En esa época, aquel condado miraba con cara de pocos amigos a los niños inmigrantes que asistían a la escuela, y muchos trabajaban con sus padres en los cultivos. Desde allí, la familia se dirigió a la región de los árboles de Navidad donde recortaban abetos, los amarraban y los subían a camiones. Luego eran vendidos en supermercados locales y en negocios privados de todo el estado. Yo había investigado sobre las personas que trabajaban con los árboles de Navidad en Sparta, Carolina del Norte, y había visto a unos que vivían en un autobús escolar muy semejante al que utilizábamos durante la temporada. Los americanos no entienden muy bien de dónde provienen sus alimentos u otros productos como los árboles de Navidad. Si entendieran el trabajo, el sudor, las largas jornadas, los bajos salarios y el frío que soportaban los trabajadores en los duros meses de invierno en las montañas de Carolina del Norte, probablemente comenzarían a ver la temporada de Navidad de una manera diferente.

Los chicos estaban un poco inquietos y decidieron que era hora de poner a prueba la fortaleza de Dominic, el estudiante alemán de intercambio.

No era muy alto; medía aproximadamente 5 pies y 10 pulgadas, pero tenía una cuerpo sólido, piernas fuertes y musculosas,
un cuello grueso, una cabeza en forma de bloque de concreto y
un corte militar. Aterrorizaba a nuestros rivales.

"Ja. De acuerdo. Lo haré", respondió cuando los chicos le
dijeron que querían hacer pulsos con él. Les ganó a todos. Fueron llamando uno por uno, y todos sucumbieron ante Dominic.
Les había ganado a todos los mexicanos entonces llamaron a
Oso, quien medía 6 pies y 4 pulgadas. Si alguno de los chicos
podía derrotar al alemán, sería este hondureño. Comenzaron a
gritar y se reían mientras los dos jóvenes medían fuerzas. Oso
era grande, pero no era particularmente fuerte ni musculoso.
Había perdido mucho peso durante la temporada, pero se había
fortalecido y eso contaba a su favor. Sin embargo, Dominic demostró ser el más fuerte de los dos y derrotó a Oso en una
competencia larga y de rostros enrojecidos que puso a prueba la
voluntad y resistencia de ambos chicos.

Llegamos a Hendersonville High School en las últimas horas
de la tarde, cuando el sol desaparecía rápidamente bajo el con-
torno de las montañas. Estaba bajando la temperatura y el viento
nos golpeó. Los chicos temblaron en sus shorts.

Los Hendersonville Bearcats llegaron vestidos de blanco y
rojo. Eran altos, entraron a la cancha y comenzaron a calentar.
Los Jets se intimidaron un poco por su tamaño, pero luego se
olvidaron de esto y comenzaron a hacer sus ejercicios de preca-
lentamiento. Cuando llegaron los árbitros, los participantes
tomaron posiciones y los equipos se alinearon frente a frente
por un momento antes de que el árbitro central comenzara el
partido.

Indio le pasa el balón blanco y negro a Pee Wee, quien está a su
lado en el centro del campo. El partido comienza. Los Hender-

sonville Bearcats avanzan para intentar apoderarse de la pelota.
Pee Wee dribla con destreza, sobrepasa al primer atacante y le
hace un pase a Chuy, quien está en el costado derecho; el balón
gira como las manos del reloj. Chuy recibe el esférico con un
poco de espacio entre él y el defensor contrario; sabe a dónde
va. Se mete por la izquierda hacia el centro de la cancha y luego
zapatea el balón con la parte exterior de su pie derecho, manteniéndolo pegado a él, engañando al defensor, quien queda
tendido en el polvo. La pequeña hinchada de los Jets grita:
"¡Olé!"

Mientras tanto, Caballo se ha abierto en dirección a Chuy,
quien está cerca de la línea lateral derecha. Chuy lo ve y le hace
un pase picado; el balón rebota hacia Caballo. Pienso, *Vaya, tenemos que mantener el balón en el piso.* Caballo recibe la pelota;
está de espaldas al arco; el defensor lo presiona desde atrás y lo
agarra de la cintura. Es una falta clara pero el árbitro no la ve.
Caballo comanda a los Jets. Ya ha entrado en ritmo y el juego
ha comenzado. Avanza en una dirección, gira, va hacia otro
lado y finalmente se da vuelta para enfrentar el arco contrario.
Supera al defensor y corre en dirección al área de las dieciocho.
Tiene una cosa en mente: entrar, disparar y anotar. Pero es ata-
cado de inmediato por dos defensas cuando entra a las dieciocho. No puede sobrepasarlos, intenta driblar a un lado y al otro
y se mueve como un trompo hacia la esquina derecha de la
cancha, pero nadie va a ayudarlo. Yo estoy en la línea lateral,
observando cómo intenta salir desesperadamente del cerco que
le han tendido los defensores contrarios. Finalmente se abre un
espacio y le envía el balón a Indio, que está al otro lado de la
cancha, pero un defensor contrario se le adelanta. Pee Wee
quiere atacar pero ha perdido la bola.

Ahora los Bearcats presionan y controlan el balón. Avanzan
por el costado izquierdo, hacen dos pases seguidos y dejan a

Loco a la derecha. Loco se recupera rápidamente y va a defender. El jugador de los Bearcats le pasa el balón a un delantero. Bomba lo presiona, pero el atacante es muy grande y lo supera. El delantero entra a las dieciocho y justo cuando va a tirar al arco, Edi llega tan rápido como un rayo y le arrebata el balón. Edi no tiene miedo, no le preocupa chocar con el jugador, sus ojos están en el balón y en nada más. Avanza por la cancha con la cabeza en alto, mirando a sus compañeros. Se fija en Pee Wee al lado derecho del mediocampo y envía el balón en un arco alto por encima de los otros jugadores. Pee Wee lo recibe, se lo entrega a Chuy en el costado derecho, quien rápidamente se lo pasa a Caballo, que está en el mismo lado.

Nuestro equipo ataca de nuevo. Los defensores contrarios cierran líneas, acortando el espacio e intentando que nuestros delanteros queden fuera de lugar. Caballo recibe el balón e inmediatamente lo atacan dos defensas. Sé que el entrenador de Hendersonville nos ha analizado y ha señalado nuestras destrezas y debilidades. Sabe que Caballo es quien arma nuestras jugadas, el mayor anotador y nuestra arma principal. Nosotros atacamos desde la derecha. El entrenador ha enviado a dos defensas para que marquen a Caballo y lo neutralicen. Tenemos que encontrar la forma de que Caballo se libere de la presión y buscar otra manera de ganar.

Los Bearcats controlan de nuevo el balón y nos atacan por el lado izquierdo. Bomba está dejando entrar a los delanteros; es como un colador y no podemos detenerlos por el lado izquierdo. Los delanteros contrarios evitan a Dominic debido a su fuerza y tamaño, y prefieren entrar por el lado de Bomba. El delantero lo supera, Edi corre hacia él y le da un puntapié al balón. La pelota rebota en la línea de las dieciocho, una situación peligrosa pues otro atacante puede tomarla y disparar, pero Fish avanza como un rayo y antes de que el atacante pueda recibir el balón, se abalanza sobre él, lo coge entre sus brazos y lo aprieta contra su pecho. Mueve su cabeza para esquivar un puntapié. Es claro que nuestro equipo tiene problemas. A pesar de su talento, no puede competir contra la superioridad de los Bearcats. Tendremos que hacer muchos cambios para el segundo tiempo.

Saco a Bomba y entro a Lechero. El juego está parejo y los dos equipos se neutralizan mutuamente. Sin embargo, los Bearcats atacan más y penetran por el lado izquierdo, pero Fish y Edi marcan la diferencia. El desastre ocurre cuando faltan sólo quince minutos. Un mediocampista del equipo contrario avanza rápidamente por el costado derecho y le pasa el balón a un delantero que está en el lado izquierdo. Lechero salta pero no logra cabecear el balón. El esférico rebota y un delantero contrario está en posición de ventaja. Fish sale del arco. Sabe que la jugada es peligrosa y rechaza el balón a tiempo. Lechero está a un lado y Fish se queda inmóvil, creyendo que Lechero controlará el balón. Éste rebota en la cabeza del delantero y se dirige lentamente hacia adentro, superando a Fish. Los Bearcats nos han asestado el primer golpe. Siento que todo ha terminado para nosotros. Pueden ganarnos por un gol de diferencia.

Los chicos se dirigen tensos hacia el centro de la cancha para reanudar el partido. Saben que tienen que reaccionar, pero los Bearcats redoblan sus esfuerzos defensivos y somos incapaces de llegar con contundencia al arco contrario. Nuestros delanteros se sienten frustrados, y Caballo ha desaparecido literalmente de la cancha. Termina el primer tiempo y sólo nos quedan 45 minutos para ser eliminados de las finales.

Necesitábamos hacer cambios urgentes. Los entrenadores nos reunimos un momento mientras los chicos bebían agua y decidimos sacar a Bomba. Algunas veces los chicos pasan muchas dificultades en la cancha. Indio no había jugado bien, aunque no era un gran problema y estábamos dispuestos a que siguiera jugando. No podíamos hacer mucho para ayudar a Caballo. Chuy tendría que hacerlo y dependeríamos de él para recuperarnos. Era un jugador talentoso, pero sus disparos eran demasiado altos y se desviaban por encima del arco contrario. Esos eran nuestros ajustes; los chicos tendrían que hacer el resto. Tendríamos que esperar y ver qué sucedía. No había empates en las finales.

Las finales hacían que los partidos fueran más intensos. No había nada en las ligas privadas, en sus torneos y desempates por penaltis, que se asemejara a un partido de finales de secundaria. Los riesgos eran mucho mayores y en cada partido había un equipo eliminado. Si perdías, te ibas a casa. No podías jugar los tres partidos permitidos en los torneos de clubes. Los partidos tenían mucha cobertura pública, se jugaban de noche, bajo las grandes lámparas y frente a toda tu comunidad. Jugabas por tu orgullo, tu escuela y tu ciudad. Si un club pierde en un torneo, al día siguiente en la escuela nadie les dirá que son unos perdedores. Y cuando ganan, las chicas no les sonríen en el corredor. Los clubes no conocían el significado de la palabra presión.

El segundo tiempo comienza con la misma intensidad con la que terminó el primero. Los dos equipos se atacan con todas sus fuerzas. El partido se vuelve duro y sucio. Los Bearcats comienzan a cometer faltas contra los Jets. Los empujan, los agarran y les hacen zancadillas. Los árbitros pitan algunas faltas, pero dejan de pitar muchas otras. Y el público pierde la paciencia cada vez que los árbitros pitan una falta en contra del equipo local. Les gritan cosas a nuestros jugadores y tratan de intimidarlos. Lechero siente el peso del abuso en la cancha. Sin embargo, nuestros ajustes demuestran ser afortunados. Lechero neutraliza al atacante derecho, quien no puede superarlo, y cada vez que nuestro jugador le arrebata el balón, el público lo insulta.

Sin embargo, el partido se ensombrece para los Jets. Un delantero de los Bearcats avanza por el mediocampo y supera a Edi, quien está en el área defensiva. El gol está por llegar. Fish sale del arco y se lanza a los pies del delantero. Sabe que un segundo gol nos acabará, pero ve la debilidad en el atacante: El balón está muy lejos de sus pies. Fish puede agarrarlo, los dos jugadores corren lado a lado, y al ver que Fish avanza sin temor, el delantero pierde el control del balón, que rebota frente a él. Sabe que ya no podrá tomarlo y que Fish lo hará, y le entra con sus guayos para no permitírselo. Fish cae al suelo, agarra el balón con sus manos, pero los taches del delantero se estrellan contra su rodilla derecha. El ardor es fuerte y está completamente adolorido. Nuestros defensores empujan al delantero. El árbitro hace sonar su silbato. Grito desde la línea lateral por la falta cometida. El árbitro le saca tarjeta roja y el delantero es expulsado. Los asistentes locales gritan su inconformidad mientras vamos a atender a Fish. Debe abandonar la cancha, pues ha recibido un fuerte golpe y tiene marcas rojas en la rodilla. El tache afilado podría haberle dejado una cicatriz si lo hubiera golpeado en la cara. Pero, ¿quién lo reemplazaría en el arco? Indio, quien había sido portero en uno de mis clubes. Conocía esa posición y había demostrado talento. Ayudamos a Fish a salir de la cancha.

El partido se reanuda y los Bearcats tienen un hombre menos. Comenzamos a atacar con más presión y los Bearcats adoptan un juego defensivo. Ya es cuestión de saber si podemos anotar y si sus defensas pueden detenernos. Llenan el arco con todos sus jugadores y la cancha se reduce. Se hace casi imposible anotar un gol. Básicamente, hay veintiún jugadores hacinados en un pequeño espacio, pero nosotros continuamos

atacando. Caballo se descuelga por el carril derecho. Se dirige
al arco contrario con la velocidad de un tren y no hay nadie
que pueda detenerlo. Tiene el balón y la velocidad, y sabe qué
hacer. Acaba de cruzar el área de las dieciocho sin encontrar
resistencia y lanza un disparo al ángulo superior derecho del
arco. Puedo ver el balón dirigirse a la esquina y sé que el portero no puede hacer mucho. Pero el balón se va a la derecha,
golpea el poste y sale desviado. El partido ha terminado. El árbitro decreta el final y nuestros jugadores caen a la cancha
aplastados por el peso de la derrota. Los levantamos y les damos
la mano a los Bearcats, aunque sin la menor emoción.

Los chicos se dejaron caer en la cancha como si fueran soldados moribundos. Estaban desolados y varios se sentaron a llorar.
La derrota les dio duro, sobre todo a los jugadores de último
año. Pee Wee se agarró la cabeza y lloró. Las lágrimas resbalaban
por las mejillas de Oso. Fish parecía estupefacto. Todos estaban
muy abatidos, y yo sabía que tenía que animarlos de alguna manera.

"Bueno, chavos, fue una derrota dura", les dije. "Pero tienen
que recordar todo lo que han logrado este año. Miren lo lejos
que hemos llegado y lo que han logrado; este es el primer año
del programa. Muchas personas no lo querían, pero vean cuán
lejos han llegado ustedes. Ya nadie eliminará este programa después de lo que ustedes han logrado en nuestro primer año. Sé
que es muy difícil para los estudiantes de último año, pero quiero
que todos sepan que independientemente de lo que suceda con
este equipo, y sin importar lo que nos depare el futuro, no habríamos podido hacer nada sin su dedicación. Ustedes querían
este equipo. Ustedes hicieron este equipo".

Subimos al autobús y comenzamos nuestro regreso a casa.
Afortunadamente, el interior del autobús estaba oscuro, pues

algunos de los chicos todavía estaban llorando y no querían que nadie los viera. Miré hacia atrás y vi que Fish también estaba llorando.

Fui a la parte trasera del autobús. Me senté al lado de Lechero y Chuy. Le tomé la mano a Lechero y le dije la magnífica temporada que había tenido, y que la del año siguiente sería aún mejor. Luego lo abracé. Me dirigí a los estudiantes de último año, y le dije a Chuy lo agradecido que estaba por los grandes esfuerzos que había realizado y lo abracé. Luego me senté al lado de Pee Wee, cuya sonrisa eléctrica siempre estaba encendida y lo abracé. Le dije que si necesitaba algo, sólo tenía que pedírmelo y yo haría lo que estuviera a mi alcance para ayudarlo. Seguí hacia Oso y tuve dificultades para rodearlo con mis brazos. Luego me dirigí a la parte delantera del autobús.

Dos horas después de salir de Hendersonville, la música seguía sonando en la parte trasera del autobús. El sonido metálico de la música norteña se propagaba a través del interior. Ricardo alumbró con su linterna y vimos a los chicos bailando, moviendo sus cuerpos y sus brazos. Sonreí.

Segunda
temporada

10

Alberto Cuadros llegó solo y con poco dinero en sus bolsillos a Estados Unidos en 1960, sin saber muy bien de qué iba a vivir. Había dejado atrás Perú, su esposa y sus dos hijos en busca de oportunidad para mejorar la situación de su familia y encontrar más libertad. Había quedado huérfano cuando era niño, y se ganó la vida lustrando zapatos en las calles, hasta que un tío lo internó en un monasterio franciscano. Alberto se casó relativamente tarde —a los treinta y siete año— y tuvo hijos. Pero a pesar de su educación franciscana, no ganaba suficiente dinero. Y cuando su hermana recibió una beca para estudiar odontología en la Universidad de Michigan, Alberto decidió viajar allí.

Mi padre encontró trabajo limpiando la capilla de los estudiantes de St. Mary, en Ann Arbor. Fue difícil, pero se acostumbró a los fríos inviernos y a las comidas extrañas. Trabajaba duro, haciendo la limpieza de la iglesia durante el día y lavando platos de noche en Drake Candy Shop. Ahorró dinero y logró traer a mi madre y a mis dos hermanos. Yo fui el primer miembro de la familia en nacer en Estados Unidos. Vivíamos en un pequeño cuarto en el sótano de la iglesia, debajo de la capilla y del altar. Aún recuerdo las imágenes difuminadas de los pisos de baldosas, del pequeño patio que había atrás con la estatua de la virgen y de las paredes frías de las escaleras que conducían al sótano.

Tres años después de trabajar en St. Mary, el doctor Benedict R. Lucchesi, un prestigioso cardiólogo que había contribuido al desarrollo de un marcapasos cardiaco en la universidad, le consiguió a mi padre un trabajo como técnico de cuidado de animales en el departamento de investigación farmacológica.

El doctor Lucchesi era hijo de inmigrantes italianos y veía a su propio padre en el mío. Mi padre cuidaba a todos los animales con los que experimentaban los investigadores. Mis hermanos y yo ayudamos a cuidar perros, gatos, ratones, ratas y conejillos de Indias. Ese trabajo transformó nuestras vidas; compramos una casa, recibimos beneficios de salud y mi padre obtuvo una pensión. Sin embargo, odiaba su empleo. Tenía que alimentar y limpiar a los animales; era un trabajo duro y sucio que le desagradaba. Mi padre era un hombre culto que había estudiado a los antiguos griegos y romanos y, obviamente, ese trabajo no suponía ningún desafío intelectual para él.

Durante sus días libres de la primavera y el verano, nos llevaba a mis hermanos, a nuestro primo Willie y a mí al estadio de Michigan y jugábamos fútbol en esa gran alfombra verde. En aquellos días el estadio estaba abierto al público. Recuerdo que yo recibía pases en la línea de las 50 yardas del estadio. Mi padre nos enseñó a jugar, a recibir el balón, a correr con él, a pasarlo y a hacer tiros, y la pasábamos muy bien. Fui capitán del equipo en mi último año de secundaria. Mi padre asistía a todos los partidos; se sentía muy orgulloso, pero no se ahorraba ninguna crítica. Recuerdo que siempre me decía "¡Para el balón!" y "¡Contrólalo!". Siempre me insistió en tres aspectos: detener el balón, practicar violín y escribir. Hasta sus últimos días, siempre me preguntó qué estaba escribiendo.

Jugó toda su vida conmigo, incluso cuando tenía más de setenta años y aún estaba fuerte. Éramos imágenes fieles el uno del otro. Yo me convertí en la persona que él siempre quiso ser y su vida me inspiró a ser el hombre que yo había querido ser. Es curioso cómo los padres y los hijos pueden retomar los mismos hilos y tejer una misma pieza a partir de dos vidas.

Mi infancia fue muy semejante a la de los chicos que estaba entrenando. Yo también había pasado por esa experiencia de inmigrante. Sentí el mismo dolor y vergüenza de no hablar inglés cuando entré en la escuela. El golpe de sentirme alienado y lejos de un hogar también había dejado su huella en mí.

Pasé mis días en la escuela educándome, navegando en el sistema por mis propios medios sin mis padres. Solicité personalmente mi ingreso a la universidad y conseguí el dinero para pagarla. Siempre trabajé durante mis años de estudiante, y sentí en mi cara la fuerte bofetada de los prejuicios raciales. Después de terminar la universidad, viví en Los Ángeles y quería ser redactor publicitario. Armé un portafolio muy sólido y lo llevé a algunas de las más grandes agencias publicitarias de la ciudad. Les encantó y me llamaban sin falta para las entrevistas. Pero cuando yo entraba por la puerta —bajito, moreno y de cabello oscuro— resultaba que no había ninguna vacante para mí. En muchas agencias me dijeron que intentara con una agencia en español.

Yo era joven e ingenuo y no sabía que estaba siendo marginado de un negocio dominado por los blancos. Pero seguía impertérrito. Finalmente encontré un trabajo como redactor publicitario, aunque después de un año me decepcioné con el oficio. ¿Quién quiere escribir todo el día sobre pizzas? Mi padre percibió que algo andaba mal y un día me preguntó: "¿Qué estás haciendo con tu pluma?" Medité profundamente en su pregunta y entonces apliqué para una maestría en periodismo. Sin embargo, me hice una promesa. Si yo iba a ser periodista, tenía que serlo como yo quería. No pretendía ser un periodista de oficio, sino escribir textos más extensos sobre los marginados de nuestra sociedad.

Y cuando vi a estos chicos pateando el balón en la cancha, vi a mi familia, a mi padre y me vi a mí mismo en sus ojos. Yo quería enseñarles a patear el balón, pero también quería ayudarlos en la vida. Sabía por lo que estaban pasando y lo que les esperaba.

Era una fría mañana de primavera cuando unos doce chicos del equipo de la primera temporada, además de un par de nuevos integrantes, se me acercaron en la zona de estacionamiento de la Iglesia Católica de Santa Julia en la Carretera 64.

La Iglesia había sufrido cambios significativos desde que los seguidores de David Duke la habían vandalizado casi dos años atrás. La congregación, conformada por anglo e hispanohablantes se había esforzado bastante para construir una nueva iglesia en la Carretera 64, a ocho millas de Siler City. La nueva iglesia era un espectáculo digno de contemplar. Estaba construida al estilo de una misión española, con una torre sesgada que sorprendió a los ciudadanos locales.

El padre Dan había mandado a construir una cancha de fútbol para la congregación latina, aunque aún necesitaba algunos arreglos. El césped era grueso y disparejo, y parte de la cancha estaba en una pendiente. Pero había espacio suficiente para lo que yo quería que los chicos hicieran y aprendieran.

Yo los había llamado para formar un equipo de la Liga de Fútbol de Chatham. Había pensado varias noches en el partido de Hendersonville y lo que habíamos hecho mal durante nuestra primera temporada. Pero ya estábamos listos para un cambio. Los chicos habían pasado al siguiente nivel. Yo quería enseñarles un nuevo sistema de juego que complementara nuestras habilidades con el balón y mejorara nuestro ataque.

Las reglas de la escuela secundaria impedían que yo entrenara a más de nueve chicos del equipo de la escuela durante el receso de la temporada, lo cual no era ningún problema; conseguí jugadores en otros lugares. Fish, Lobo, Lechero, Bomba y Loco estaban en el club. Al igual que el equipo de secundaria, este era un plantel de hermanos. Güero, el hermano de Fish, se unió al equipo, al igual que Edi y Árabe, el hermano menor de Enrique. Perico, el hermano menor de Indio, también se unió a nosotros. Finalmente estaba Santos, un joven que tenía potencial para convertirse en un gran jugador, así como Brett y Anthony, dos chicos que no eran latinos y que habían jugado en un club que dirigí.

Los chicos lanzaban tiros al arco y el balón pasaba por encima, llegaba hasta el estacionamiento y caía sobre los autos. Los chicos comprendieron que necesitaban quitarlos de allí. Muchos de ellos estaban aprendiendo a conducir y algunos ya tenían licencia. Sin embargo, la falta de ésta no les impedía conducir. Los chicos rurales conducen y no hay forma de disuadirlos, pero los estados que imponían serias restricciones para expedirles licencias de conducción a los inmigrantes después del 11 de septiembre no veían esto. Es imposible vivir en el condado de Chatham sin un auto, y tenía más sentido encontrar la forma de integrarlos al sistema.

Soné el silbato. Necesitaba el silbato para llamarlos, para decirles que se movieran, y para atraer su atención. Anteriormente había pensado en deshacerme de él, pero era muy difícil gritarles desde la distancia. Los chicos se reunieron.

"Bueno, chavos. Sólo vamos a trabajar un par de cosas en la primavera. Estamos aquí para aprender a manejar el balón y jugar al cuatro-cuatro-dos. Eso es todo lo que haremos".

"¿Y la cascarita?", preguntó Servando, un chico nuevo. No sabía que ya nos habíamos olvidado de eso. Lo miré, y antes de poder responderle, Fish se adelantó, "Ya no jugamos eso".

"Sí, vamos a jugar pura posesión. Lo haremos de este modo", les dije. Dividí a los chicos en tres equipos, cada uno con chalecos de colores diferentes. Dos equipos atacarían siempre al otro. En este caso, serían ocho jugadores contra cuatro. No había porterías ni tiros al arco, sino sólo posesión. Los dos equipos controlaban el balón con los pases, manteniéndolo en el suelo, mientras que los cuatro restantes atacaban y trataban de quitárselo. Si lograban arrebatarle el balón, el equipo que lo había perdido tendría que defender contra los otros dos. Los chicos no entendieron muy bien la primera vez; perdieron la pelota muchas veces, sus pases eran lentos y errados. No sabían quién era quién en el equipo, pero poco a poco comenzaron a entender.

Ese día practicamos posesión por tres horas. No hubo cascarita, ni disparos al arco, sólo posesión, y los chicos comenzaron a quejarse como chivos.

"Cuadros, estoy cansado de esto", dijo Loco. "Juguemos". Le respondí que estábamos jugando. Cuando la práctica terminó, los chicos estaban exhaustos. El calor y los constantes movimientos eran muy intensos. La práctica logró varias cosas: Obligó a los chicos a mejorar sus pases, les permitió saber quiénes eran sus compañeros y los hizo mantener el balón en el suelo. Tenían que correr en espacios abiertos y les enseñó que podían controlar el juego simplemente teniendo posesión del balón.

Los chicos se quitaron sus camisetas y se pusieron unas nuevas. Sus cuerpos se estaban transformando con rapidez; antes eran delgados y ahora sus pechos tenían el color del bronce y estaban rellenos de músculos. Sus piernas parecían cinceladas. Subieron a sus autos y se marcharon. Enrique, Edi y Árabe subieron al mío y los llevé a su casa.

La familia había sido desalojada de su casa anterior. No era la primera vez que la casera les aumentaba el alquiler sin previo aviso. Finalmente, Dolores se quejó del aumento, el tercero en menos de un año. La propietaria desalojó a la familia en enero de 2003. Encontraron una pequeña casa de concreto con tres pequeños dormitorios cerca de la carretera, detrás de una granja de pollos y ganado. La casa era muy fría; no tenía calefacción y varias ventanas estaban rotas; era un desastre. Los antiguos inquilinos, que también eran mexicanos, habían dejado mucha basura adentro y afuera de la casa. Pero Dolores había criado bien a sus hijos. Entre todos hicieron una limpieza general y varias reparaciones; consiguieron nuevas ventanas y las instalaron, hicieron un porche para el frente de la casa, repararon el techo y yo les conseguí una puerta con malla para mantener alejados a los insectos.

Ellos tenían el mismo deseo de tantos inmigrantes de progresar con lo que pudieran encontrar. Si hacía frío, dormían juntos para darse calor; las chicas con las chicas y los chicos con los chicos. Si necesitaban un porche para que no entrara el fango, conseguían madera y lo construían. Si necesitaban ropa, iban al PTA o al Ejército de Salvación para conseguirla a buenos precios. Se sentían orgullosos de sus ahorros. Si tenían hambre y no había dinero, agarraban mazorcas de un cultivo de maíz y se las comían. Dolores había aprendido a hacer de la vida un juego y les había enseñado eso a sus hijos, quienes siempre encontraban una manera de solucionar las cosas.

Pero aunque a Edi y a Árabe les gustaba la pequeña casa, Enrique tuvo más problemas. Ya tenía diecisiete años, cursaba el último grado en la escuela y dormía con sus dos hermanos menores. No tenía privacidad, lo cual era una situación asfixiante para cualquier adolescente, y optó por permanecer solo en casa para escapar la sensación de sentirse sofocado por su familia. Pero una noche, la presión fue abrumadora. Se puso furioso y golpeó al pobre Árabe. Dolores fue a defender al pequeño. Enrique dio un portazo y le gritó; tenía mucha rabia reprimida. Su padre lo había abandonado y él había padecido una pobreza terrible. No tenía muchos amigos y ni siquiera sabía cómo divertirse. Como si fuera poco, compartía la habitación con sus dos hermanos y no tenía privacidad. Era demasiado para él y terminó explotando.

Dolores pensó en llamar a la policía, pero Enrique se calmó. Los niños estaban creciendo y ella tenía más dificultades para controlarlos. Había sido fácil cuando eran pequeños, pero los adolescentes son diferentes. Hablamos sobre eso y yo le dije que todos los adolescentes pasan por esa etapa, especialmente alguien como Enrique. Le dije que después maduraría y se comportaría mejor. Lo dije con certeza, aunque sabía que a veces las cosas no sucedían así.

Yo había perdido la razón; estaba loco. No podía creer lo que estaba haciendo, pero así era. Había estacionado en el McDonald's una furgoneta grande y blanca que había alquilado para llevar a los chicos a la Copa Estatal de la Asociación Juvenil de Fútbol de Carolina del Norte que se realizaría en Jacksonville. Era un vehículo largo y ancho, con asientos individuales y capacidad para dieciséis pasajeros. Ellos subieron sonriendo y gritando, y yo comprendí que me había convertido en un conductor de autobús, algo que había jurado no hacer nunca. Me había ofrecido como voluntario para entrenarlos y prepararlos para los partidos, pero me había hecho una promesa personal de nunca conducir un autobús. Sin embargo, necesitábamos asistir al torneo y ensayar nuestro nuevo sistema, así que alquilé la furgoneta sabiendo muy bien lo que eso significaba. Algunas veces había que ceder ante una situación absurda, y yo lo había hecho. ¡Qué mal!

"No puedo creer que esté haciendo esto", le dije a Indio, quien iba a mi lado. Asintió con solemnidad y miró a los chicos que estaban comenzando a golpearse.

"Es la pasión, Cuadros", dijo. "La pasión por el juego nos hace cometer locuras".

Llegamos a Jacksonville, sede del Camp Lejeune, una base de la Marina, y caminamos hacia las canchas de fútbol donde se desarrollaba el torneo. Más de cien equipos estaban jugando en diferentes categorías. Había equipos de niñas con colas de caballo que manejaban el balón con destreza y equipos de niños enfrentándose en diferentes partidos. Los padres animaban a sus niños y los esperaban con refrescos al terminar el partido.

La Copa Estatal era uno de los principales torneos del estado. Y aunque nosotros estábamos participando en él, me pareció que los clubes se estaban convirtiendo en un impedimento para el buen fútbol en Estados Unidos.

Las gigantescas organizaciones de clubes como la Liga de Fútbol de Capital Area en Cary, Carolina del Norte, eran demasiado grandes y reglamentadas como para producir un fútbol bueno y creativo. Sólo los chicos adinerados podían jugar en los clubes, e incluso para la clase media era difícil cubrir los gastos. Y era allí donde estaban los jugadores que verían los cazadores de talentos y que más tarde entrenarían los entrenadores universitarios. Cada año, los padres tenían que destinar cientos de dólares para uniformes y morrales fabricados por empresas tan prestigiosas como Adidas. Sólo el uniforme valía $200, sin incluir los guayos, las tarifas de la liga, los costos de los torneos, el transporte y el alojamiento en los hoteles.

Cuando los chicos se unían a estas ligas, los padres se encontraban absorbidos por el mundo del fútbol, aunque ignoraban todo el elitismo del sistema de clubes, que no producía necesariamente los mejores jugadores. Los jugadores recibían un entrenamiento excesivo debido a todo el dinero, los recursos y los entrenadores que tenían. Su juego era demasiado reglamentario y cuadrado.

Los deportistas entendían el juego y las reglas, sabían algunos movimientos, conocían posiciones y sabían qué hacer en la cancha, pero literalmente no podían pensar con sus pies cuando estaban acorralados. El fútbol es un deporte de ideas; los jugadores tienen que resolver problemas complejos de tiempo, espacio, velocidad y ritmo de juego en la cancha, y al mismo tiempo deben realizar un enorme esfuerzo físico. Esto significa que por acertados que sean los entrenamientos, es siempre un deporte de jugadores, son ellos los que deben encontrar la forma de ganar, y eso significa que también deben ser creativos.

Los mejores jugadores del mundo aprenden a ser creativos cuando juegan con sus amigos en los patios, en las calles, en las canchas de tenis o en la playa, con bolas hechas de calcetines amarrados, con toronjas o cualquier otra cosa. Estos jugadores, al igual que los chicos que yo dirigía, no necesitan entrenador, uniformes ni prerrequisitos para jugar. Son autodidactas. Jugar es practicar, y juegan todo el tiempo y a la menor oportunidad.

Los entrenadores de Estados Unidos piensan en términos del fútbol americano: hay que conseguir a los más grandes y a los más fuertes. Pero el fútbol siempre ha sido un juego maravillosamente democrático. Diego Maradona apenas medía 5 pies. Pelé *tal vez* llegaba a 5 con 9 pulgadas. ¿Y Ronaldinho? Todos ellos crecieron en la pobreza.

Creo que este punto de vista erróneo de Estados Unidos ha hecho que muchas personas duden del estilo americano. Estados Unidos es el país del *rock and roll,* pero el fútbol aquí se ha jugado más como un canto fúnebre. El fútbol debería ser más atrevido, desenfadado, loco, creativo y maravilloso. Debería estar abierto para todos.

Esto era lo que ocupaba mis pensamientos cuando entramos a la cancha del torneo. Había más de cien equipos de todo el estado y, sin embargo, nosotros éramos el único con jugadores latinos.

Ganamos rápidamente los dos primeros partidos del torneo y estábamos pensando en llevarnos el cuarto y último, siempre y cuando ganáramos el tercero, que era decisivo. Sin embargo, ocurrió un desastre en el segundo tiempo.

Enrique se estaba consolidando como defensor. Había adquirido más fortaleza y determinación. Conservaba su buen carácter, pero no dejaba que nadie se acercara al área sin oponer resistencia; era nuestra ancla. Avanzaba con la velocidad de un rayo, desviaba balones y enfrentaba a los atacantes. Los suplentes le gritaban, "¡Mosca, mosca, mosca!", cada vez que rechazaba el balón.

A mediados del segundo tiempo, Enrique disputó el balón con un jugador rival. Y cuando los dos estaban a un paso de apoderarse de él, Enrique cayó al suelo. Rodó por la cancha, gesticulando de dolor y se agarró su rodilla izquierda. Sentí una descarga eléctrica en mi columna vertebral. Entré rápidamente a la cancha; era evidente que estaba completamente adolorido. Un experto lo examinó y concluyó que se había luxado el ligamento cruciforme anterior, uno de los principales ligamentos que sostienen y mantienen la rodilla unida. *No puede ser,* fue lo único que pensé. Sabía lo que significaba eso y no quería que él pasara por eso.

La lesión de Enrique dejó sin vida al equipo; perdimos el partido y fuimos eliminados del torneo. Los chicos nunca habían visto una lesión como esa. Nos fuimos de Jacksonville un poco abatidos, pues no habíamos ganado la copa estatal. Sin embargo, la lesión de Enrique me preocupaba aún más, aunque él se había calmado un poco y el dolor había disminuido. Los chicos también parecían recuperarse de la derrota. Se estaban lanzando escupitajos en la furgoneta a pesar de mis gritos. Dejamos a Enrique y a sus hermanos y nos dirigimos a Siler City para dejar al resto. Me detuve en un lavadero de autos y les ordené a los chicos que lavaran la furgoneta. No se puede permitir que se salgan con la suya.

El doctor William Taft era uno de los cirujanos ortopédicos más reconocidos del estado. Era el mayor experto en lesiones deportivas de la Facultad de Medicina Deportiva de la Universidad de Carolina del Norte. Alto, calvo, riguroso y experimentado, era tan agudo como los bordes de su corbatín. Le hizo a Enrique el examen de ACL en la rodilla, y se la estiró para ver si la tenía desprendida. "Sí, tiene el ligamento roto", dijo, y yo sentí que me clavaban un puñal en el pecho. Eso significaba que había que someterlo a una cirugía, y su familia no tenía dinero para pagarla.

El acceso a los servicios de salud es un grave problema entre los latinos que emigran al Sur. Muchos de ellos no tienen seguro médico y los empleos que tienen no ofrecen mayores beneficios. La industria avícola no les ofrece planes o los trabajadores no pueden pagarlos.

Pero los que se lesionaban estaban en peores condiciones, así fuera una responsabilidad de la compañía. Los despedían si no tenían documentos. Conocí a muchas personas que habían perdido sus trabajos luego de lesionarse. Un hombre llamado Luis se lesionó en una planta avícola durante el tercer turno, que era el de la limpieza. Resbaló y derramó cloro y amoníaco, pero no le habían informado que la mezcla de estos dos químicos producía un gas tóxico. Toda la planta tuvo que ser evacuada y varios trabajadores fueron remitidos al hospital local. Luis inhaló el gas y se enfermó. Fue tratado pero siguió sufriendo dolores de cabeza muy severos, hipersensibilidad a la luz e incapacidad para permanecer de pie por mucho tiempo. Finalmente fue despedido y regresó a México.

Cuando pregunté en el Departamento de Trabajo de Carolina del Norte sobre el derrame en la planta, me dijeron que no se había realizado ninguna investigación, a pesar de que la planta fue evacuada y varios trabajadores remitidos al hospital. Los funcionarios dijeron que el departamento no realizaba investigaciones a menos que un mínimo de tres personas fueran ingresadas al hospital. Yo vi que varias personas eran tratadas allí, pero sólo dos fueron admitidas formalmente. La tercera admisión, necesaria para comenzar una investigación, nunca se presentó. No era ningún secreto que el departamento exigía un mínimo de tres admisiones al hospital como un prerrequisito para comenzar una investigación.

El peor caso que conocí fue el de un joven de diecinueve años que vivía en el Snipes Trailer Park y había trabajado en un aserrío. El pantalón que le cubría la pierna derecha quedó atrapado en una máquina para cortar troncos, y ésta le penetró la piel debajo de la rodilla. El ruido era tal que nadie lo escuchó gritar en agonía para que apagaran la máquina. Desesperado, se quitó los guantes y se los lanzó a un compañero, quien vio horrorizado lo que estaba sucediendo y apagó la máquina. El joven fue llevado al hospital de la UNC, donde fue tratado. Le implantaron piel de la cadera y los muslos, y le reconstruyeron la pierna, pero tenía un aspecto horrible. La piel era dispareja, demasiado delgada debajo de la rodilla e hinchada en otras partes, como si tuviera una bota de carne. Casi no podía doblar la pierna. No había un guardia de seguridad en la máquina para prevenir accidentes. El joven perdió su empleo en el aserrío y no pudo encontrar otro. Le perdí el rastro, pero sospecho que regresó a México.

Las familias buscaban servicios de salud, pero sólo cuando la situación era angustiante. Había muchas que no sacaban tiempo libre en el trabajo para visitar al médico, pues nadie se los pagaba. Otros no sabían a quién acudir y que además los entendiera. Había otros que iban donde curanderas o sobaderos para que les trataran sus heridas o dolencias, en vez de visitar una clínica o un médico. Finalmente, una cadena de centros comunitarios de salud comenzó a prestarles servicios a la población latina. La intención era que los pobres tuvieran acceso a servicios médicos. En un comienzo, muchas de estas clínicas les prestaban sus servicios a la comunidad afroamericana, pero a medida que se intensificó la migración hispana, las clínicas se vieron abarrotadas de latinas embarazadas con sus hijos. Los negros dejaron de ir allí.

Las clínicas tuvieron que contratar traductores o enseñarles un poco de español a sus empleados para que pudieran hablar con sus nuevos pacientes. La costumbre latina de utilizar tanto el apellido paterno como el materno les parecía confusa. Un latino podía decir que se llamaba Luis González Martínez, siendo González el apellido paterno. Martínez era el apellido materno y no el primer apellido.

Los nombres eran una fuente permanente de confusión y, encima, los latinos indocumentados utilizaban sus alias o los "nombres de trabajo". Esto confundía enormemente a los administradores de los centros médicos. Muchas latinas tenían miedo de revelar su verdadero nombre, y de que sus hijos tuvieran sus nombres laborales. Otras personas tenían muchas dificultades para explicar por qué necesitaban una excusa médica dirigida a sus empleadores con sus nombres de trabajo y no con el verdadero. Estos trabajadores y sus familias buscaban clínicas y centros de salud que entendieran que muchos eran indocumentados.

Pero el verdadero desafío que enfrentaron estos centros de salud pública fue la disminución de pacientes con Medicaid. Los afroamericanos dejaron de trabajar en las plantas avícolas y comenzaron a hacerlo en las áreas de la salud, la educación y el sector gubernamental, que ofrecían mejores beneficios. Las clínicas tuvieron una disminución en reembolsos de Medicaid, la mayor fuente de ingresos para esta población en riesgo. La población latina comenzó a aumentar vertiginosamente, pero no tenía seguro médico y no podía recibir Medicaid. Sin embargo, las clínicas encontraron formas creativas de recibir reembolsos por atender a esta población.

En el caso de las latinas embarazadas, apelaban a algo llamado "presunta elegibilidad", lo cual les permitía cubrir un par de procedimientos durante el embarazo, bajo la presunción de que la paciente podía recibir Medicaid. Y como sucedía con frecuencia, cuando descubrían que la paciente era inelegible, ya no podían solicitar el reembolso, pero su estrategia cubría al menos algunos costos. Las clínicas comenzaron a cobrar tarifas según la posibilidad de pago de los pacientes. Los latinos suelen pagar sus cuentas y obligaciones mientras puedan hacerlo por plazos. Pero a pesar del nuevo sistema de cobro, muchas clínicas se vieron afectadas al recibir reembolsos más bajos. Claro que todo esto se debía simplemente a la clásica transferencia de costos. Las compañías no querían pagar cuidados médicos adecuados para sus trabajadores, así que la sociedad tenía que pagar las cuentas. Básicamente, las comunidades estaban subsidiando a los trabajadores de estas industrias, y pagando para que aquellas tuvieran una fuerza laboral desechable y flexible.

Enrique era uno de los pocos afortunados. Había nacido en Estados Unidos y podía recibir Medicaid. El valor de su cirugía sería cubierto en su totalidad. Pero, ¿qué le habría sucedido si no hubiera nacido en Estados Unidos, como era el caso de tantos integrantes del equipo? Me estremecí de sólo pensarlo.

La operación de Enrique duró más de tres horas. Me senté en la sala de espera con Dolores, quien rezaba en español por su hijo. Intenté calmarla y llamé a Gloria Sánchez, la coordinadora de Necesidades Básicas del condado de Chatham, pues quería explicarle lo que estaba sucediendo. El doctor Taft no podía operarlo, así que el doctor Elwood Garrett, un renombrado cirujano ortopédico, le practicaría la cirugía. El doctor Garrett tenía un fuerte acento sureño y había sido el cirujano de la selección nacional de fútbol de Estados Unidos, así que sabía lo que hacía. Se utilizaría un fragmento del tendón de la rótula de Enrique para el nuevo ligamento. Luego, le perforaría el fémur y la tibia, colocaría el tendón y lo fijaría con tornillos, el cual sería más fuerte que el antiguo ligamento. La operación transcurrió sin problemas y cuando Enrique salió se veía extenuado, aunque estaba bien.

Pero luego se presentó un grave problema; Enrique comenzó a sentir un dolor terrible en su rodilla, tanto que tuvo que morder una toalla para contener los gritos. El analgésico que le habían aplicado dejó de funcionar. Las enfermeras se apresuraron a suministrarle más, y finalmente le aplicaron una inyección para aliviarle el dolor. Enrique se calmó, pero momentos después no podía mover su mandíbula inferior, pues se le había entumecido. No podía tragar ni hablar. Las enfermeras llamaron a los anestesiólogos y a un médico internista, pero todos estaban asombrados ante lo que sucedía. Transcurrió otro minuto de incertidumbre y temor, y finalmente Enrique se recuperó y pudo hablar normalmente.

Lo llevé con Dolores a su pequeña casa y lo acostamos en el sofá. Después de dos días le retiré las vendas para detectar posibles síntomas de infección. Las vendas estaban ensangrentadas pero la herida y los puntos se veían normales. Lo examinaba con frecuencia, y al cabo de pocos días le quité la abrazadera, siguiendo las instrucciones del Dr. Garrett, quien creía que Enrique debía levantarse tan pronto como fuera posible y mover la pierna y la rodilla. Enrique comenzó a recuperarse, pero necesitaría mucha terapia física para poder doblar y estirar su rodilla normalmente. A pesar del dolor y la frustración de no poder moverse bien, Enrique sólo pensaba en jugar durante su último año de secundaria. Yo no le mentí; considerando el tiempo que tardaría en recuperarse, le dije que no tendría la oportunidad de hacerlo.

11

Era otro caluroso día de verano y me preparaba para nuestra segunda temporada de fútbol. Salí de mi auto, me eché la bolsa negra con los balones a mi espalda y me dirigí al dugout de béisbol. Habían sucedido muchos cambios desde la temporada anterior, y parecía que la vida estuviera avanzando con gran rapidez, como si fuera un cúmulo de imágenes distorsionadas, tanto buenas como malas.

Ricardo no sería entrenador esta temporada. Había viajado a Chile para pasar allí el verano y no regresaría a tiempo. Oso había viajado a Honduras luego de graduarse. Se sentía frustrado por no poder estudiar en la universidad debido a su falta de documentos. Chuy había sido ascendido a administrador de un restaurante de comidas rápidas y parecía estarle dando otro giro a su vida. Caballo cursaba el grado once, a pesar de tener diecinueve años, por lo cual era inelegible para jugar. Lo mismo sucedía con Fidel y Pepa, los estudiantes de décimo grado que estuvieron a punto de salir del equipo durante la primera temporada.

La noticia que más me dolió fue saber que Pee Wee había dejado la escuela en su último semestre. Le faltaba un solo crédito de matemáticas para graduarse, pero dijo que no era capaz; había perdido todo el interés por el estudio. Sus padres habían regresado a California y él vivía en Siler City con una hermana mayor. Pee Wee era ciudadano norteamericano y era el integrante del equipo que tenía mayores posibilidades de triunfar, pero por alguna razón parecía que los chicanos, que son ciudadanos, tenían dificultades mucho mayores que los inmigrantes para adaptarse y encontrar un lugar en la escuela y en la vida.

Yo lo entendía. Cuando crecí, también me sentí como un pez fuera del agua; era el único latino en la secundaria en Michigan. Llevaba una vida doble como muchos de estos chicos; hablaba mi lengua "secreta" en casa y pasaba al inglés cuando cruzaba la puerta. Mi mejor amigo de secundaria era un chico taiwanés-americano con quien establecí un vínculo gracias a nuestros sentimientos mutuos de alienación y de angustia por estar entre anglosajones.

Sin embargo, muchos chicos latinos se perjudican a sí mismos al dejar la escuela, pues rechazan el mundo que los ha rechazado a ellos.

Aquí es donde los padres latinos pueden fallarles a sus hijos. Los padres latinos, especialmente si son inmigrantes, pueden tener mayores dificultades para orientar a sus hijos a través de la experiencia estudiantil americana, pues nunca han pasado por ella, no la entienden o están demasiado ocupados para intentarlo. Muchos padres inmigrantes consideran que cuando un hijo cumple dieciséis años, ya está solo y es un hombre capaz de tomar sus propias decisiones en la vida. Eso era válido en México, pero puede tener resultados desastrosos en Estados Unidos.

El entrenador de béisbol estaba sentado con los brazos cruzados en el pecho cuando entré al dugout para abrir la puerta del armario.

"Hola, entrenador", me dijo mirándome. Se puso de pie.

Yo sabía lo que iba a decirme.

"Entrenador, no entiendo por qué todos ustedes tienen que estar aquí", dijo mirándome fijamente. Estaba muy molesto y no quería que nadie entrara a su terreno.

"Entrenador, yo tampoco estoy contento con ese arreglo". Tenía un plan para tratar de calmarlo. "Estoy pensando en adecuar ese espacio que hay detrás de la cancha de fútbol americano para que sea nuestro campo de entrenamiento".

Él sonrió. "Eso es algo que me gustaría ver".

El entrenador estaba siendo más receptivo. Ambos coincidimos en que era una situación desagradable y que necesitábamos nuestro propio espacio. El terreno de béisbol era inadecuado. No era lo suficientemente ancho y no podíamos mantener los arcos de manera permanente.

La solución era ampliar la pequeña cancha auxiliar. Esta idea le gustó tanto al entrenador que me dio incluso una palmadita en la espalda. La incluí en mi lista de prioridades.

Los chicos comenzaron a llegar. Indio me preguntó qué había hablado con el entrenador. Lo miré; no les gustó el alboroto que había armado el entrenador por su terreno, pues los hacía sentirse como intrusos. Intenté explicarles que era su terreno y que lo amaba; que ellos sentirían exactamente lo mismo si otro equipo utilizaba nuestra cancha.

"Voy a quemar el terreno, Paul", dijo Lenin moviendo la cabeza. "Voy a quemarlo con gasolina".

Eso no era precisamente lo que yo necesitaba escuchar. Sabía que era una amenaza sin fundamentos y que Lenin nunca lo haría, pero necesitaba demostrarle que sus palabras no me habían complacido. Estaba sonriendo con una expresión semejante a la de las calabazas alumbradas para la Noche de Brujas, y su cabeza tenía la forma de una de ellas. Me gustaba ver a Lenin a pesar de su provocación. Había pasado varios meses en México con sus padres después de graduarse dos años atrás; había regresado a Siler City y se sentía aburrido y un poco perdido. En el verano le conseguí un trabajo haciendo lo que más le gustaba: entrenar fútbol. Actualmente estaba trabajando como coordinador recreativo para la Asociación Juvenil de Fútbol de Carolina del Norte. De todos los chicos de JM, Lenin era el más adaptado y el que podría lograr mayores éxitos.

Era mi asistente y fue maravilloso trabajar con él; sabía lo que hacía cuando se trataba de dirigir, y tenía los conocimientos para decirles a los chicos lo que debían hacer. Comenzamos a dar ideas y nos concentramos en practicarlas. Iba a ser una temporada muy emocionante.

Los chicos ya estaban instalando los arcos y haciendo tiros. Fish rechazaba con destreza los disparos en medio de sonrisas. Algunos de los nuevos jugadores lanzaban tiros muy altos y el balón salía del parque. Los estudiantes marginados de la primera temporada eran cosa del pasado. Este era un equipo extremadamente joven, lleno de vitalidad y vigor. El equipo del primer año había sido mayor, serio, talentoso, pero carecía de la seguridad y presunción juvenil que tenían los nuevos chicos. Este equipo rebosaba de orgullo. Era un grupo seguro y hasta presumido.

Teníamos un excelente grupo del equipo de la primera temporada, entre ellos Fish, Bomba, Indio, Edi, Loco, Lechero y Enrique, quien seguía en el equipo a pesar de su lesión. Había también caras nuevas: Beto, un talentoso artista controlando el balón que podía jugar con una moneda de diez centavos; Nemo, un guatemalteco espigado que se parecía al pequeño pez payaso de la película *Buscando a Nemo* debido a su sonrisa; Alex, un joven rollizo que cursaba segundo año y quería perder un poco de peso; Douglas, o "Dougie-style", como le decían los chicos, un colombiano-americano hijo de un militar que estaba en su último año y venía de otra escuela; y Anthony, de un club que había dirigido yo.

El resto eran los hermanos menores de otros chicos, incluyendo a Perico, tan veloz como un dardo y quien podía dejarte en el césped; Güero, un zurdo que se había convertido en un jugador incisivo y con un disparo potente; Pony, el hermano menor de Caballo, quien podría ser el mejor jugador en la historia del equipo; y dos hermanos de Lechero. Eran siete, y cada año parecía entrar uno nuevo a la JM.

Había otro par de chicos que cerraban la lista del plantel. "Ro-Ro", un estudiante delgado de noveno grado que no tenía ningún problema de confianza en sí mismo; Servando, un chico tranquilo, pero talentoso; y finalmente Tereso, un jugador de diecisiete años, alto y de buen físico, quien finalmente había entrado ese año a la secundaria. Había tenido muchos problemas de disciplina en la escuela media y nunca podía pasar al siguiente grado. Lo miré y supe que sería el mejor jugador del equipo; era rápido, fuerte y un excelente driblador, y su empeine parecía tener veneno, pues el balón salía disparado como una golondrina.

Tereso iba a sernos útil; detestaba la autoridad y no le hacía caso a nadie. Permanecería en JM mientras se divirtiera, y se marcharía en el mismo instante en que la escuela le impusiera reglas y restricciones. Seguramente no sería elegible para el año siguiente. Yo ni siquiera sabía si resistiría hasta el otro semestre, pero creía que el equipo podría ayudarlo, brindarle enfoque y concentración y darle algo en lo que pudiera sobresalir y destacarse. Tal vez eso lo cambiaría.

Me seguía sintiendo muy mal por Pee Wee, pues yo había conformado el equipo con la idea de ayudar a estos chicos a seguir en la escuela. Si Pee Wee hubiera jugado más de una temporada, probablemente habría tenido un final diferente, y yo quería que Tereso tuviera la misma oportunidad.

Lenin y yo reunimos a los chicos y, como de costumbre, les hablé sobre las reglas de la cancha y del equipo. Estaban ansiosos por jugar cascarita. Pero yo saqué una pizarra blanca y la puse frente a ellos. Iba a explicarles nuestro nuevo sistema. Algunos se quejaron, pero también mostraron interés.

"El año pasado nos derrotaron en las finales porque sólo teníamos una dimensión. Era muy fácil derrotarnos; no estábamos bien organizados y nuestro juego era previsible. Éramos talentosos pero predecibles", dije. Sabía que había logrado captar su atención al recordarles la derrota del año anterior. Ellos querían ganar.

En la temporada anterior habíamos jugado con un sistema de 4–3–3, con cuatro defensas, tres mediocampistas y tres delanteros, pero no había funcionado bien. Nuestros tres atacantes estaban subutilizados y el mediocampo tuvo problemas. Teníamos jugadores talentosos que controlaban el balón, y nuestro éxito como equipo dependía de utilizarlos de la mejor manera. Controlábamos el mediocampo y organizábamos nuestro ataque a través de esa zona, bien fuera por los costados o por el centro. Allí estaba nuestra fortaleza. La cascarita le enseñó al equipo a controlar bien el balón, a tocarlo, a picarlo y a pasarlo. Esas eran las ventajas de la cascarita. Las desventajas eran que los hacía ser egoístas, individualistas y apoderarse del balón. Necesitábamos un sistema que resaltara las fortalezas de la cascarita en el mediocampo y que eliminara el juego egoísta.

"Este año vamos a jugar un nuevo sistema: el cuatro-cuatro-dos", les dije, haciendo silencio para lograr un efecto. Algunos de los chicos conocían el sistema, pues llevaban varios años viendo jugar a los profesionales. Estaban familiarizados con el concepto, pero ninguno de los que estaban sentados frente a mí y a Lenin realmente lo habían practicado. Se necesitaban disciplina y ganas para dominar este estilo profesional.

El sistema 4-4-2 tenía cuatro defensas, cuatro mediocampistas y sólo dos atacantes. La fortaleza del sistema radicaba en el medio. Cuatro mediocampistas hacían que el equipo controlara mejor el partido y armara un ataque más sólido. Aparentemente, dos delanteros no eran suficientes. Pero cuando los cuatro mediocampistas se sumaban al ataque, el equipo podía atacar con seis jugadores en vez de tres.

Los chicos estaban acostumbrados al 4-3-3 y no tuvieron dificultades para entenderlo. Todos tenían un lugar en la cancha. Los mediocampistas podían pasarle el balón a los delanteros y dejar que atacaran. Pero con el 4-4-2, los mediocampistas dejarían de hacer eso y necesitaban presionar y atacar con los delanteros. Esto implicaba correr más y tener jugadores más preparados. Con mi sistema 4-4-2, yo quería que los chicos formaran una línea recta a través de la cancha, con dos aleros y dos mediocampistas centrales. Algunos sistemas 4-4-2 requerían un "diamante" de mediocampistas, es decir, dos aleros, un mediocampista atacante adelante y un mediocampista defensor atrás. Me gustaba el sistema de mediocampistas en línea recta, pues se adaptaría a las fortalezas de nuestros jugadores, y yo sabía que seríamos imparables si lográbamos que funcionara. Pero, ¿qué hacer para que lo aprendieran lo suficientemente rápido?

Lenin y yo hicimos lo siguiente. En el mediocampo tendríamos a Edi en el ala izquierda; era zurdo, veloz, y podía demoler a los defensores por ese flanco. Güero sería mediocampista izquierdo, mientras que Indio estaría en el centro derecho. Él había fracasado como atacante central. Yo sabía que Indio era extremadamente talentoso pero que no era delantero por naturaleza. En el ala derecha estaría Loco, con su gran fortaleza y velocidad. Los dos delanteros serían Lobo por la izquierda, quien también era zurdo, y Bomba con sus disparos devastadores.

En la defensa estarían Anthony por el carril izquierdo, Dougie-style por el derecho, Lechero como el último hombre y Tereso como defensor central. Tenerlo en esta posición era una buena elección porque él tenía la capacidad para penetrar en el mediocampo, atacar con un drible y enviar cañonazos al arco contrario. Neutralizaría el ataque de los equipos rivales y armaría los nuestros. Con Tereso como defensor central, podíamos pasar del sistema 4-4-2 a un sistema 3-5-2, dependiendo de su buen desempeño. Tener a un quinto hombre en el centro que pudiera regresar a la defensa nos permitiría demoler a los equipos sin preparación.

Durante las dos semanas siguientes, me sentí satisfecho por lo que hacíamos durante los entrenamientos. Tereso tenía algunos problemas pero estábamos trabajando en ellos. Llegaba tarde con frecuencia y le pedí que entendiera las consecuencias. Al final, la falta de disciplina sería penalizada con el tiempo que cada uno jugara en los partidos reales. Habría un día de reconocimiento. Quería que ellos entendieran que aunque al entrenador o director pareciera no importarle ni prestara atención, realmente hacía ambas cosas, y que eso tendría sus consecuencias.

Lenin y yo nos reuníamos en San Felipe, un restaurante mexicano en un nuevo complejo comercial donde había un Wal-Mart. Siler City estaba cambiando con rapidez. Había nuevas tiendas, restaurantes, un Wal-Mart gigantesco y todos los días aparecían bancos y casas. La ciudad vivía un momento de prosperidad, el cual era resultado directo del nuevo poder adquisitivo de la población latina. Los latinos habían revigorizado la economía de Siler City y no había duda sobre quiénes eran los responsables de este crecimiento.

A Lenin le encantaban los tacos a la diabla, que eran picantes y venían con una salsa roja oscura semejante a la lava, tanto en la textura como en la "temperatura". Me comí un par y mis ojos se humedecieron. Los peruanos comen ají, una salsa picante a cuyo lado algunas salsas mexicanas son completamente suaves. Pero cuando yo estaba creciendo en Michigan, mi mamá nunca encontraba los chiles adecuados para preparar el ají peruano. Yo tenía buena tolerancia al picante aunque no mucha. Lenin y yo tomábamos horchatas y sodas, comíamos tacos, fajitas y una chela o cerveza ocasional cuando hacía calor. Siempre llevábamos papel y lápiz y hacíamos nuestros mejores planes acompañados de comidas deliciosas.

Una noche, Lenin y yo estábamos en una mesa, y vimos a Fish y a su novia Elisa al otro lado del restaurante; parecían consternados. Elisa, una latina bonita con cabello liso y largo, estaba llorando. Sospeché que tenían problemas. Al cabo de un momento, Fish se acercó y se sentó con nosotros.

"Este… Cuadros… mmm… tengo que irme a México", dijo con suavidad, como si no creyera lo que estaba diciendo. Fish nunca andaba con rodeos; era muy maduro en ese sentido. Lo suyo no eran los murmullos y los susurros. Dijo que su abuela estaba enferma y que su madre quería regresar a México con él. "Tengo que irme", dijo, jugando nerviosamente con el individual de paja y doblándolo.

"¿Cuándo tienes que irte?", le pregunté pausadamente, sabiendo que no me gustaría la respuesta.

"No sé. Está enferma. Creo que podré regresar cuando se mejore", dijo mirando a Elisa, que estaba al otro lado.

Íbamos a perder a nuestro arquero estrella. Todos sabíamos lo que significaría la pérdida de Fish para el equipo. "¿Cuándo te vas?", le preguntamos. Faltaba casi un mes para que comenzara la temporada escolar. "Mañana", respondió. Era por eso que había ido a cenar con Elisa. Había venido a despedirse.

Muchos chicos latinos interrumpían su educación debido a necesidades familiares. Algunas veces la familia estaba en Los Ángeles o en Chicago, pero en otras ocasiones había problemas familiares en México. Salían de Estados Unidos y pasaban varios meses en su tierra natal, destruyendo cualquier probabilidad de continuar con su educación cuando regresaran, si es que lo hacían.

Pero el viaje de Fish suponía mucho más que irse de Siler City sin saber cuándo se recuperaría su abuela antes de regresar a Carolina del Norte. No era fácil hacerlo y podía arriesgar su vida, pues cruzar la frontera se había hecho mucho más difícil y peligroso desde el 11 de septiembre. Las personas morían en el desierto de deshidratación, exposición al sol o eran asesinadas por contrabandistas inescrupulosos.

Esa mayor vigilancia de la frontera no había impedido que los trabajadores vinieran a Estados Unidos con sus familias; simplemente eran arrestados tan pronto la cruzaban. El hecho de que congresistas hijos de inmigrantes como Tom Tancredo, representante de Colorado, propusieran construir una valla en la frontera y que deportaran a las personas, nunca lograría poner fin a la oleada de inmigrantes que lo arriesgaban todo para entrar a Estados Unidos. Tancredo y otras personas como él no entendían por qué la gente venía a este país. Estaban desesperados por una vida mejor y dispuestos a arriesgar las suyas y las de su familia para lograrlo. Ni una muralla ni el ejército de Estados Unidos podrían detener sus deseos más profundos. Los seres humanos siempre hallarán una forma de mejorar sus vidas, sin importar los obstáculos que encuentren en el camino.

Lo que me pareció realmente irónico acerca de la migración de los latinos a Estados Unidos, es que era motivada por un verdadero deseo americano. Sólo un verdadero americano sopesaría la incertidumbre contra las posibles ventajas y decidiría entrar a Estados Unidos, algo que quizá sólo pudiera entender un hijo de inmigrantes. Sin embargo, todos los días nacen "americanos" en todas partes del mundo. Nacen en Bangladesh, en Marruecos, en Brasil, en China, en Inglaterra, en México y en Perú. Muchos nunca tienen la posibilidad de llegar acá. Ser un americano es mucho más que simplemente tener la ciudadanía; es el impulso que sientes en tu corazón de ser libre, de ser tú mismo, de controlar tu propio destino. Estados Unidos siempre ha sido una idea. No tiene nada que ver con papeles, documentos y leyes de inmigración, pero sí mucho que ver con ideales y sueños, y nuestro país necesita americanos como estos. Eso nos hace una nación más fuerte, más adaptable, inteligente, y fomenta talentos únicos y creativos. Siler City había pasado de ser una ciudad adormecida que estaba muriendo lentamente, a ser una ciudad creciente y próspera. Se estaba renovando a sí misma. Estados Unidos siempre había recurrido a sus inmigrantes para revivirse a sí misma.

La atmósfera de nuestra mesa se hizo lúgubre. Fish iba a renunciar a muchas cosas para ayudar a su madre a encargarse de la abuela. Era muy buen estudiante, le encantaba ir a la escuela, tenía metas, era inteligente, tenía una novia hermosa de la que estaba profundamente enamorado y quería jugar a toda costa en el equipo. Estaba renunciando a todo su mundo.

"Es probable que pueda regresar a tiempo", dijo tratando de suavizar la atmósfera.

"Sí, es posible", dije mintiendo. Yo sabía que cuando ellos

viajaban a México, tardaban más de tres meses en regresar; sabía que Fish regresaría si lograba sobrevivir al paso de la frontera, pero se perdería la temporada. Y él también lo sabía.

Se levantó del asiento y se despidió. Me puse de pie y lo abracé. Me senté de nuevo y pensé que probablemente era la última vez que lo vería.

"Bien, pronto vendrá la temporada", dije.

12

Fish había sudado copiosamente durante la calurosa jornada en la planta avícola. Por espacio de varias horas había vacunado a bandadas de polluelos que después serían entregados a los granjeros, quienes los esperaban con ansiedad. Le dolían las manos luego de agarrar a los pollos, sostenerlos y clavarles una aguja en sus pieles sedosas. Entró a su casa de listones de madera blanca, pegajoso y cansado, con plumas todavía adheridas a su ropa, e inmediatamente comprendió que algo estaba completamente mal. Su madre, bajita y fuerte, estaba en la sala oscura y le dijo que su abuela estaba muy grave.

La noticia le produjo un fuerte impacto a Fish, quien permaneció inmóvil y pensativo. Las pequeñas plumas blancas que tenía en los hombros y mangas de la camisa se desprendieron y cayeron lentamente al piso de madera. Recordó el litoral azul de Veracruz y los últimos días que había pasado en la playa. Tenía trece años cuando su familia se reunió finalmente con su padre en Siler City. Llevaban tres años sin verse, todos iban a cruzar la frontera, y si Dios quería, a reunirse como familia. Pero primero

tenían que despedirse de la abuelita, aunque su nieto no pudo
hacerlo. Fish creyó que podía ir caminando a la pequeña casa de
madera y techo de metal corrugado, tal como lo había hecho
cientos de veces en el pasado, pero esta vez no fue capaz. Su
madre lo reprendió y le dijo que razonara, pero él se negó. Sacudió la cabeza y miró hacia el suelo. No era capaz de decirle adiós
para siempre. Era su primer nieto y ella lo consentía y le hacía
tortillas como a él le gustaban. Se avergonzó de su incapacidad
para ir a despedirse. ¿Qué pensaría su abuela cuando todos fueran menos él? No podía resistir este pensamiento. Pero el dolor
de tener que decirle adiós era demasiado fuerte. Fish evadió su
responsabilidad y partió al día siguiente sin ir a verla ni darle un
último beso.

Pero Fish no escapó de nada ese día. Siempre se consideraba
un cobarde en el fondo de su alma. Habló con su abuela por
teléfono pero no fue lo mismo. Ella le dijo que lo perdonaba,
pero la culpa no abandonó a Fish. Y cuando su madre le anunció
que viajaría a Veracruz, él no lo dudó. "Iré contigo", le dijo. Era
la última oportunidad de ver a su abuela y despedirse de ella
como debió hacerlo cuatro años atrás. Él sabía que el viaje sería
arriesgado. Sabía que pondría en riesgo la posibilidad de terminar sus estudios, de perder a su novia Elisa, al equipo y quizá
incluso su propia vida o su libertad. Pero eso no le importó.
Necesitaba ver a su abuela por última vez.

La abuela de Fish llevaba varios días en cama. Se sentía ex-
hausta debido a su avanzada edad y de vivir sola. Toda su
familia se había ido a Estados Unidos, pero ella estaba demasiado
anciana para realizar el viaje y comenzar de nuevo. Su vida estaba en México. Era su gente y su mundo. Ella nunca podría ir al
Norte, pero comenzó a sentirse abandonada y relegada a medida

que cada miembro de la familia se iba. Había soportado cuatro años sola, pero ahora había claudicado y quería morir.

Fue así como Fish y su madre la encontraron. Estaba demacrada, su cuerpo parecía haberse encogido y tenía los ojos hundidos. Sin embargo, sonrió al ver a Fish. Sus ojos brillaron como si alguien hubiera encendido una linterna. Al final del día se sentó. Un par de días después se recuperó, se levantó de la cama y fue a la cocina. Cuando sintió fuerzas para caminar más lejos, Fish y su madre la llevaron a un médico. Habían llevado dólares suficientes para someterla a un tratamiento. Los pobres no tenían seguro médico en México, y tenían que pagar los tratamientos. Si no tenías dinero, padecías hasta que te mejoraras o murieras. Pero una familia mexicana podía sobrevivir si tenía un familiar que trabajara en Estados Unidos; podía comprar alimentos, recibir atención médica, adquirir una casa o abrir incluso un negocio.

La abuelita se estaba recuperando e insistió en cocinarles. Todo parecía como en los viejos tiempos, su abuela en la cocina pasando tortillas de una mano a otra y apilándolas en la mesa para su nieto. Fish pasaba el tiempo jugando cascaritas con los hombres mayores de la aldea. Cuidaba los animales que se habían descarriado por la falta de atención y se aseguraba de que la casa de su abuela estuviera en buenas condiciones. Algunas veces iba al golfo y nadaba en el mar azul después de jugar con un balón en la playa. Regresaba oliendo a mar y se lamía el dorso de la mano para sentir la sal. Su piel se estaba volviendo más morena, pues el sol le quemaba los brazos y las piernas. Los veracruzanos son más oscuros que el resto de los mexicanos. Se acostaba por las noches en la cama, y miraba las estrellas dentro de ese cielo infinitamente negro. Pensaba en Elisa, en el equipo y en su casa.

AAAAHHH!", gritó Ro-Ro cuando se lanzó por el balón y se llenó la boca de barro. Había permanecido en el arco, con las piernas extendidas, subiéndose los shorts, agachándose y estirándose como un profesional para detener los balones que llegaban en dirección suya. Pero sus esfuerzos para contenerlo no eran propiamente legendarios. Parecía nadar en vez de volar hacia el balón. Sus piernas eran desmadejadas, no saltaba con agilidad y agitaba mucho los brazos. El balón pasaba por entre ellos incluso cuando alcanzaba a tocarlo. Los chicos le lanzaban tiros, lo golpeaban y se reían. Ro-Ro presumía ser mejor portero que Fish. "Mira, Cuadros. Puedo hacerlo", decía. La confianza que se tenía era buena, aunque también muy cómica.

Sin embargo, casi todos los chicos también fracasaron como arqueros. La mayoría no eran tan divertidos como Ro-Ro, pero eran muy malos. Indio era excelente en esta posición en la que había jugado para mi club, y yo sabía que podía hacerlo bien. Sin embargo, no quería sacrificar a un jugador tan talentoso en el mediocampo. Güero, el hermano menor de Fish, también era otra excelente posibilidad para el arco, pero yo lo había asignado al mediocampo. El chico que yo quería en la portería era un joven llamado Chisco, de constitución fuerte, cara de pocos amigos y cabello erizado. Era duro, y se consideraba un cholo, un pandillero.

Había varios estudiantes que eran cholos. Generalmente eran buenos pero tenían problemas en casa. Chisco, Nemo, Ro-Ro, Güero y Pony —todos jugadores nuevos— eran cholos. Habían tenido algunos problemas disciplinarios en la escuela media y habían llegado a JM creyendo que podían seguir haciendo de las suyas. Pero Moody jamás toleraría semejante conducta. Mantenía un control rígido en la escuela y no permitía tonterías.

Sin embargo, mis chicos pensaban que eran más listos que los demás. Yo estaba siempre detrás de ellos, tratando de desvirtuar sus excusas y artimañas, respondiendo a sus bromas con agudeza. En una ocasión, varios de ellos me dijeron que algunos cholos estaban muy enfermos para practicar, pero yo sabía que simplemente tenían pereza. Dejé a Lenin encargado del grupo y conduje hasta el Parque Bray, donde los encontré holgazaneando; iban a jugar una cascarita. Valió la pena haber ido a buscarlos cuando les vi la cara. Los llevé al entrenamiento y le puse punto final a esa situación. "Oye, Siler City es un lugar pequeño", les dije en el auto. "No crean que no puedo encontrarlos; soy un periodista. Mi oficio es encontrar gente". Los demás jugadores sonrieron cuando me vieron llegar con ellos; me conocían muy bien.

Los cholos realmente no tenían intenciones serias de ser pandilleros. No sabían lo que era una pandilla de verdad. Decían que eran vatos locos, pero no tenían idea de lo que era un delito. Enrique y Edi podrían habérselo dicho. Los cholos sólo imitaban lo que veían en la televisión y en las películas.

En medio de muchos tacos a la diabla, Lenin y yo hablamos sobre Chisco y sus capacidades como arquero. Finalmente decidí que nuestra defensa era lo suficientemente sólida como para compensar nuestra debilidad en el arco. Adicionalmente, el equipo rival debía pasar primero por nuestro mediocampo.

Había transcurrido un mes y Fish seguía en Veracruz. La temporada escolar ya había comenzado y él sabía que su posibilidad de formar parte del equipo e incluso de asistir a la escuela estaban en peligro con cada día que pasaba. Sólo le quedaban dos semanas. Extrañaba a Elisa, a su familia, a sus amigos, a su escuela y al equipo. Su hermano le había dicho que ya estaba entrenando y que había jugado un par de partidos. Fish intentó tomárselo con calma, pero sentía una agonía constante en el estómago y un nerviosismo que no lo abandonaba. No podía deshacerse de él por más que lo intentara. Decidió que era hora de regresar. No tenía nada en México y su abuela estaba mucho mejor. Habló con su madre y concluyeron que era hora de que él regresara a casa. Fish encontró un "coyote" que lo pasaría al otro lado de la frontera.

Ya había llegado la hora de partida. Ese momento se había aplazado durante cuatro años y ahora tenía una segunda oportunidad para hacerlo bien; este era el motivo por el que había abandonado Siler City. Su abuela estaba mucho mejor y se puso de pie para despedirse de él. "Cuídate, m'ijo", le dijo. Fish la abrazó y se despidió de ella. Estalló en llanto, pues sabía que era la última vez que la vería. "Te quiero", fue lo único que atinó a decirle. Permanecieron un momento abrazados y ella se desprendió de él. Fish se marchó sin mirar atrás.

Fish llegó un jueves a Agua Prieta, dispuesto a cruzar la frontera. Ésta era una pequeña población fronteriza en el estado de Sonora y se había convertido en un puerto de entrada para muchos inmigrantes indocumentados que querían pasar a Estados Unidos. Muchas personas empezaron a cruzar la frontera por allí en los años noventa, cuando la patrulla fronteriza de Estados Unidos comenzó a ejercer una mayor vigilancia en otros puntos de California y Texas. La ciudad de Douglas, en Arizona, también recibió un gran flujo de inmigrantes y se convirtió en un centro de debate sobre la inmigración ilegal. El

paso por Agua Prieta era extremadamente peligroso. Las personas tenían que cruzar el desierto de Sonora. Muchos se perdían,
quedaban rezagados e incluso morían bajo el sol calcinante.

Fish compró doce latas de frijoles y otros alimentos, y los
empacó en su morral. En la mano llevaba una botella de agua de
tres galones para el viaje. Vestía un suéter y un abrigo, aunque era
agosto y el desierto era caliente, pues sabía que las noches eran
heladas. El poco dinero que tenía lo llevaba en uno de sus zapatos. Su familia había contratado a un coyote en quien confiaban,
lo cual era mucho decir. Muchos coyotes eran bandidos y les
robaban a las personas cuando llegaban al desierto. Los abandonaban sin piedad y dejaban que se las arreglaran solos, que vivieran o murieran sin ayuda. Las mujeres y las jóvenes eran
especialmente vulnerables; se sabía que muchos "coyotes" o
bandidos las violaban o las vendían como prostitutas.

El grupo de Fish estaba integrado por un poco más de veinte
hombres, mujeres y niños, los cuales serían guiados por un solo
coyote, un hombre enjuto y de constitución delgada que llevaba
un sombrero de vaquero blanco con las dos alas dobladas como
dos olas a punto de romper. Salieron el viernes por la noche y
llegaron al desierto. El coyote quería ir hasta el desierto de Arizona y dejar al grupo a cierta distancia de la frontera. Caminaron
seis horas antes de detenerse para descansar. Fish se sentó sobre
la tierra, abrió su maleta, sacó una lata de sardinas, retiró la tapa,
y los pequeños peces cubiertos en aceite quedaron al descubierto. Sacó la bolsa plástica donde tenía las tortillas, y tomó dos.
Vertió las sardinas en las tortillas, las envolvió y dio un mordisco.
Las sardinas eran aceitosas y estaban calientes pero sabían deli-
ciosos. Sintió que lo alimentaban y le daban nuevas fuerzas a
medida que se alojaban en su estómago. Los otros miembros del
grupo habían traído comida en grandes bolsas plásticas. El coyote, vestido con jeans negros y una camisa blanca abierta hasta

el ombligo, les dijo: "No coman mucho". No quería que se llenaran demasiado, porque se enfermarían y se quedarían atrás; y él no se detendría por nadie. El coyote les dijo que se pusieran de pie y reanudaron la marcha. Caminaron hasta las tres de la mañana cuando el coyote se detuvo y les dijo que podían descansar unas pocas horas.

Fish percibió que los hombres mayores tenían dificultades para seguir. Él se sentía bien, y no le había ido mal el primer día; sabía que el hecho de ser deportista lo ayudaba. Todas las vueltas a la cancha y las prácticas que había realizado durante la primavera y el verano para el equipo del torneo de clubes le habían dado fortaleza. Se sentía preparado para lo que le esperaba, pero se preocupó por algunas personas del grupo. Decidió guardar silencio, tal como se lo habían recomendado; era mejor no tratar de conocer a nadie demasiado bien. Después de descansar sólo tres horas, el coyote los despertó y reanudaron la marcha.

Caminaron otras seis horas y vieron salir el sol por el desierto de Sonora, iluminando el terreno rocoso con una luz anaranjada. Era el amanecer más hermoso que Fish había visto en toda su vida. El cielo era tan azul como el huevo fresco de un tordo y parecía extenderse eternamente. Bajo el caparazón del cielo se cernía una especie de sarape, tejido con profundas capas de marrones y rojos que se extendían por todo el horizonte. Y el sol, todavía amable, resplandecía débilmente detrás de los cerros de bronce, como si fueran los nudillos de Dios. Fish sintió su corazón más liviano luego de contemplar el espectáculo.

Ellos se detenían periódicamente, descansaban y comían si había tiempo, y luego reanudaban la marcha. Varias personas comenzaron a quedarse sin alimentos y sin agua después del segundo día. Arrojaban los envases al suelo, y el paisaje parecía un cementerio de envases de plástico. Al tercer día, muchas personas ya no tenían alimentos ni agua. A Fish también se le estaban agotando sus provisiones; nunca había pensado con qué rapidez podía quedarse sin agua y alimentos. Con cada paso que daba, el hambre comenzó a ser una compañera molesta. Vieron tres venados, y varios de los hombres —incluyendo a Fish— decidieron perseguirlos, pero los animales eran muy rápidos.

En la tercera noche tuvieron problemas. Habían caminado más de dos horas cuando fueron detectados por la patrulla fronteriza de Estados Unidos: por la migra. El grupo se desperdigó rápidamente mientras los agentes con camisas verdes salían a perseguirlos. Fish se ocultó en una trinchera donde la migra no podía verlo. Estaban persiguiendo al coyote a través del desierto, quien escalaba rocas y se colaba por caminos estrechos maldiciendo, cosa que a Fish le pareció divertida. Cuando fue evidente que la migra se había marchado, Fish se encontró solo en medio de la oscuridad. No sabía dónde estaba y sólo podía adivinar el camino adecuado. La decisión que tomara podría costarle la vida, en caso de ser la equivocada. El sol saldría dentro de pocas horas y él estaría solo en el desierto. Reconstruyó el camino desde la zanja y pensó que había encontrado el sendero que había recorrido con el grupo. No estaba seguro, pero había seguido los pasos de ellos durante la noche. Estaba solo.

Fish llevaba apenas dos horas caminando cuando la migra lo capturó. Los agentes de la patrulla fronteriza fueron amables con él. Lo subieron a su vehículo blanco, lo llevaron a Agua Prieta y lo dejaron allí en la frontera. Tuvo suerte, pues otros inmigrantes eran llevados a un centro de detención donde permanecían un tiempo. Los centroamericanos pasaban más aprietos porque no los podían liberar con tanta facilidad, y tenían que deportarlos a sus países.

Poco después, Fish conoció a un hombre que dijo que lo ayudaría a cruzar la frontera. Muchos migrantes no lograban cruzar en su primer intento. Fish no sabía si confiar en él: podía

dejarlo en el desierto, robarle el poco dinero que tenía o simplemente matarlo. Había muchas clases de personas que se aprove-
chaban de los migrantes. Pero el hombre era maduro, tenía más
de cuarenta años, un rostro amable y Fish no tenía a quién más
recurrir; así que no le quedaba otra que confiar en él. El hombre
percibió que Fish estaba asustado y le compró agua y alimentos
para el viaje. Le dijo que no acostumbraba a pasar personas por
la frontera, que sólo lo hacía cuando necesitaba dinero, y que
llevaba grupos muy pequeños para garantizar el éxito. Fish se
dispuso a cruzar otra vez la frontera, esta vez en compañía de
cinco personas.

El nuevo coyote tenía una ruta diferente. Esta vez no darían
una vuelta alrededor de Douglas; el nuevo camino era más seguro y corto. Cruzar la frontera dependía casi exclusivamente
del conocimiento del terreno. Varios años atrás pasé con un
amigo de Nogales, México, a su ciudad hermana, Nogales, Arizona. Fuimos a México en su jeep, pasamos el día allí y decidimos cruzar la frontera de regreso. Avanzamos a través del
desierto por una pequeña carretera que comunicaba a los dos
países. No tuvimos ningún problema durante nuestro trayecto.
Cuando llegamos a la frontera, lo único que separaba a los dos
países era una valla desvencijada y un aviso que decía: USTED
ESTÁ ENTRANDO ILEGALMENTE A LOS ESTADOS UNIDOS. Mi amigo
abrió la puerta de la valla y pasamos. Fue así de fácil.

Muchos migrantes no conocen la zona, el campo ni el terreno. Si lo conocieran, no tendrían que pagarle miles de dólares
a un coyote para que los lleven. La facilidad con que cruzamos
la frontera contradecía la idea de que 2,000 millas de terreno
agreste podrían convertirse en una zona infranqueable. Era claro
que los congresistas que votaron a favor de la construcción de
una valla para cerrar la frontera nunca habían estado allí.

Fish y su grupo sólo caminaron un día en el desierto antes de llegar a Douglas, donde fueron llevados a una casa segura. Sus paredes blancas estaban rodeadas de arbustos verdes, y el camino de la entrada circundado por adormideras de color naranja. Era el primer verdadero refugio que Fish veía en más de una semana. Por dentro, la casa estaba hecha pedazos. No había muebles; sólo colchones en el piso para los migrantes que utilizaban la casa como una parada en su camino hacia Phoenix. Pero eso no importaba; era la casa más hermosa que Fish había visto.

Había una buena provisión de alimentos, y Fish se deleitó con los platos de carne, frijoles y tortillas. Comió todo lo que pudo y bebió tanta agua que sintió que las costillas le apretaban la piel.

Cuando no pudo comer más, entró al baño, se quitó su ropa polvorienta, la dejó sobre el retrete y se metió a la ducha. Se sostuvo de las paredes y dejó que el agua tibia mojara su cuerpo. El agua que se deslizaba por su cuerpo se volvía marrón oscuro, como si su cuerpo estuviera produciendo chocolate. Observó el agua turbia deslizarse por el sifón y eliminar el polvo del desierto que se había adherido a su piel. En el patio que estaba más allá de la pequeña ventana del baño había un árbol alto de limones cuyas ramas tenían la forma de una mano. Había perdido peso durante el viaje y estaba delgado. Metió su cabeza en el chorro refrescante y dejó que el agua mojara su cabello polvoriento.

Fish salió renovado de la ducha. Durante los seis días anteriores sólo había pensado en sobrevivir, encontrar agua, racionar sus alimentos para hacerlos durar, y cuando se terminaron fue víctima del hambre.

Pero ahora tenía un pensamiento acuciante. Sólo quería saber una cosa cuando llamó a su familia en Carolina del Norte para que le pagaran al coyote.

"¿Ya comenzaron los entrenamientos?"

Fish estaba preocupado por su elegibilidad, pues sabía que no podría jugar si regresaba demasiado tarde a la escuela.

"Sí", le dijo Güero. "En cuatro días tendremos el primer partido".

Era el primer día de la segunda temporada de los Jets. Estábamos programados para jugar como locales contra Northwood High School, nuestros rivales del condado. Era una escuela más grande que la nuestra y tenía un excelente equipo de fútbol. Northwood tenía la ventaja de contar con un eficiente sistema de suministro de jugadores a través de la Liga de Fútbol de Chatham, donde los chicos jugaban y se desarrollaban a medida que crecían. Mis chicos no tenían ese sistema. Los jugadores de Northwood también eran más grandotes que los Jets.

Hay un millón de cosas que hacer antes de un juego. Yo tenía que llevar los balones para el partido y los entrenamientos, las llaves de las luces por si las necesitábamos, los banderines de las esquinas y cerciorarme de que nadie hubiera faltado ese día a la escuela. También era el último día que Fish sería elegible para jugar. Quedaría fuera de la temporada incluso si llegaba al día siguiente. Yo había esperado que llegara ese día, pero eso no había sucedido. La semana anterior le había preguntado a Güero si Fish estaba en camino, pero se limitaba a mover la cabeza. Estábamos sin nuestro arquero estrella; aunque no importaba, pues Chisco tendría que asumir el reto. Mi amigo Matt, quien había sido portero en el Dartmouth College, lo estaba entrenando.

Yo me encontraba en la oficina de John Phillips examinando la lista de estudiantes retrasados y ausentes, asegurándome de que todos pudieran jugar, cuando escuché a Phillips decir con su voz retumbante, "¡Mister Cuadros! ¿Cómo está el equipo este año?"

"Pues estaría mejor si tuviéramos a nuestro arquero", le dije sentándome un momento. La oficina del director deportivo era una especie de santuario de la JM. Los entrenadores y Moody asistían allí para hablar e intercambiar historias sobre los equipos y los estudiantes. Era como una barbería, en donde se hablaba de todo.

"¿Cuál es el problema con tu arquero, míster Cuadros?", dijo Phillips pronunciando mi nombre en voz alta.

"Bueno, para empezar, está en México".

Phillips sonrió. "No creo que te vaya a servir de mucho estando allá". Moody entró a la oficina por la puerta del baño; había escuchado nuestra conversación. "¿Quién es el arquero?"

Yo se lo dije.

"Bien, está aquí", me informó Moody, "llegó hoy". Yo no podía creerlo. Me aseguré de estar hablando de la misma persona y Moody me lo confirmó. Yo no sabía nada sobre el regreso de Fish. Saqué un formulario de exámenes físicos y salí.

"Vaya por él, míster Cuadros", escuché que Phillips me decía mientras yo salía por la puerta.

Fui directamente a la casa de Fish y lo encontré en el sofá de la sala. Estaba un poco más delgado y demacrado, pero se veía relativamente bien. Sólo podía imaginar lo que había padecido para llegar hasta allí, y le pregunté por qué no me había llamado. Se había registrado en la escuela tan pronto había llegado a casa, cumpliendo con los plazos para las matrículas escolares en el tiempo límite.

"¿Quieres jugar esta noche?" Yo no sabía si tendría las fuerzas para hacerlo. Me miró y una sonrisa le iluminó la cara.

"Sí, Cuadros", me dijo poniéndome una mano en el hombro. "Quiero jugar".

"De acuerdo, vamos entonces", le dije y salimos con sus guantes, shorts y guayos en las manos. "Tienes que hacerte un examen físico para que seas elegible", le dije mientras subía a mi auto. Conduje endemoniadamente para llegar a un centro de salud donde había logrado que examinaran a los jugadores y nos hicieran un descuento. Eran las cinco de la tarde cuando llegamos allí, y la puerta estaba cerrada. Toqué, sabiendo que probablemente el médico estaba adentro. Salió, era un joven de treinta y tantos años. Le pregunté si podía hacer un examen y me miró como si yo estuviera bromeando. Le entregué la hoja del examen, miró brevemente a Fish y le preguntó: "¿Estás en forma?" Fish asintió; podía estar un poco deshidratado y desnutrido, pero era joven. "De acuerdo. Eres físicamente apto", dijo el doctor y firmó la hoja.

Fish y yo nos reímos en el auto. Cuando llegamos al estacionamiento del hangar de los Jets, le pregunté, "Bueno, ¿cómo estuvo el paso por la frontera?" No respondió; sólo me miró y sonrió. *Ha madurado con el viaje,* pensé. Él giró su cabeza en otra dirección.

En esa cancha de un verde exuberante donde los chicos corrían y saltaban, pateando el balón en el aire y lanzando disparos, Fish me miró y me dijo con suavidad, "Es como un sueño, Cuadros". No necesitaba preguntarle nada. Todos los chicos tenían su propia historia de la frontera. Todos habían pasado por el "desierto" de una forma o de otra. Le puse la mano en el cuello y le di una palmadita. "Como un sueño de casa, ¿verdad?", le dije.

13

El defensor de South Stanly supera a Pony y lanza el balón por
encima, alejando el peligro del ataque de los Jets. Tereso recupera el balón con un cabezazo que envía a tres cuartos de cancha en el campo defensivo de los Rebels. Pero los Jets se quedan
mirando como el balón aterriza en la cancha y rebota. Dejan
que los defensas de los Rebels vayan por él y lo despejen de
nuevo. Los Jets dominan a los rivales en el ataque, pero su juego
es completamente desorganizado y escasamente han podido
penetrar más allá de los tres cuartos de cancha. Los defensores
de los Jets los han replegado a la línea del mediocampo, seguros
de poder contener cualquier ataque. Les grito desde la línea
lateral para que mantengan posesión del balón como en nuestros entrenamientos y ataquen con efectividad. Pero nadie escucha; están jugando como lo hacen en La Liga, donde cada
jugador juega para sí mismo y busca su consagración personal.
Han perdido el juego de posesión disciplinado en el que hemos
trabajado duramente durante toda la temporada. Ellos saben

que están dominando el partido, pero se sienten frustrados porque no pueden anotar. Tereso está enloquecido; tiene muchas habilidades como zaguero y envía los balones aéreos con potentes cabezazos, dribla hasta el mediocampo y entra al área defensiva de los Rebels. Pero también les grita a sus compañeros cosas como, "Oye, pinche pendejo, ¡sube!", y ellos se molestan; sus palabras penetran en los otros jugadores y parecen infectarlos, pues le responden con la misma vulgaridad. Todos comienzan a discutir entre sí, como si los Rebels no estuvieran en la cancha.

El juego está empatado 1–1 y hay tiempo de reposición. Fish está irreconocible; permitió un gol debido a un error cuando se alejó mucho de su línea y el balón le pasó por arriba.

Y entonces los Rebels envían un largo pase aéreo por encima de los defensas de los Jets, continúan atacando y penetran rápidamente a tres cuartos de cancha. Fish ha salido bastante para observar y seguir el ataque de los Jets. El delantero de los Rebels percibe esta vulnerabilidad y envía un balón al arco que sorprende desprevenido a Fish. El balón pasa por encima de su cabeza y sus brazos estirados y se aloja en la red.

Los Rebels anotan otro gol, a pesar de haber tenido pocas oportunidades de hacerlo. La calma de los Jets se va a pique, pues todos los jugadores gritan y se culpan mutuamente por el gol. El partido termina con una victoria de los Rebels 2–1.

E ste equipo no nos derrotó esta noche", comencé a decirles. "Nos derrotamos a nosotros mismos. Los gritos, las vulgaridades, la rabia: eso fue lo que nos mató. Ustedes jugaron contra dos equipos: contra los Rebels y contra ustedes mismos". Los chicos estaban sentados, algunos con la cabeza entre las rodillas. Lechero y Tereso miraron hacia otra parte.

"Pinches vatos que no quieren jugar", dijo Tereso.

"Esa fue una de las peores cosas que hicimos esta noche. No vamos a seguir ofendiéndonos. No quiero escuchar más insultos, malas palabras, ni nada parecido. Eso fue lo que nos mató".

Les expliqué claramente que no habíamos jugado un buen partido. Jugamos de una manera egoísta. Cada uno lo hizo para sí mismo y no hubo ninguna organización.

"No podemos derrotar a Albemarle si nos atacamos a nosotros mismos de esta manera", dije, mirándolos uno a uno. Logré captar su atención al hablarles de Albemarle, pues nos habían derrotado 2–0 esa temporada y se habían convertido en nuestros mayores rivales. Habíamos perdido dos veces con ellos el año pasado y una vez ese año. Jugamos un partido excelente como locales; estuvimos a su nivel, tuvimos posesión del balón y atacamos de manera brillante. Pero les cometimos un penalti que nos puso abajo en el marcador.

"De acuerdo; esas fueron las cosas malas que hicimos. ¿Cuáles fueron algunas de las buenas?"

"Nada, Cuadros", dijo Lobo.

"Tal vez tengas razón. No hicimos muchas cosas buenas, pero por lo menos empatamos el partido. Y eso ya es algo".

Los chicos se rieron; después de eso no había mucho más que decir. Una parte del oficio de entrenador es interpretar no sólo las reacciones individuales, sino las emociones colectivas del equipo. Un entrenador necesita aprovechar eso, y si la emoción es negativa, debe convertirla en otra cosa. Yo no quería que se sintieran amargados y molestos entre ellos. En esos casos, tienes que encontrar la forma de animarlos. Generalmente la ligereza es la mejor respuesta, pero los momentos posteriores a un partido no son los mejores para las recriminaciones. Las emociones están muy exacerbadas, especialmente si se ha perdido de una forma tan lamentable como lo hicimos nosotros. Es impo-

sible arreglar las cosas, pues sólo puedes hacerlo en los entrenamientos. Subimos al autobús y regresamos a casa.

Nuestro equipo aún no se había consolidado; los jugadores
no estaban jugando como un equipo y tendríamos que
eliminar algunos de los hábitos malos y destructivos que habían
aprendido jugando o viendo partidos de La Liga.

La Liga fue creada en los años noventa por los trabajadores
de las plantas avícolas que se aburrían en su día libre. Se reunían
los domingos por la tarde y jugaban una cascarita, que luego se
fueron convirtiendo en equipos. Pronto se conformó una liga
privada y organizada: La Liga. El número de equipos creció rápidamente a medida que el número de migrantes aumentaba en
la región. En pocos años hubo cientos de equipos con miles de
jugadores. Los equipos mexicanos jugaban contra equipos salvadoreños, hondureños o guatemaltecos. La Liga fue dividida
posteriormente en tres divisiones; la primera contaba con los
mejores jugadores y los más talentosos. Jugaban por orgullo,
premios y trofeos gigantes.

Muchos de los padres de los chicos jugaban en La Liga. Los
partidos solían ser una exhibición de fútbol estridente, brusco y
sucio, especialmente en las divisiones inferiores. En la tercera
división, los jugadores acostumbraban derribar al contrario
desde atrás, causándoles lesiones. Las emociones y los tempera-
mentos siempre estaban a flor de piel. Muchas veces los árbitros
se jugaban sus vidas cuando intentaban aplacar las peleas en los
partidos. Después de un tiempo se contrataron oficiales de policía que ofrecieron seguridad para los partidos. No era inusual
que los compañeros de un mismo equipo se gritaran, se maldi-
jeran, discutieran y generalmente se enfadaran entre sí en la
cancha. Éste no era el "juego bonito".

Los equipos de La Liga siempre estaban buscando nuevos talentos. Los técnicos abordaban a los jugadores más jóvenes y talentosos y los convencían para que entraran a sus equipos. Generalmente, los adolescentes tenían un buen comienzo, pero con el paso del tiempo, los jugadores de otros equipos los pateaban y derribaban, y en muchas ocasiones los lesionaban. Era muy difícil para un joven adolescente competir contra un hombre de veinticinco años que siempre había jugado sucio. Yo detestaba eso. Allí nadie había aprendido a jugar.

Cuando los chicos que habían jugado en La Liga comenzaban a entrenar conmigo, yo tenía que dedicar mucho tiempo a eliminar todos los aspectos negativos que habían aprendido allí. Tenía que enseñarles el juego organizado, la posesión del balón, el trabajo en equipo y prohibir todas las patadas y juego sucio que habían padecido y aprendido. Había visto a jóvenes talentosos con un enorme potencial salir de La Liga como jugadores sucios.

Sin embargo, La Liga era útil en algunos sentidos y fortalecía a algunos jugadores. Fish, por ejemplo, era un producto de ella y ya lo había visto todo cuando entró al grado once de secundaria. Había pasado por muchos desempates por penales, había ganado partidos atajándolos y hecho jugadas maravillosas. Todo eso le sirvió mucho a los Jets. Pero otros jugadores de La Liga no contaron con la misma suerte. Un jugador talentoso con el balón corría el riesgo de que lo derribaran constantemente al punto de tener que abandonar La Liga con un ligamento roto, y ver su carrera deportiva arruinada.

Después de perder con South Stanly, creí que los Jets se habían vuelto otro equipo de La Liga. Los cholos, los nuevos jugadores que habían estado allí, habían traído ese estilo de juego a nuestro equipo. Vi todos esos elementos en nuestro partido contra los Rebels: los gritos y maltratos entre ellos, los insultos, las discusiones, el mal carácter y el juego individualista. El jugador que parecía liderar esta conducta inaceptable de La Liga era Tereso, tal vez el jugador más talentoso del equipo al lado de Fish.

Tereso venía de una buena familia y su padre era muy trabajador. Pero desafortunadamente, sus padres lo habían dejado hacer lo que quisiera. Era un chico grande con una cara redonda e infantil, y un cabello oscuro cuyos mechones le llegaban a las cejas. Desafiaba la autoridad siempre que podía, y casi nunca le importaba el castigo que recibiera. Era como un gato que hubiera abandonado a su amo, y si lo llamabas, lo más probable era que no te mirara.

Había algo admirable en su personalidad testaruda, pero era demasiado frustrante para un entrenador. Uno de los objetivos de las prácticas era unir a los chicos para que lograran algo superior a ellos, pero Tereso sólo estaba interesado en sí mismo.

Tenía la costumbre de llegar tarde a las sesiones fotográficas y venía sin su uniforme. Si el equipo ya estaba listo y el fotógrafo nos había acomodado frente al arco, Tereso apenas se estaba poniendo las medias con toda la parsimonia del mundo. Era desquiciante; hacía esperar a todo el equipo mientras él se alistaba a su propio ritmo. Casi lo expulso en una ocasión, pero Lenin me persuadió de que no lo hiciera.

Mientras tanto, era evidente que Fish había cambiado después de cruzar la frontera. No era como antes. Estaba delgado, incluso desgarbado, corría riesgos absurdos y se había vuelto excesivamente confiado. Habíamos perdido el partido contra South Stanly porque él se había alejado demasiado del arco. Parecía como si tratara de ser el jugador de antes, e intentara compensar los entrenamientos, los ejercicios, el trote que había dejado de realizar y su falta de forma. Y, en consecuencia, estaba tomando malas decisiones.

El equipo parecía estar desintegrándose; faltaba armonía en

las líneas y nadie parecía divertirse. El juego tenía que ser divertido, pues de lo contrario era mejor no tomarse la molestia. Me desvelé varias noches pensando cómo rearmar el equipo. Yo tenía que disfrutar mi labor como entrenador, y si el equipo no estaba contento, yo tampoco lo estaría. Las cosas tenían que cambiar.

Lo primero que hice fue prohibir las vulgaridades. Las palabrotas eran una parte considerable del problema. Las maldiciones, insultos y groserías tendrían que ser cosa del pasado. No habría más chingas, vergones ni putos. El jugador que dijera una mala palabra tendría que hacer diez flexiones. No eran muchas, pero no se trataba de eso, si no de recibir un castigo inmediato. Si alguien no quería hacerlas, el entrenamiento se detenía hasta que el jugador cumpliera con el castigo. Y si se quejaba mucho, yo hacía diez flexiones para desafiarlo. Hacían flexiones en la cancha de entrenamiento, en las casetas, en las canchas de los otros equipos, en el piso del autobús, en cualquier parte, hasta que dejaran de decir groserías. Sin embargo, no iba a permitir que se delataran entre ellos. La regla era que Lenin o yo teníamos que escucharlas, pues no quería soplones en el equipo. Ellos supieron que yo hablaba en serio cuando le ordené a Loco que hiciera diez flexiones durante un partido por decir una grosería luego de recibir una patada.

Además de las vulgaridades, dejé de tolerar sus necedades. No iba a desperdiciar mi tiempo si mis jugadores no iban a entrenar y trabajar duro. Si no se concentraban, simplemente me iba con los balones. Ellos no supieron qué hacer la primera vez que me marché; sabían que no había equipo sin mí. Al día siguiente me conmoví cuando cada uno de los chicos se acercó, me apretó la mano y me dijo que lo sentía mucho.

Sin embargo, el equipo seguía teniendo dificultades a pesar de nuestros esfuerzos. Perdimos por un gol contra East Montgomery, aunque habíamos dominado el partido. Parecía como si el equipo no pudiera soportar ninguna adversidad sin antes des-integrarse. Tenían una mentalidad frágil. Si iban perdiendo por un gol, eran incapaces de luchar y ganar el partido, y desahoga-ban su frustración entre ellos.

Vi a Lenin en el centro de Siler City en las primeras horas de la tarde de un día jueves. Me pareció extraño, porque debería estar trabajando en su oficina de Greensboro, con la Asociación Juvenil de Fútbol de Carolina del Norte. Era el coordinador recreativo y tenía que encargarse de todas las ligas de fútbol recreativo del estado, en vez de estar en el centro de la ciudad a esas horas. Me pregunté si algo andaba mal, y decidí hablar con él después de nuestro próximo entrenamiento.

Nos encontramos en el estacionamiento de una iglesia en las afueras de Siler City. El Vínculo Hispano estaba realizando un evento en la Iglesia Bautista de Loves Creek, y Lenin se había inscrito como voluntario. Le pedí que me diera un momento y nos sentamos en un banco en el estacionamiento. Le pregunté qué le sucedía. Lenin siempre estaba sonriente; enfrentaba los momentos difíciles con una sonrisa y se esforzaba en no mostrar sus verdaderos sentimientos. Pero él sabía que tenía que hablar conmigo y que ya no podía evitarlo.

"He dejado de trabajar allá, Paul", comenzó. "Renuncié hace dos semanas".

"Pero, ¿por qué?" Su respuesta me sorprendió.

"No pude soportarlo. Ese trabajo de oficina era demasiado 'blanco' para mí. No pude adaptarme, no me gustaba estar todo el día en la oficina, quería estar afuera. Estar sentado frente a una computadora no es lo mío", dijo, y miró hacia el cementerio contiguo a la iglesia. Muchos de los chicos latinos veían a Esta-dos Unidos en términos de latinos y blancos. Trabajar en un es-

critorio era algo blanco. Trabajar afuera era latino. Estudiar
mucho y tener un buen desempeño escolar era blanco; ser estudiante promedio era latino. Muchos jóvenes latinos se enorgu-
llecían de sus diferencias con respecto a la sociedad en general.

Lenin me explicó que había cumplido su labor y había ido a
otras ligas para pedirles que se unieran a la Asociación Juvenil de
Fútbol de Carolina del Norte. Tenía que estar fuera de la oficina
para realizar su labor, pero a su jefe le molestaba que nunca estuviera allí. Ella le dijo que antes de salir debía informarle a alguien
a dónde iba. Pero él no estaba de acuerdo, pues nadie más tenía
que hacerlo. ¿Por qué sólo él? Al cabo de un tiempo, comenzó a
pensar que todos lo observaban como si fuera un criminal. Dijo
que los otros empleados no habían sido desagradables con él,
que era sólo una sensación que tenía, y renunció cuando no
pudo resistir más. No anunció con dos semanas de anticipación
ni pidió el pago de sus vacaciones. Renunció al estilo mexicano:
Simplemente se levantó de su silla y se marchó.

Intenté explicarle que no podía hacer eso, que tenía que in-
formar con anticipación. Le dije que no trabajaba en construcción, sino en una oficina donde recibía beneficios y esperaban
que él tuviera una conducta adecuada. Pero eso no le importó.

"Quería decírtelo, Paul, pero no podía", dijo. Se estaba ablan-
dando, pues sabía que me había decepcionado. Se estaba sintiendo realmente vulnerable, y eso no era fácil para un mexicano,
incluso para alguien tan americanizado como Lenin. Se suponía
que los hombres mexicanos debían ser fuertes, no llorar nunca y
ser machos.

"Ese trabajo era demasiado blanco para mí, Paul", repitió,
recobrando un poco de su alegría habitual. Le restó importancia
a esta experiencia y me dijo que había encontrado un empleo
como monitor en una escuela media. Era una elección acertada;
era un trabajo activo y con niños, que a él le encantaban.

Mucho después de hablar con él pensé en lo que me había dicho. Me perturbaba que alguien como Lenin no hubiera podido triunfar en un trabajo de oficina que giraba alrededor de algo que amaba, como lo era el fútbol, y me pregunté si otros chicos latinos tampoco podrían hacerlo. Lenin era el chico más adaptado del equipo, al lado de Enrique y Edi. Hablaba un inglés perfecto, era inteligente y se llevaba bien con cualquier persona. Sin embargo, se sintió aislado y alienado en su trabajo. Yo sabía muy bien lo que me había dicho. Muchas veces yo también me había sentido aislado como el único latino en una oficina, y generalmente no es la experiencia más fácil.

Por primera vez comencé a temer lo que podría sucederles a todos estos chicos. ¿Cómo se adaptarían a esta sociedad? Si Lenin tenía problemas, ¿cómo le iría entonces a alguien como Indio? Comprendí que la idea de que algunos de estos chicos pudieran mejorar su condición socioeconómica podía ser una quimera. Tal vez Enrique había encontrado un camino mejor; no tenía metas demasiado altas, simplemente quería ser policía. No quería ser un abogado, sino tan sólo un policía, y trabajar veinte años antes de recibir su pensión. Esta era la transición natural para los hijos de inmigrantes. Esa generación se convertía en policías y bomberos, en plomeros y electricistas. Las chicas se hacían auxiliares de enfermería, cosmetólogas, peluqueras o asistentes de profesores. Si se esforzaban más, eran profesoras. Había la esperanza de que sus hijos subieran un peldaño en la escalera, pero con los latinos no había ninguna garantía. Por alguna razón, muchos de nuestros chicos se quedaban atascados mientras intentaban subir.

Estos chicos se sentían diferentes, excluidos de alguna manera. Pero la exclusión no era la única variante en juego. Muchas veces había escuchado familias inmigrantes mexicanas hablar con desprecio sobre el hecho de ser ambicioso. Era como si las personas ambiciosas fueran egoístas, ensimismadas y no hicieran el bien. La humildad era vista de una manera más favorable. Los inmigrantes latinos —al igual que cualquier otro grupo de migrantes— sobrevivían, por lo menos inicialmente, luego de establecer una dependencia mutua. Pero el hecho de conseguir dinero, de comportarse como blancos, de adaptarse y no hablar español, era algo que alejaba a un individuo de su comunidad. Los valores y prejuicios de una sociedad de la que no formaban parte eran dedos diferentes en la mano de la alienación. Y esos sentimientos de alienación se reflejaban en muchos chicos que se sentían perdidos en sí mismos y en sus comunidades.

Esto podía verse claramente entre los estudiantes latinos en los corredores de JM. Generalmente había tres grupos de latinos. Estaban los recién llegados, provenientes de la frontera que no hablaban una sola palabra de inglés y que estaban en el programa de ESL. Después estaban los chicos "inmigrantes" como Fish e Indio, quienes habían llegado a Estados Unidos cuando eran niños y sabían inglés. Y finalmente estaban los "chicanos" como Enrique y Edi, quienes habían nacido aquí y hablaban los dos idiomas con fluidez. Algunas veces los chicos se mezclaban, pero la mayoría no. Un recién llegado tenía poco en común con un chicano que muchas veces no hablaba bien español. Nosotros teníamos a los tres grupos en el mismo equipo. Era uno de los pocos lugares de la escuela en donde podían reunirse en torno a algo que todos ellos amaban.

Loco está desbordado. Realiza varias incursiones por el ala derecha, penetrando de manera rápida y profunda en la defensa de South Davidson.

Los hinchas les gritan cosas desagradables a los jugadores: "¡Regresen a México!", pero esto no detiene a Loco. Sigue azotando a sus zagueros y anota el segundo gol en un tiro de esquina. La victoria es nuestra. Y aunque los Jets dominan el partido, su conducta empieza a deteriorarse. Tal vez se deba al hostigamiento del banco de los Wildcats y de sus hinchas, pero los chicos comienzan a perder la calma. Lechero les grita a sus compañeros y lo saco de la cancha. Todo el trabajo que hemos realizado en torno a la unión del equipo se desmorona. Tereso comienza a insultar a sus compañeros cuando cometen errores o hacen tiros desviados. Estamos demoliendo al otro equipo, pero los chicos no pueden mantenerse unidos.

El estadio se convierte en una caldera donde jugadores y seguidores descargan sus sentimientos exacerbados. Los Wildcats comienzan a derribar a nuestros jugadores, en lo que me parece un intento infructuoso para acabar con nuestra superioridad. Me preocupa que algunos jugadores puedan lesionarse y hago algunos cambios para proteger a algunos de los más jóvenes. Todos parecen pelear con todos. Los Jets pelean, se insultan y se ultrajan entre ellos; los Wildcats se vuelven agresivos, nos cometen faltas fuertes y sus hinchas son realmente desagradables. El partido se vuelve sucio. El árbitro expulsa a un hincha por comportamiento antideportivo. Afortunadamente, el partido termina sin peleas en la cancha, sin empujones ni violencia. Los jugadores se dan la mano, pero los hinchas no pueden reponerse de la paliza que les hemos dado: 6–0. Veo a uno que se lleva las manos alrededor de la boca y grita: "¡Esperen a que vengan acá!" Tendremos que subir por la tribuna de los hinchas para salir del estadio. Tomo esas palabras como una amenaza directa a la integridad de mis chicos, y decido que permanezcan en la cancha hasta que todos los hinchas se hayan retirado.

"¿Por qué tenemos que esperar acá?", me preguntó Güero con impaciencia. Los chicos estaban cansados de esperar, pero les dije que permanecieran allí hasta que el último hincha abandonara el estadio.

"Porque yo lo digo", señalé.

"¡Eh! ¡Pinches güeros!", les gritó Lechero a los hinchas, agitando sus brazos en señal de disgusto.

"¡Cállate, Lechero!", le grité. Lo último que necesitábamos era provocarlos. Aún teníamos que salir del estadio y subirnos al autobús. Los chicos no sabían lo desagradables que pueden ser los aficionados, y yo no quería una confrontación.

Los espectadores comenzaron a dispersarse, y sólo quedaron algunos. Le pedí a la señorita Leary, la conductora del autobús, que se estacionara a la salida del estadio para evitar a los hinchas. Ella aceptó, pues también temía por los chicos. Había sido el partido con más agresiones verbales en el que yo había participado. Habíamos soportado hinchadas agresivas, pero nunca nos habían amenazado así.

La señorita Leary era una profesora afroamericana joven y talentosa de JM. Su sonrisa podía iluminar el cielo. Una vez me había dicho que enseñar era un trabajo sumamente estresante, y que los profesores sólo tenían dos maneras de lidiar con la tensión. "Los profesores sólo pueden recurrir a la Biblia o a la bebida", comentó, aunque nunca me dijo cuál de estas había elegido. Era una conductora experta y siempre llegaba a tiempo para los partidos. Cuando fue por el autobús, se enfrentó con varios hinchas rudos y descontrolados. Uno de ellos le hizo un gesto con el dedo y otro se limitó a decirle: "Aquí somos campesinos de clase baja", sugiriendo que haría bien permanecer alerta, pues de lo contrario "se encargarían" de ella. La señorita Leary se tomó a pecho la amenaza.

South Davidson High School estaba localizada en la pequeña ciudad de Denton, donde no había una población minoritaria significativa, ya fuera negra o latina. Siempre se habían presentado algunos problemas entre los habitantes de Denton y los afroamericanos. El equipo de básquetbol de JM tenía problemas con sus fanáticos por tener jugadores negros. Y ahora parecía que esa actitud también se aplicaba para los latinos. Habíamos recibido una buena dosis de ella y desafortunadamente la señorita Leary también.

Cuando vimos el autobús, le dije a Lenin que escoltara a los chicos desde la parte de adelante, mientras yo me quedaba atrás para evitar ataques desde ese lado. Quería asegurarme de tener una visibilidad completa. Cuando finalmente subimos al autobús, la multitud ya se había dispersado y no tuvimos problemas. Le dije a la señorita Leary que subiera, y en ese momento vi que a Edi le había sucedido algo, pues se veía disgustado.

Aparentemente, encontró a Tereso en su asiento. Edi era el capitán del equipo y tenía su bolsa en el asiento, pero Tereso no se levantó de allí. Intercambiaron algunas palabras, Tereso se paró y empujó a Edi. Una movida nada inteligente, pero Edi se quedó en su lugar. Y ahí fue cuando Tereso le dio una bofetada en la cara. Edi luego me explicó que había sentido el escozor en su mejilla y que la rabia le hervía por dentro, pero recordó las numerosas ocasiones en que lo provocaron para que peleara, y que siempre terminaba castigado por involucrarse. Edi no le respondió a Tereso, quien finalmente le cedió el puesto. Se sentó y contuvo las lágrimas; había estado a un paso de perder la calma, como lo había hecho tantas veces en el pasado. Pero había tratado de controlar esos sentimientos y finalmente los había dominado. No se dejaría provocar más.

Le conté a Moody sobre las amenazas a nuestro equipo y a la señorita Leary. Se lo tomó muy en serio, pero no podía hacer nada para cambiar el hecho de que el juego había sido un desastre. Desde las provocaciones de los hinchas a las amenazas contra la señorita Leary, pasando por la pelea en la que Tereso y Edi estuvieron a punto de enfrascarse, era obvio que ese partido era una señal más de que la temporada estaba fuera de control.

Decidí comenzar con Tereso. Era el mejor jugador del equipo. Tenía talla, velocidad, era un cabeceador excelente y podía driblar a sus oponentes. Pero también era perturbador, irrespetuoso, insultaba a los demás y había comenzado a golpear a sus compañeros. Algunas veces el mejor jugador puede ser también el peor. Yo había creado un equipo, en parte para ayudar a unos chicos que estaban en una mala situación, y darles la oportunidad de triunfar. Pero, ¿qué tanto estaba dispuesto a ceder yo para ayudar a uno de ellos? ¿Cuánto estaba dispuesto a sacrificar? Finalmente, pensé sobre la naturaleza violenta del acto que Tereso cometió contra Edi, y supe lo que tenía que hacer. Probablemente otro entrenador no lo habría hecho por una bofetada, pero yo creía que todos los chicos tenían que sentirse seguros en el equipo; no podía tolerar ninguna forma de violencia.

Al día siguiente, antes del entrenamiento, llamé a Tereso al estacionamiento.

"Sabes por qué te estoy llamando aquí, ¿verdad?"

Él lo sabía. Le pregunté si había golpeado a Edi la noche anterior, y lo reconoció sin rodeos; él era así, y respondía por sus actos. Le dije que al comienzo de la temporada habíamos hablado detalladamente de las reglas del equipo y de los castigos para quienes las violaran. Había una regla sobre las peleas.

"No toleraré la violencia en el equipo por ningún motivo".

"¿Me estás sacando del equipo?" Tereso nunca se dejaba intimidar.

"Sí. Estás fuera del equipo. Dame tu uniforme", le dije. Él desvió su mirada y luego me extendió su mano. Se la apreté y llamé a Lechero.

Llegó con los ojos llenos de curiosidad. Todos los jugadores percibieron que en el estacionamiento sucedía algo importante.

Le expliqué a Lechero que su comportamiento en el partido y en el autobús había sido muy indisciplinado. Le había dicho en varias ocasiones que se controlara, pero parecía incapaz de hacerlo. Lo suspendí una semana.

Luego llamé a Edi. Todos los chicos estaban preocupados; habían visto a Tereso marcharse y a Lechero renegar.

"Edi, tuviste suerte en no golpear a Tereso, porque te habría sacado del equipo ahora mismo", le dije. "Se necesitan dos personas para una pelea".

Edi asintió y dijo: "Lo sé, entrenador. Fue por eso que no lo golpeé. He aprendido". Un año atrás, Edi seguramente le habría devuelto el golpe, pero este año había dado muestras de un autocontrol increíble.

"Estás suspendido por una semana".

"De acuerdo", dijo, aceptando su castigo. Luego me miró con los ojos completamente abiertos. "Extrañaré mucho el partido contra Albemarle".

"Lo sé".

Un partidario de la anti-inmigración frente al
ayuntamiento de Siler City (© PAUL CUADROS)

La manifestación del año 2000 fue precursora de las manifestaciones
anti-inmigratorias que se han popularizado a medida que el país se enfrasca
en el debate sobre la inmigración (© PAUL CUADROS)

David Duke y Richard Vanderford (© PAUL CUADROS)

Residentes progresistas de Siler City realizan una contraprotesta (© PAUL CUADROS)

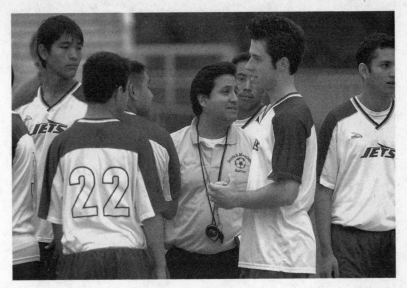

Reuniendo a la familia para el gran partido (© JEFF DAVIS, *CHATHAM NEWS*)

Los Jets se preparan para enfrentar a Lejeune (© JEFF DAVIS, *CHATHAM NEWS*)

Los Jets atacan (© JEFF DAVIS, *CHATHAM NEWS*)

Conversación después del primer tiempo, cuarenta y cinco minutos antes de ganar el campeonato (© JEFF DAVIS, *CHATHAM NEWS*)

Suena el pitazo final y los Jets comienzan a celebrar

(© JEFF DAVIS, *CHATHAM NEWS*)

Los Jets reciben el trofeo
del campeonato estatal

(© JEFF DAVIS, *CHATHAM NEWS*)

Declarado como el
jugador más valioso
del partido
(© JEFF DAVIS,
CHATHAM NEWS)

Cargado por los Jets, el
entrenador levanta el
trofeo del campeonato
(© JEFF DAVIS,
CHATHAM NEWS)

Los hinchas felicitan
a sus héroes
(© JEFF DAVIS,
CHATHAM NEWS)

Saludando a los hinchas a un lado de la cancha
(© JEFF DAVIS, *CHATHAM NEWS*)

Fish y Elisa descansan después de la final del campeonato estatal (© PAUL CUADROS)

Edi con su medalla del campeonato estatal durante
la última cascarita (© PAUL CUADROS)

Los Jets con sus medallas en la casa de Indio (© PAUL CUADROS)

14

La tensión durante el entrenamiento fue palpable. Los chicos querían saber qué había sucedido con los tres jugadores ausentes. Los ignoré y seguí dirigiendo la práctica como siempre, concentrándome en los disparos al arco, pues sabía que eso despertaría su interés.

Sin embargo, la tensión aumentó cuando Tereso llegó de repente. Yo estaba llevando los balones y otros equipamientos a mi auto, y vino en un Nissan azul. Bajó de su auto y se acercó con rapidez. Tenía los uniformes apretujados en su mano. No habló mucho ni parecía disgustado; simplemente me los entregó, me agradeció por dejarlo jugar y luego se marchó. Eché los uniformes en mi auto y todo el equipo se acercó. Lo habían visto todo. Le dije a Lenin, "Esto no pinta nada bien".

Fish y Dougie-style venían delante del grupo. Eran algunos de los más veteranos y estaban visiblemente molestos.

"¿Por qué Tereso ya no está en el equipo?", me preguntó Fish sin rodeos.

"Lo expulsé debido a medidas disciplinarias", me limité a

responder. No iba a explicarles mis motivos, pues no era asunto de ellos. Era algo entre Tereso y yo; él lo había aceptado y ellos también debían hacerlo.

"Queremos saber por qué. No es pedir mucho", dijo Fish, manteniéndose firme.

"Creo que sí lo es. No es asunto de ustedes. Es algo entre Tereso y yo".

Dougie-style entró en la conversación. "Entrenador, estamos preocupados por el equipo, y es por eso que estamos aquí. Queremos saber qué hizo, y por qué tenía que ser castigado así", dijo. Doug era inteligente, agudo y le encontraba solución a la mayoría de las cosas. Yo lo apreciaba mucho, pero ahora estaba tratando de ablandarme y de respaldar a Fish.

"Mira; los castigos son personales y privados. No los discutiré con el equipo. Agradezco tu preocupación, pero esto no es algo entre nosotros dos, sino entre Tereso y yo. Eso es todo". Me gustaban los buenos argumentos y no me dejaba alterar por las confrontaciones. Me mantuve sereno como siempre, porque expresar rabia significa que has perdido una discusión.

"No creemos que sea justo, Cuadros", dijo Fish. "¿Por qué Edi no recibió el mismo castigo?"

Ellos creían que yo estaba tomando partido por mis preferidos, y que no había expulsado a Edi del equipo porque lo conocía desde hacía mucho tiempo. "Edi también recibió un castigo, al igual que Lechero. Eso es todo lo que voy a decir".

"Pero, entrenador", dijo Doug. "Sabemos que Tereso y Edi estaban peleando, y queremos saber por qué recibieron castigos diferentes".

Eso me molestó. "Ya basta, Doug", le dije levantando la voz. Casi nunca alzo la voz en señal de disgusto, pero esa vez lo hice y le llamé la atención. "Tereso ha sido una influencia negativa desde que se integró; no toleraré violencia en este equipo y tampoco discutiré los castigos individuales con nadie. Pueden preguntármelo, pero no hablaré de eso".

"Es injusto, Cuadros", dijo Fish, dando un paso adelante y poniéndome una mano en el hombro.

"Ustedes saben que toda la temporada hemos tenido dificultades para trabajar juntos y apoyarnos mutuamente", dije, retrocediendo y retirando la mano de Fish. "Y la persona que ha hecho más para destruir la unidad del equipo es la misma a la que todos ustedes se unen para apoyar. Piensen en eso. Ahora, sé muy bien por qué están preocupados, pues yo también lo estoy. Pero vamos a tener que enfrentar eso".

Fish se dio vuelta y se alejó. Los otros chicos lo siguieron y se fueron a sus autos. Doug permaneció conmigo.

"Doug, ésta es la oportunidad para unirnos".

"No lo sé", respondió. "Es probable que hayas perdido al equipo".

"Ya lo sé".

A veces tienes que estar dispuesto a perderlo todo para poder ganarlo todo. Fue así como me sentí. Los jugadores necesitaban que los sacudieran para cambiar; estábamos convirtiéndonos en algo de lo que no estaríamos orgullosos. Yo no quería que el equipo se convirtiera en un grupo de delincuentes. No íbamos a ser La Liga de JM. Los chicos necesitaban tener mayores aspiraciones. Yo no podía entender por qué se habían unido para proteger al jugador que había sido una fuente constante de frustración para todos nosotros. No fue debido al talento de Tereso. Le pregunté a Lenin por qué lo estaban defendiendo.

"No sé, Paul", me dijo. "Pero finalmente se están uniendo como una familia".

Pensé larga y detenidamente en la "familia" mientras me dirigía a casa tras la práctica nocturna. Quería que los jugadores pensaran en sus compañeros en esos términos, y así lo hicieron.

Habían crecido juntos y compartido muchas experiencias semejantes. Habían soportado juntos la segregación por parte de esta comunidad. Todos habían compartido la vergüenza de decir una palabra o frase incorrecta en inglés y ser objetos de burla. Habían soportado las miradas y los murmullos a sus espaldas. Habían jugado fútbol durante varias horas en calurosos días de verano o en frías tardes de invierno. Se conocían muy bien; muchos de ellos tenían lazos familiares de algún tipo. Pero uno de ellos había sido expulsado del equipo y se habían solidarizado como una familia. No importaba lo que había hecho; era uno de ellos. No importaba que los hubiera maltratado; era un hermano, un carnal. Cuando un chico entablaba un noviazgo con la hermana de alguien, se decían cuñados, como si estuvieran casados y fueran familiares de verdad. Era así como se consideraban mutuamente. Todos estaban mezclados con todos. Llegué a casa y me pregunté si alguno de ellos asistiría al día siguiente a las prácticas o si renunciarían en señal de apoyo a su carnal.

A los chicos les molestó que yo los hubiera castigado justo antes del partido contra Albemarle. La pérdida de tres titulares fuertes significaría que perderíamos fácilmente contra los Bulldogs. Los chicos querían derrotarlos después de tres partidos y un año y medio de rivalidad. No habían sido capaces de marcarles siquiera un gol a los Bulldogs. Me suplicaron que sancionara a los jugadores después de este partido pero no cedí; Edi y Lechero quedarían suspendidos por una semana: ni más ni menos.

Los chicos estuvieron callados durante el viaje en autobús a Albemarle. No hubo música, baile ni alborotos. Fish ni siquiera me miraba, y todos me ignoraban, pero eso no me importó. Yo no estaba allí para ser amigo de ellos, me dije, sino para entrenarlos y ayudarlos a ser jóvenes buenos y decentes. Si hubiera cedido, nunca más me habrían respetado. Incluso Indio estaba callado. Yo estaba repasando la alineación para el partido cuando Bomba, el salvadoreño tranquilo, se sentó a mi lado y me extendió su mano.

"Estoy contigo, Cuadros", dijo sin mirarme. "Me has enseñado todo sobre este deporte. Sólo quería decirte que te aprecio".

Le apreté la mano y le agradecí; debió sentir la tensión en el autobús y mi aislamiento. No hay una sensación más solitaria que estar entre un grupo de personas que están disgustadas contigo. Creí que ninguno de ellos asistiría, pero lo habían hecho. Siempre lo harían; siempre vendrían a jugar los partidos.

Nuestro segundo encuentro de la temporada contra Albemarle, nuestros archirivales, estaba cerca. Fue la clase de partido donde todo se nos dio y a la vez no se nos dio nada. Nuestros disparos salieron desviados o se estrellaron contra los postes del arco. No podíamos anotar un gol. Sin embargo, Albemarle estaba en las mismas; tampoco podían anotar ni penetrar nuestra defensa.

La nueva línea defensiva estaba integrada por Lecherito, el hermano menor de Lechero, en el ala izquierda del mediocampo jugando en la posición de Edi. La mayoría de los hermanos de Lechero jugaban como defensores. Todos y cada uno de ellos parecían haber nacido para esa posición. Cuando sus otros tres hermanos entrenaron para el equipo, noté que dos de ellos venían en días alternos, y descubrí que compartían los mismos guayos. Eso es lo que sucede en una familia de siete hijos, en la que cinco juegan fútbol.

Lecherito era delgado, pero al igual que su hermano mayor, era sólido como un látigo. Era mexicano y había nacido con un defecto en el paladar que no le habían corregido adecuadamente. Tenía una cicatriz notoria que iba desde la nariz hasta el labio superior, y su cara parecía partida. No podía hablar, y sólo emitía gruñidos y palabras incomprensibles en español. En una ocasión, un profesor le pidió que leyera en voz alta, pues no sabía de su impedimento. El chico se puso de pie y lloró. Aunque Lecherito no podía hablar bien, era un estudiante destacado que obtenía buenas notas.

Como líbero estaba Nemo, el chico de cabeza rapada que decía ser un cholo. Era de corta estatura, musculoso y muy veloz. Tenía mucha habilidad para rechazar balones, los cuales despejaba con potentes disparos a la distancia. Sus tiros al arco también eran mortíferos.

A su lado coloqué a Bomba, quien reemplazó a Tereso. Sabía que tenía la capacidad para jugar como defensor y sumarse al mediocampo y al ataque.

Jugaron su mejor partido de la temporada contra Albemarle. Les hicieron la vida difícil, los asustaron con tiros que estuvieron a un paso de convertirse en goles, y nuestros defensores no los dejaron pasar. Además, no pelearon entre sí; era como si toda esa negatividad no hubiera existido nunca. Hubo cooperación, trabajo en equipo, sudor, sacrificio y se animaron mutuamente. Los insultos, recriminaciones, gritos y rabia eran cosa del pasado. El primer tiempo terminó 0–0. Los recibí con una amplia sonrisa cuando se dirigieron a la línea lateral. Me senté con ellos a discutir el primer tiempo y a decirles lo que debían hacer en el segundo. Necesitaban ver lo emocionado que yo estaba para entender que lo que habían hecho era lo que yo estaba esperando de ellos durante toda la temporada.

"Este ha sido el mejor tiempo que ustedes han jugado en esta temporada", les dije, aplaudiéndolos. Ellos lo sabían. Noté que estaban cansados tras el esfuerzo de jugar un partido difícil contra un rival fuerte, pero estaban decididos. Indio estaba lleno de determinación; creía que estaban a un paso de derrotar a Albemarle y quería aprovechar la oportunidad. Todos pensaban lo mismo.

Los Jets atacaron a Albemarle en el segundo tiempo. Llegaban al arco contrario con más precisión que sus rivales y tenían mayor control del balón. Armaban buenas jugadas y exhibían un fútbol inspirado. Sin embargo, el partido estaba muy disputado en el mediocampo y ninguno de los dos equipos tenía un dominio claro. Nuestros carrileros, especialmente Loco, se habían descolgado varias veces y enviado el balón a nuestros delanteros, quienes no llegaban a tiempo o eran neutralizados por la defensa de los Bulldogs. Nos estábamos acercando al gol, y tomando impulso, pero los Bulldogs demostraron que podían ganar partidos gracias a su tamaño y fortaleza. Un delantero de Albemarle se apoderó de un balón afuera de la línea de las dieciocho y soltó un riflazo que se alojó en el ángulo superior derecho de la red. Fish no pudo hacer nada; el disparo fue perfecto. A pesar de la derrota, los chicos salieron de la cancha como si hubieran ganado el partido.

Los recibí con los brazos abiertos. Me abrazaron y batieron palmas conmigo. Los chicos sabían que esa noche habíamos llegado a un punto de quiebre: Finalmente éramos un equipo de verdad. Todos estaríamos unidos sin importar lo que sucediera el resto de la temporada. La atmósfera había cambiado con las suspensiones y las expulsiones, y ellos podían sentirlo. Sabían que habían jugado el mejor partido de la temporada, perdiendo tan sólo por un gol de diferencia. Y lo habían hecho sin tres de nuestros mejores jugadores. Fish levantó su mano grande y blanca cubierta por el guante. Se la apreté, me atrajo hacia él, y le di una palmadita en la espalda.

"Es todo, Fish", fue lo único que le dije.

———

Enrique gruñó al estirar su pierna izquierda. Estaba sudando copiosamente y tenía un desgarre. Dejó caer su pierna y escuchó el sonido fuerte de la pesa metálica golpeando contra el otro disco. El doctor Garrett lo había operado hacía cinco meses y le había reconstruido su ligamento roto. Enrique tenía una cicatriz rosada en la parte inferior de su rodilla, pero su pierna izquierda estaba en buenas condiciones.

El doctor Garrett era conocido por operar a jugadores con este tipo de lesiones y enviarlos rápidamente a la cancha. Dijo que Enrique podría jugar después de cinco meses, dependiendo de lo bien que se hubiera recuperado y rehabilitado. Otros médicos le habían dicho que debía esperar de nueve a doce meses, pero Enrique se esforzó bastante. Las primeras cinco semanas fueron las más duras, pues doblar la rodilla le producía un dolor insoportable. Inicialmente se resistió, pero su terapeuta lo convenció de que lo hiciera. Al cabo de un mes, podía doblar y estirar las piernas sin problemas. Después de tres meses pudo correr, aunque no muy rápido. Pero darse vuelta y girar era un asunto muy diferente. El ligamento que le habían implantado estaba diseñado para mantener la rodilla unida. Podría resistir mucha presión, pero no soportaría el gran esfuerzo que tienen que realizar las rodillas de un futbolista.

Enrique fue muy paciente. Permaneció en cama sollozando, lamentando la pérdida de su carrera en el fútbol y el hecho de no poder jugar en su último año de secundaria. Sabía que podía ser titular, líder del equipo y anhelaba eso. Pero la mayoría de las veces soportaba su pena en privado; se desahogaba ocasionalmente, y sólo con su madre, quien le decía, "Sólo Dios sabe por qué te ha sucedido esto". Hay un refrán que dice que Dios no te da más de lo que puedas manejar. Si eso es cierto, Dios debió pensar que Enrique era uno de sus hijos más valientes debido a todas las cosas que había tenido que soportar en su corta vida.

Cinco meses después, Enrique le preguntó al doctor Garrett si ya podía jugar. El doctor le examinó la rodilla, la tomó en sus manos gruesas y la movió de un lado a otro. Parecía estar fuerte. "¿Qué posibilidad existe de que vuelva a lesionarse la rodilla?", le pregunté, y me explicó que el tendón que le había implantado era más fuerte que un ligamento normal. En otras palabras, la rodilla izquierda de Enrique era más fuerte que la derecha, y que si él sentía que podía jugar y correr, podía hacerlo nuevamente.

Enrique estaba feliz. Durante toda la temporada me había ayudado a reunir a los chicos, a cargar implementos y nos acompañaba a Lenin y a mí durante los partidos. Le di una camisa y una gorra de entrenamiento oficial. Le encantaron pero extrañaba el uniforme y la cancha.

Nuestro siguiente partido como locales fue contra Chatham Central. Los Bears no estaban tan fuertes como el año anterior y era una excelente oportunidad para que Enrique regresara a la cancha. Yo no quería que jugara como defensor, que era su posición habitual, sino como delantero, para ver cómo corría y giraba en la cancha.

Le pregunté cómo se sentía antes del partido, mientras los jugadores calentaban haciendo tiros al arco. Asintió y se acomodó sus lentes deportivos. "Me siento bien, Paul", me dijo, dando un par de pasos para interceptar un balón.

El partido contra Chatham Central salió como lo habíamos planeado. Nos pusimos rápidamente en ventaja cuando Edi avanzó por el carril izquierdo y le hizo un pase cruzado a Perico, quien dejó el balón en la red. Él estaba decepcionado de no haber comenzado como titular. Pero era joven y necesitaba madurar. Terminamos el primer tiempo ganando 5–0.

La ventaja era muy amplia y ya era hora de que Enrique saltara a la cancha. Decidí que jugara como delantero en el segundo tiempo; a él le sorprendió pero yo quería verlo en esa posición. Se persignó al entrar y Dolores, que estaba en la tribuna, apretó las manos al verlo.

Los Jets tocaron el balón, pasándolo de un jugador a otro, y controlaron el partido, sin permitir que los Bears lo tocaran. Pony reemplazó en el arco a Fish, pues quería que él estuviera en el ataque con Enrique. Los dos hicieron una buena pareja; eran dos de los chicos mayores y se llevaban bien.

Güero recibió un pase en la mitad de la cancha, se dio vuelta y superó a un defensor. Le pasó el balón a Enrique, quien estaba en la línea dieciocho. Enrique no dudó, eludió al defensor driblando en círculo, y luego disparó al arco con la pierna derecha. El arquero no esperaba un disparo tan fuerte y el balón tocó la red. Era el primer gol de Enrique. El equipo celebró ruidosamente y sus compañeros lo abrazaron y se abalanzaron sobre él. Enrique se lo tomó con calma y corrió hacia la mitad de la cancha; estaba completamente energizado, y lo vi correr de un lado al otro del mediocampo. Enrique había necesitado mucho valor y fortaleza para regresar a la cancha, pero también algo más para marcar un gol.

A pesar de tantos días grises que había vivido de tan joven, también había tenido momentos de gloria en que los cálidos rayos del sol acariciaban su rostro moreno. Enrique siempre se recuperaría a pesar de lo que le sucediera. Había demostrado que podía soportar la adversidad y transformarla en victoria. Cuando salió de la cancha al terminar el partido, los suplentes gritaron su apodo: "¡Mosca! ¡Mosca! ¡Mosca!". Lo abrazaron y batieron palmas con él. Enrique sonrió detrás de los grandes lentes que yo había utilizado cuando era jugador. Justo en ese momento, dejó de ser Enrique y fue de nuevo La Mosca. Era de nuevo un jugador y se sentía feliz.

15

Los Jets terminaron segundos en la conferencia detrás de Albemarle por segundo año consecutivo. Aunque ese año habíamos perdido dos veces con nuestros archirivales, llegamos a las finales con un nuevo sentido de la unidad y el juego en equipo.

Derrotamos 4–0 a nuestros primeros adversarios. Los chicos estaban emocionados, pero sabían que el primer partido de los play-offs siempre era más fácil que los últimos. Tenían claro que el segundo juego sería más difícil y que jugaríamos como visitantes, pues habíamos terminado segundos.

Era un sábado por la tarde cuando nos reunimos en JM para el viaje de dos horas a Elkin High School, sede de los Buckin' Elks, quienes habían terminado primeros en su conferencia y tenían la ventaja de jugar como locales.

El partido tuvo un ritmo rápido en el que ambos equipos lucharon por la posesión del balón. Pero a mediados del primer tiempo comenzamos a controlar el balón en el mediocampo y a hacerles pases a nuestros delanteros. Indio estaba demostrando su fortaleza como líder y jugador mientras driblaba a los defensas y les pasaba el balón a nuestros dos delanteros.

Anotamos un gol gracias a un penalti cuando Pony fue derribado dentro del área después de superar a dos defensas. Era la única forma en que podían detenernos. Atacamos de nuevo, pero los Elks anotaron un gol en el segundo tiempo. El tiempo transcurría y cada minuto parecía una eternidad. Al final del partido, los chicos se lanzaron el uno encima del otro haciendo una bolita.

Habían jugado tan bien que yo no podía hacerles mayores críticas. "Sólo tengo que decirles una palabra a todos ustedes". Los miré a los ojos y por un momento capté su atención. Habíamos llegado más lejos que la primera temporada, y lo habíamos hecho con jugadores más jóvenes. "Sólo una palabra: ¡ALBEMARLE!". Ellos saltaron, corrieron y gritaron a todo pulmón. Jugaríamos contra los Bulldogs en su cancha por tercera vez en esa temporada. Habíamos llegado a los cuartos de final de las eliminatorias estatales, y éramos uno de los ochos equipos en hacerlo. El momento se acercaba y los chicos estaban ansiosos por jugar contra Albemarle.

La pequeña ciudad de Burlington había surgido como un conjunto de tiendas que atendían al ferrocarril de Carolina del Norte luego del fin de la Guerra Civil. Era un comienzo apropiado para esta población que actualmente se conocía como "La capital de los descuentos del Sur". En 1990, la población latina de Burlington era apenas del 1 por ciento. Diez años después, se había elevado a más del 10 por ciento y seguía creciendo.

Los latinos de muchos condados —entre ellos el de Chatham— conocían muy bien a Burlington, no sólo por las ropas y otras mercancías a precios de descuento, sino también por un club nocturno que comenzó como un restaurante mexicano y que luego se transformó en un club con música mexicana, cerveza barata y mesas de billar. No tardó en obtener fama entre los latinos como un lugar en donde cualquier cosa podía suceder, y muchas veces así era.

Los estudiantes latinos de Jordan-Matthews pronto descubrieron El Club y se enteraron que allí podrían beber cervezas. En México, la edad mínima para beber alcohol era de dieciséis años, y los adolescentes podían embriagarse tanto como quisieran. El Club adoptó esa estrategia y a nadie pareció importarle. El Club estaba haciendo dinero, y la policía no sabía o no quería hacer nada.

Los cholos —Nemo, Güero, Ro-Ro y Chisco— fueron al oscuro club la noche anterior al partido, y nadie les pidió documentos. Se sentaron en una mesa y se empaparon de la atmósfera. El lugar estaba lleno de hombres latinos vestidos con camisas de seda y sombreros de vaquero. El sonido metálico de la bachata sonaba a todo volumen y las parejas bailaban en la pista. Los chicos pidieron unas chelas y celebraron en grande el triunfo contra Elkin. Comenzaron a beber y a mirar a las rucas, las chicas, pero no en exceso y sin buscar pleitos.

Al día siguiente, los chicos abordaron el autobús para el gran partido contra Albemarle; la parte trasera del vehículo estaba inusualmente tranquila. Le resté importancia a eso y discutí con Lenin la estrategia para el partido. Aunque perdimos los dos encuentros contra ellos, el último fue muy disputado, a pesar de que jugamos sin los titulares. Pero esta noche contaríamos con ellos.

El autobús avanzó por la carretera de dos carriles en medio de granjas y pequeñas ciudades del Piedemont. Enrique estaba sentado a un lado del pasillo, escuchando música de Durango y

mirando a través de la ventana. Había nacido en Carolina del
Norte, pero era muy mexicano y se aferraba a todo aquello que
le recordara la granja del pueblo natal de su madre. Le encantaban los bailes tradicionales, su sombrero de vaquero color crema
y sus botas de piel de avestruz, con la correa de cuero y la hebilla
que le hacían juego. Vestía pantalones blancos y camisa negra
cuando iba al Sports Arena, localizado en el sector rural de Siler
City, y sitio de baile de los latinos durante los fines de semana,
donde se escuchaba música norteña, ranchera y de Durango.
Era un sitio animado y frecuentado por bailarines, muchos
hombres, y se realizaban incluso algunas peleas de lucha o de
boxeo.

Dougie-style estaba haciendo una tarea de cálculo detrás de
Enrique. Pensaba estudiar en la universidad y vivir en el extranjero. Su padre era militar; había vivido en África y quería regresar allá. Todos los chicos latinos habían aceptado por completo a
Dougie-style, quien los consideraba como una familia.

Frente a él, dos hermanos de Lechero se ponían sus calcetines azules en silencio. Y detrás de mí, Loco dormía con las piernas estiradas y cubriéndose los ojos con sus brazos morenos.

La cancha de fútbol de Albemarle High School era una de las
mejores de la conferencia. Era larga y ancha, con un césped muy
bien mantenido que se extendía de una punta a otra. La cancha
era impecable y completamente plana. Las tribunas de concreto
eran agradables, y había una cabina para la prensa en la parte
superior. En la pendiente de una colina verde en el extremo
norte de la cancha, más allá de la pista atlética que la rodeaba,
había una huella de perro pintada en blanco y la palabra BULL-
DOGS pintada en letras mayúsculas. Anteriormente la escuela
había tenido más estudiantes, pero la población de la ciudad
había disminuido y la escuela había pasado al nivel 1A.

Los Bulldogs eran campeones prácticamente en todos los deportes y dominaban el fútbol americano de secundaria 1A. Los entrenadores de fútbol americano estaban muy emocionados cuando entré al salón de los casilleros de JM y les dije que jugaríamos contra los Bulldogs. Realmente querían que los derrotáramos. Ese era el nivel de rivalidad que existía con Albemarle. Todos los entrenadores, jugadores y estudiantes de JM querían que los derrotáramos en lo que fuera. Adicionalmente, ellos sabían que eran buenos. El jugador de Albemarle que se acercó para intercambiar banderines antes del partido tenía una camiseta con los seis campeonatos de la conferencia que habían obtenido de manera consecutiva.

Calentamos como de costumbre, practicando nuestro juego de posesión hasta que los chicos brillaban de tanto sudar bajo las fuertes luces, y comenzaron a hacerle tiros a Fish para prepararlo. Los árbitros llamaron a los capitanes y Doug, Fish y Edi lanzaron monedas para ver quién hacía el saque inicial. Los árbitros explicaron las reglas y lo que estaba permitido y prohibido.

Yo no tenía muchas cosas que decirles a los jugadores antes del partido. Ellos sabían lo que había en juego, estaban nerviosos pero resueltos. Creí que era el momento de hacerles segregar toda la adrenalina posible, pues la tensión era alta. "Bueno, chavos. Es el tercer partido", les dije. Ellos sonrieron. "Los otros ya son historia y no existen. Sólo existe esta noche". Hice una pausa para lograr un efecto y dejar que pensaran en mis palabras. "Siempre nos han ganado, pero esta noche ustedes van a cambiar eso. Esta noche ustedes borrarán el pasado". El aumento en la energía de los chicos fue palpable y comenzaron a saltar. "¡Esta noche… esta noche… será nuestra!". Luego se reunieron, se abrazaron y Edi —nuestro capitán— comenzó a decir: "Uno, dos, tres, vamos Jets". Los chicos entraron a la cancha.

Suena el silbato y los Bulldogs comienzan el partido con un pase lento a su armador central. Éste recibe el balón, Pony lo marca a presión y lo obliga a replegarse a la derecha. Le arrebata el balón y avanza con él. Va en zigzag, supera a un defensor, pero dos jugadores le cierran el paso y no puede avanzar. Loco ha corrido por el extremo de la cancha y le grita que le pase el balón, pero Pony no puede escucharlo; los Bulldogs están encima de él. Pony sale volando como si lo hubiera alcanzado un misil y rueda por el suelo. "¿Dónde está la tarjeta, árbitro? ¡Es una falta sucia!", le grito. El árbitro no pita nada, simplemente extiende los brazos como si estuviera cargando a un bebé. Comprendo que el partido va a ser difícil, y miro a Lenin. Albemarle quiere ganar y hará todo lo que esté a su alcance para lograrlo.

Los partidos de secundaria son rápidos y vertiginosos. Las canchas son más pequeñas y estrechas, lo que hace que el juego sea más rápido, duro y fuerte. No hay mucho espacio para disminuir el ritmo y evadir al contrario.

Indio recibe un fuerte balón de rebote en el mediocampo. Él puede definir el partido y penetra en el campo contrario tras eludir a un jugador. Nuestros hinchas gritan: "¡Olé!" Indio amaga a la izquierda pero entra por la derecha. Se escucha otro "¡Olé!" que proviene detrás de mí. Pony, nuestro delantero central, mira a Indio avanzar y abre un espacio detrás de él. Indio lo ve y le pasa el balón. Pony se dirige corriendo al arco contrario y lanza un potente disparo que se cuela por entre la defensa. Mientras tanto, Lobo está a la izquierda, ve que Indio corre y llega a la zona. Indio atrae a los defensas, pero cuando lo atacan y están a punto de robarle el balón o de derribarlo, le pasa suavemente el balón a Lobo, quien viene desde atrás y entra con el esférico al área chica. Los defensores de Albemarle se asustan. Los Jets están adentro; el arquero sale del arco: es la

única oportunidad que tiene de impedir que Lobo anote. Lobo
se tira a la derecha y dispara, pero el tiro sale desviado. Sin embargo, los Jets asustan a los Bulldogs, y veo que los entrenadores
les gritan a sus jugadores.

El partido está empatado 0–0. La tensión aumenta y las
capas de nerviosismo se acumulan unas tras otras con cada segundo que pasa. No habrá muchos goles en este partido; si
acaso uno. Los jugadores intercambian golpes, codazos y pun-
tapiés. Los Bulldogs están jugando brusco y aprovechándose de
su mayor estatura y fortaleza para arrebatarnos el balón. Sin
embargo, los Jets tienen un excelente control del esférico y
hacen jugadas desequilibrantes, aunque al partido le falta decisión. Nadie lo controla ni lo domina. El balón va de un lado a
otro de la cancha, y ambos equipos intentan a toda costa con-
trolarlo y atacar. Yo estoy a un lado de la cancha, esperando
que llegue el momento decisivo. Entonces Edi recibe la pelota
por un costado.

Ha tenido un buen desempeño durante toda la temporada.
Su velocidad es inspiradora, su fortaleza portentosa y cuando
tiene el balón, es como un auto de carreras en quinta velocidad.
Avanza con decisión por el costado, ni sus piernas ni sus ojos
denotan miedo, y enfrenta a la defensa rival. Y justo cuando
intentan quitarle el balón o derribarlo, se lo pasa a Güero. El
zaguero de los Bulldogs lo ataca de inmediato. Aunque Güero
es sigiloso y tiene muchos trucos, no hace una jugada astuta.
No, es una jugada disciplinada, un pase largo a Edi, quien viene
corriendo por la banda lateral.

Sé que Edi se apropiará del juego y le pondrá su sello personal. Se acerca al área y a su destino. Y cuando el defensor va
a atacarlo, lanza un disparo con la pierna izquierda. El balón se
encoge ante la presión del pie y sale por el aire. Inicialmente
parece avanzar con lentitud, como si fuera en cámara lenta y

luego parece hacerlo con una velocidad sorprendente, como si alguien hubiera activado el botón de PLAY. Sin embargo se estrella contra el poste blanco y sale desviado por la línea final. Esa era nuestra posibilidad, pero el balón no entró.

Los Bulldogs reaccionan y atacan con todo a Fish, quien esta vez no se dejará sorprender por un tiro desde fuera del área. Está listo, atento y preparado para mantenerse en la línea o salir y detener balones. Finalmente lo hace, en los estertores del primer tiempo. Los Bulldogs penetran en los tres cuartos de cancha. Un jugador grande y de pelo rizado tiene el balón y elude a Bomba. Lechero lo cierra rápidamente, pero el jugador lanza un potente disparo que debería haber superado, aplastado y hecho caer a los Jets en el olvido, pero Fish está allí: Es un gigante con alas. Se lanza, dobla las piernas, las estira y rechaza la pelota con la palma derecha. Su cuerpo sigue desplazándose por el aire, paralelo al suelo. Es una atrapada espectacular, y sé que el Fish de siempre está de nuevo en la cancha. Es tiro de esquina para los Bulldogs, y Lenin y yo estamos nerviosos. No somos tan altos como ellos, y eso es una desventaja, aunque nuestra defensa es fuerte.

Y entonces veo algo extraño. Un fotógrafo está detrás del arco con su cámara de 35 mm y un flash. Toma una foto cuando el balón llega al arco, cegando fugazmente a Fish. La bola sale desviada y es otro tiro de esquina para ellos. Es una afrenta indignante; la inmensa mayoría de los fotógrafos utilizan un zoom o un teleobjetivo durante los eventos deportivos, y no conozco a nadie que utilice un lente de distancia focal corta, flash ni luces artificiales. Soy periodista y fotógrafo aficionado, y sé que eso no es lo correcto. Ese fotógrafo está interfiriendo con el partido y tratando de poner a mi equipo en desventaja. Me temo que es una trampa. Voy donde el juez de línea, le muestro al fotógrafo y me quejo enérgicamente. Él lo ve tomando fotos con el flash en el segundo tiro de esquina.

Hablo con el árbitro principal cuando termina el primer tiempo y me quejo del hombre que está perturbando el partido. Le digo que otros entrenadores se han quejado por eso y que ningún fotógrafo profesional utilizaría un lente tan corto y un flash durante un partido nocturno, y logro convencerlo. Llama al fotógrafo y le dice que no puede ponerse detrás del arco. El fotógrafo está furioso. "Sé muy bien lo que pretendes hacer", le digo. "Soy periodista, y nadie utiliza flash en los partidos nocturnos".

"Ocúpate de tus asuntos".

"*Es* asunto mío". El árbitro le permite tomar fotos desde la línea lateral, pero no desde el arco. Regreso donde mis jugadores.

"¿Me podrían decir qué está pasando en la cancha?", les pregunto.

"Nos están cometiendo muchas faltas, Cuadros", dijo Lechero.

"¿Qué quieres decir?"

"Uno de ellos me está agarrando", dijo Anthony.

"De acuerdo. Si están jugando así, quiero que los capitanes tomen nota de ello y se lo digan a los árbitros. Eso es lo que deben hacer, pero no les respondan, porque eso es lo que quieren. Tratan de provocarlos para que les saquen una tarjeta amarilla o roja".

Los miré; ellos seguían en pie de batalla. Habían jugado un primer tiempo difícil y habían estado cerca de anotar un gol. Nuestra defensa resistía a pesar del juego duro.

Los chicos estaban preparados. Bomba parecía un poco disminuído y lo sustituí por Enrique, quien ayudaría a consolidar la defensa. Miré a Güero y me pregunté qué le sucedía; se veía aletargado y vacilante, casi como si tuviera miedo de los jugadores del equipo contrario.

La segunda parte comienza con la misma intensidad. Los dos equipos están decididos a anotar el primer gol. Tenemos una oportunidad cuando Anthony recupera un balón en los tres cuartos de cancha, se lo pasa a Edi a la derecha y éste se lo entrega a Güero. Los chicos están tocando y controlando el balón. Güero avanza por el medio mientras Edi sigue corriendo por un costado. El defensor va a entrarle con todo, pero Güero lo esquiva y le envía el balón a Edi, quien está junto a la línea lateral. Sólo falta que los chicos consigan penetrar el arco contrario. Edi avanza, le pasa la bola a Lobo y sigue corriendo. Lobo sabe lo que hará Edi: avanzará lentamente y se mantendrá adentro, para que le pase el balón cuando deje de correr. Edi queda libre de marca; un zaguero lo cierra, pero recuerda el ejercicio en el que debe ir a la línea final y lanzar el balón frente al arco. Es una jugada perfecta, diseñada para acabar con cualquier rival. Edi envía el balón rápido y por debajo en dirección al arco. Güero está ahí. La jugada ha sido realizada a la perfección, pero Güero no llega a tiempo. Llega tarde por un par de segundos y escasamente logra darle, pues un zaguero lo está presionando. El tiro sale desviado. Lo que debía haber sido un simple toque con la parte interior del pie izquierdo al ángulo derecho del arco sale terriblemente desviado. Era una jugada para ganar el partido pero no pudimos terminarla. No entiendo la lentitud de Güero. Y como si fuera poco, después se diluye en la cancha. Estamos jugando con un 4-4-2, pero Güero no está por ninguna parte; se rezaga, y prefiere defender que atacar.

"¡Oye! ¡Guarda ese, vato!", le grita Lechero a Enrique. Lechero se va a la defensa, permanece como el último hombre atrás y observa cómo se desarrolla el partido frente a él. Si llega un balón, Lechero sale y lo despeja. Sin embargo, es víctima del juego despiadado de los Bulldogs. Lo derriban, lo empujan y le hacen zancadillas. Un jugador contrario lo agarra de la camiseta, lo zarandea y lo derriba: es una falta clarísima. Los rivales juegan sucio y Lechero hace todo lo posible para contenerse. Resiste un buen tiempo, pero finalmente pierde el control y comienza a responder de la misma forma, empujando a los rivales, entrando duro e impidiendo que se aprovechen de él.

El partido se hace más disputado con cada minuto que pasa. Ambos equipos saben que cualquier error o golpe de suerte decidirá el resultado. Los Jets han jugado mejor, pero eso no significa nada: Lo único que importa es el marcador. Y entonces sucede algo. Los Bulldogs penetran nuestra línea defensiva, un delantero hace un tiro que Lechero neutraliza y despeja débilmente. El delantero logra darle un zapatazo final al balón que ha rebotado y lo envía por el aire hacia la izquierda. Un alero de su equipo está allí; tiene dificultades para llegar al balón pero se acerca y le rebota en la cabeza. Es un cabezazo débil, pero el balón sale en arco hacia la meta. Fish está fuera de su posición habitual y corre frenéticamente a su derecha para neutralizar el balón, pero es demasiado tarde. Faltan cuatro minutos para el final del partido y el balón entra débilmente al arco. Es un gol discreto y de pura suerte, pero un gol a fin de cuentas.

Los Bulldogs celebran en la cancha. Los Jets no pueden creerlo. Lobo le reclama a los árbitros que el alero estaba fuera de lugar, pero le ordenan que se retire. Lobo no obedece y el árbitro le saca tarjeta amarilla. Lobo se enfurece y se quita la camisa mientras abandona la cancha. El árbitro le saca tarjeta roja y Lobo es expulsado del partido. "¿Qué estás haciendo,

Lobo? ¡Vete al autobús y quédate allí!", le grito. Hemos comenzado a perder. Quiero que mis jugadores terminen el partido, pero sé que ya todo se ha acabado. Sólo están esperando el pitazo final.

El juego se reanuda y los Bulldogs atacan con mayor tranquilidad, pues tenemos a un hombre menos en la cancha. Siguen jugando sucio a pesar de ir ganando 1–0. Lechero recibe un codazo en la espalda, pierde el control y derriba a su adversario, se le acerca, pasa a su lado y le da una patada hacia atrás; no es fuerte, pero sí con mala intención. El árbitro lo ve y le saca tarjeta amarilla. El jugador de los Bulldogs se levanta. Intercambian palabras fuertes y se empujan. Los cholos que están en el banco se exaltan pero yo los detengo. No necesitamos pelear después de perder.

Lechero se acerca y estira los brazos. Está cansado. Una cosa es perder un partido, pero otra es perderlo como una banda de camorristas. Estoy furioso de que hayan perdido la calma. Es como si toda la temporada se hubiera esfumado en los cuatro minutos finales. La rabia, la pérdida del control, la inmadurez y la falta de clase se desatan en los cuatro minutos finales. Mostramos nuestro verdadero carácter cuando chocamos contra una pared.

Sustituyo a Lechero por Nemo y noto que hay un jugador que no se ha rendido: Indio. Gana una bola y corre con ella faltando solo dos minutos. Deja atrás a varios defensores, y antes de llegar a las dieciocho le cometen una falta y lo derriban. El árbitro pita un tiro libre. Sin duda alguna es nuestra última oportunidad de empatar el partido. Nemo lo cobrará; sus disparos son fulminantes. Acomoda el balón y lo patea. El tiro es lo suficientemente fuerte y rastrero como para vencer al arquero, pero sale desviado. Es el final del partido y de la temporada; los chicos están destrozados. Suena el pitazo final y todos caen como si el silbato los hubiera derribado desde atrás. Indio está inconsolable y los demás derraman lágrimas amargas. Indio se sienta en la cancha y yo lo abrazo".

"Quiero que todos ustedes recuerden lo que sienten aquí y ahora", les dije mirando a los jugadores devastados. "Quiero que recuerden cómo se sienten ahora. Y quiero que guarden ese sentimiento para el próximo año. Les prometo que regresaremos".

Comenzaron a sobreponerse y levantaron sus cabezas. "Jugamos fuerte y duro, y fue nuestro mejor partido del año. Pero los minutos finales fueron una desgracia. Nunca más quiero ver a este equipo perder el control. Tenemos que aprender a ganar y a perder con honor. Si no pueden hacer eso, no podemos tener un equipo".

El señor Moody, quien había ido a ver el partido, vio que Indio y otro par de jugadores se estaban secando las lágrimas. Se dio vuelta y me dijo: "Paul, es bueno verlos llorar. Significa que les importa. Quisiera que algunos de nuestros deportistas se lo tomaran así de en serio".

Los chicos amaban el deporte y querían ganar y ser campeones. Pero yo sabía que la derrota de esa noche les serviría de mucho para el próximo año en términos de crecimiento, madurez y determinación. El equipo que nos había derrotado esa noche tenía más experiencia y ya había aprendido esas lecciones.

Lechero y sus hermanos necesitaban que alguien los llevara a casa. Vivían en uno de los parques de tráilers que se habían construido en los dos últimos años. Me alegró llevar a Lechero a su casa para tener la oportunidad de hablar con él sobre su temperamento. "Necesitas cambiar eso, Lechero. Si dejas que el otro tipo te saque la rabia y te haga perder el control, los que ganan son ellos".

Llegamos al parque de tráilers en el que vivían muchas familias latinas, y vi las luces azules de las patrullas de policía.

"¿Qué es esto?", pregunté.

"Lo hacen siempre, Cuadros", dijo Lechero con mucha naturalidad.

La policía local acostumbraba instalar puestos en barrios predominantemente latinos para detener a migrantes sin licencia de conducción. Vi a tres hombres custodiados por la policía al lado de la calle. Bajé la ventanilla del auto cuando me acerqué al puesto de control. Un oficial me pidió la licencia; era mi turno de mantener la calma. Acabábamos de representar a esta ciudad en las eliminatorias estatales, ¿y esa era la forma en que nos recibían? ¿Acaso no estábamos lo suficientemente cansados y golpeados?

El oficial me observó mientras yo le entregaba la licencia. No me dijo nada.

"Creo que ésta es una violación flagrante de mis derechos", le dije mirándolo a los ojos. "Es un cumplimiento selectivo de la ley. ¿Cómo pueden instalar un puesto de control en un sector predominantemente latino?

"Usted tiene derecho a decir eso", comentó el oficial.

"¿Cómo cree que se pueden sentir los chicos? Téngalo por seguro que voy a quejarme con el jefe Phillips por esto". Esa era una de las ventajas de vivir en una ciudad pequeña: Tienes la oportunidad de conocer a todo el mundo.

"Usted tiene ese derecho", dijo y me devolvió la licencia. Conduje al parque de tráilers. Miré a Lechero y a su hermano. "Eso está mal", dije. "¿Quieres sentir rabia por algo, Lechero? Enfurécete con lo que acabas de ver".

Tercera
temporada

16

Enrique se acomodó la toga brillante de color azul marino. No sabía cómo bajar el cierre. Lo ayudé y le halé el cierre hacia abajo, hasta sus rodillas. La toga le quedaba un poco corta. Lenin, que era más bajito que él, se la había prestado. Enrique se rió. Tenía pantalones negros, camisa blanca y corbata negra. Vi que sus brazos y hombros se habían ensanchado. Era un joven fuerte y sólido, y me sentí orgulloso de él. Era el primero de su familia en graduarse, y poco tiempo atrás parecía que nunca sería capaz de lograrlo.

Había tenido un año difícil, siempre había sido un buen estudiante, pero el año pasado había aflojado el ritmo y estuvo a un paso de reprobar inglés. Descubrí por qué no estaba prestando atención.

"No sé qué hacer, Paul", me dijo. "Estaba pensando que a lo mejor podía estudiar otro año más en la escuela".

Era difícil creer que quisiera hacerlo, pero muchos estudiantes latinos tenían diecinueve años y aún seguían en la escuela; no les parecía nada malo permanecer otro año allí. Se les hacía más fácil perder un año y repetirlo, pues era mucho menos intimidante que enfrentarse al mundo real. La escuela les daba la estructura que necesitaban sus vidas itinerantes y echaban raíces allí.

"Enrique, sé que salir de la escuela da algo de miedo", le dije. "Ahora se trata de tu vida y tienes muchas expectativas. Tienes un plan, y quieres ser policía".

Enrique tenía que graduarse de secundaria para darles un ejemplo a sus cuatro hermanos y hermanas menores. No era justo que toda la responsabilidad recayera sobre él, pero así eran las cosas.

Pasamos varios días revisando sus tareas y trabajos escritos. Era como si él hubiera corrido una larga maratón y escasamente pudiera poner un pie delante del otro. Lo había logrado justo a ras, y había obtenido los créditos suficientes para aprobar su año escolar.

Su numerosa familia gritó y lo aclamó en el auditorio de JM cuando recibió su diploma, haciendo que otros miembros de la graduación los miraran. Enrique se acomodó la borla encima de su birrete. No tenía $50 para comprar uno, y yo se los di, pues no podía graduarse sin él.

Afuera del auditorio, los graduados se apretujaron en el largo corredor y sus familiares les tomaron fotos. Ese año no se graduaron muchos integrantes de nuestro equipo. Además de Enrique, se graduó Doug, quien ya había sido aceptado en la Universidad de Carolina del Norte-Chapel Hill, y Lobo, quien poco después encontraría un empleo en el area de construcción. Sólo un jugador había dejado la escuela; fue Tereso, y lo último que supe de él fue que había regresado a México.

La multitud avanzó por el corredor y salió a la fresca noche primaveral, pero yo permanecí rezagado. El auditorio y el gimnasio estaban localizados en el pasillo principal, donde todos los trofeos de la escuela se exhibían en estantes de madera. Al otro lado estaban las fotos de los campeones de la escuela. Eran gigantescas, medían ocho pies por cuatro y tenían marcos de madera. Había un equipo de golf, dos equipos de básquetbol, un equipo de *cross-country* y dos equipos de tenis femenino. No había un solo rostro latino.

Me pregunté cuál sería el destino de nuestro equipo al año siguiente. A los nuevos chicos que jugaron este año no les fue muy bien. Todos los cholos salieron del plantel. Cada semana parecían meterse en problemas. Sus notas eran muy bajas o no iban a la escuela. Se afeitaron las cabezas como si fueran prisioneros.

Pony era uno de los mejores jugadores de la escuela. Estaba a un paso de trascender y hacer algo con su carrera deportiva. Era inteligente, pero había faltado muchos días a clases. Ro-Ro también iba a perder el año. Era sumamente inmaduro y tenía muchos problemas en las aulas de clase. Por otra parte, Nemo, Chisco y Servando tampoco serían elegibles.

Pero hubo un caso que me partió el corazón, y fue el de Loco. Se retiró un mes antes del fin de la temporada escolar. No iba perdiendo una sola asignatura ni tenía problemas disciplinarios, pero comenzó a tener problemas en su casa desde abril.

Vivía con su hermano mayor y su hermana en un tráiler destartalado afuera de Siler City. Su madre vivía cerca de Atlanta y ocasionalmente iba a Carolina del Norte a visitarlos, pero los hermanos de Loco eran sus guardianes legales. Nunca conoció a su padre. La madre de Loco se vio envuelta en un problema serio durante la primavera tras involucrarse con un vendedor de drogas en el parque de tráilers donde vivía. La policía lo detuvo y lo envió a prisión. Sin embargo, nadie sabía dónde había escondido las drogas, y sus compinches querían descubrirlo. La madre de Loco tuvo que enfrentarse a los interrogatorios policiales y al acoso de los vendedores de droga, pero no tenía ninguna información para darles.

Loco amaba a su madre; era la única familia que tenía aparte de su hermano y su hermana. Comenzó a viajar a Georgia los fines de semana, y regresaba a Siler City los domingos por la noche. Ella necesitaba su ayuda y protección, y él decidió abandonar sus estudios para irse a vivir con ella. La acompañó durante las semanas siguientes y no se matriculó en la escuela. No tenía amigos allá y se sentía solo y temeroso. Una noche se despertó sobresaltado al escuchar golpes en la puerta y amenazas lanzadas por los traficantes que tenían negocios con el novio de su madre. Loco temió por su vida. Un fin de semana regresó a Siler City y me llamó.

"Loco, necesitas tomar una decisión", le dije. "Necesitas decidir en dónde quieres estar. Sé que quieres ayudar a tu madre y eso es algo bueno, pero realmente no puedes ayudarla con los problemas que tiene. Son sus problemas, no los tuyos. Apenas tienes dieciséis años, ¿qué puedes hacer? No es una situación segura para ti. Correrás peligro mientras estés allá".

"Paul, no sé qué hacer. Ella es mi madre", dijo. Se sentía deprimido y yo percibía que prefería estar en Siler City. A fin de cuentas era su hogar, pero necesitaba que alguien se lo dijera y yo no quería hacerlo: Quería que lo comprendiera por sus propios medios.

"Mira, Loco, no puedo decirte qué debes hacer". Era un chico bien parecido, generalmente feliz y animado. Pero en aquella ocasión se sentó frente a mí y parecía cansado y confundido. "Sin embargo, te contaré una historia. Dos hermanos estaban pescando; uno de ellos cayó a un lago, pero no sabía nadar. Su hermano menor lo miró y se asustó. No quería perder a su hermano pero tampoco sabía nadar. Sin embargo, su hermano se estaba ahogando. ¿Qué podría hacer?"

Loco pareció reaccionar; le había interesado la historia. "¿Saltar al agua y rescatarlo?"

"Sí, él salta, pero su hermano se aferra a él y lo hunde en el agua. El hermano mayor trata de saltar apoyándose en el menor, quien forcejea para salvar su propia vida. Finalmente, ambos hermanos quedan tan exhaustos que terminan ahogados. Ya ves que a veces no puedes ayudar a las personas que amas sin que te arrastren al fondo. Ahora, esto es algo que depende de ti; no puedes ayudar a tu madre a salir de sus problemas, pero tienes que decidir qué quieres hacer".

Loco pensó un momento; sabía que no podía hacer otra cosa que meterse en problemas.

"Quiero quedarme aquí", dijo finalmente. Yo sentí alivio. Él había tomado la mejor decisión de su vida, y fue una elección madura.

Hablé con Moody sobre Loco. Entendió su situación y fue compasivo. Un profesor amable de la escuela también habló a favor de él. Moody le dio una oportunidad y le permitió realizar los trabajos que debía en dos de sus asignaturas. No las había perdido; simplemente había obtenido calificaciones incompletas. Sin embargo, le faltaba una asignatura. Loco era inelegible para jugar.

En casi todos los lugares del Sur, el verano es una época para relajarse y escapar a las tensiones de la vida. Sin embargo, Siler City no se había ido de vacaciones. Era una ciudad que bullía de actividad. Había cambiado mucho desde la manifestación de David Duke. Era sorprendente, pero parecía que el resentimiento y la predisposición habían disminuido de manera dramática. La manifestación había tenido un efecto catártico en la ciudad. Si lidiar con la migración era como atravesar las cinco etapas del dolor, Siler City parecía estar en la fase final de la aceptación. Ya no era un secreto por qué los residentes estaban aceptando más a los latinos: era algo que podía verse en los nuevos negocios y en el dinero que estaba recibiendo la ciudad. A lo largo de la Carretera 64 se habían inaugurado un nuevo Food Lion, un banco, una farmacia, una tienda de repuestos para autos, un Sonic, un Bojangles Chicken, dos restaurantes de asados, dos nuevos hoteles, un nuevo Subway's, un Wendy's y lo que todos señalaban como una verdadera prueba de progreso: una supertienda Wal-Mart.

Además, el pueblo estaba experimentando un *boom* de viviendas. Se habían construido varios parques de tráilers, apartamentos, casas y barrios nuevos, y los antiguos residentes descubrieron que el valor de sus casas había aumentado. La "ciudad en el campo", como era conocida Siler City en la estación local de radio, finalmente se estaba transformando en eso.

Los inmigrantes le habían inyectado nueva sangre a la ciudad y lograron acelerar su pulso. Su población se había casi duplicado en sólo quince años, pasando de 4,808 habitantes en 1990 a 8,078 en 2004, según el Departamento de Censos de Estados Unidos. Su población se estaba haciendo predominantemente hispana con mucha rapidez. En el año 2000, el 39.9 por ciento era hispana, el 39.8 por ciento era blanca y no hispana, y el 19.7 por ciento era afroamericana. Era como si el mundo se hubiera colado en Siler City y la hubiera transformado.

Pero el mayor impacto que tuvo la migración de latinos a Siler City fue en la edad promedio de sus ciudadanos. Lo que antiguamente era una ciudad moribunda y en proceso de envejecimiento, ahora florecía con niños, jóvenes y vitalidad. Siler City había sido revitalizada por el influjo de los latinos. En 1990, la edad promedio de la ciudad era de 36.8 años, según el Departamento de Censos de Estados Unidos. En el año 2000, ese promedio descendió a 31.4 años, es decir, 5.4 años. Los demógrafos consideran que esta es una disminución dramática en el lapso de apenas diez años.

Si se comparan los diferentes grupos raciales y étnicos, surge un panorama más claro del futuro de Siler City. La edad promedio de sus habitantes afroamericanos era de 34.6 años en el año 2000, y la de los blancos no hispanos era de 45.9 años. Pero la edad promedio de los hispanos era tan sólo de 24.7 años. Hay más hispanos en edad de fertilidad que cualquier otro grupo. Esta realidad demográfica presagia que el futuro de esta ciudad y de muchas otras de Carolina del Norte que han recibido un influjo similar descansa en la población latina. Las ciudades que una vez estaban envejeciendo, desapareciendo, viendo a sus habitantes jóvenes mudarse a ciudades más grandes, y donde los negocios y los gastos disminuían, actualmente están renaciendo, revitalizándose y teniendo una nueva oportunidad de vida gracias a la migración de los latinos y de sus hijos.

Estados Unidos también está envejeciendo a medida que la generación del *baby-boom* comienza a aproximarse a sus años de jubilación. El influjo de los latinos, bien sean autorizados o no, significa que al igual que Siler City, todo el país también puede revitalizarse y dinamizarse con esta migración. Está por verse si el país puede aceptar esta realidad demográfica y trabaja para ayudar a estos inmigrantes a adaptarse, o si serán dejados al margen de la sociedad para nunca lograr todo su potencial.

Además de contribuir a la disminución de la edad promedio, el poder adquisitivo y el impacto económico de los latinos en el condado de Chatham asciende a cientos de millones de dólares. Ni este condado ni Siler City podrían funcionar sin los gastos e ingresos que producen los latinos. El poder adquisitivo de los hispanos en el condado se calculó en $110 millones en el año 2004, según investigadores del Instituto Kenan para la Empresa

Privada, de la Universidad de Carolina del Norte, en su informe de 2006 sobre los latinos del estado. El impacto económico de los latinos se calculó en $98 millones.

La migración de los latinos tuvo un impacto similar en Carolina del Norte. Los latinos contribuyeron aproximadamente con $9 mil millones a la economía del estado por concepto de compras e impuestos, según los investigadores del Instituto Kenan. Según el mencionado instituto, los gastos de los latinos condujeron a la creación de 89,600 empleos. Al mismo tiempo, los latinos le costaron dinero al estado en áreas como la salud y la educación. El estado destinó $817 millones para los latinos en 2004, mientras que sólo $756 millones fueron generados en las rentas públicas correspondientes. Si continúan las recientes tendencias migratorias, el impacto económico del gasto de los latinos en Carolina del Norte podría ascender a $18,000 millones en 2009, según el estudio del Instituto.

Jordan-Matthews también sufrió transformaciones; era muy diferente a la de tres o cuatro años atrás. Moody realizó cambios significativos para bien. Había un nuevo ritmo, dirigido por un conductor más disciplinado, y los estudiantes parecieron responder a él. Los profesores también parecieron responder a la nueva JM: eran más optimistas sobre el futuro. Había una calidez auténtica en la escuela para todos los estudiantes. Escuché a Moody decir: "Amo a nuestros chicos; son buenos", y yo le creí. Era como si pusieras tu mano en una pared de la escuela y la sintieras llena de vida.

Mi relación con los entrenadores de fútbol americano también cambió. Se convirtieron en verdaderos amigos y los problemas de la primera temporada parecieron desvanecerse por completo. Realmente aceptaron a estos chicos y se involucraron en su educación. No hay nada como el triunfo para cambiar la actitud de las personas.

Los chicos también cambiaron. Fish se mudó a Greensboro y encontró un empleo en la industria de la construcción. Compartía un apartamento con amigos y trabajaba la mayor parte del día levantando paredes o fabricando estructuras para casas o edificios.

Un día de junio recibió una angustiosa llamada de Elisa, quien necesitaba irse de su casa, pues tenía problemas con su madre. Era una chica agradable y tranquila, y estaba profundamente enamorada de Fish. Se habían conocido en una fiesta quinceañera. Sintieron una atracción inmediata y comenzaron a salir. Llevaban más de dos años juntos y tenían una relación muy seria.

Fish no lo pensó dos veces cuando Elisa lo llamó y le dijo que quería marcharse de la casa de su madre. Fue a buscarla de inmediato, y cuando llegó estaba saliendo por la puerta con sus pertenencias. Ya había decidido que abandonaría la casa de su madre y se iría a vivir con Fish. Muchas latinas sienten la presión que implica vivir en dos culturas y quieren adaptarse a la americana. Quieren tener libertad y no tener que estar todo el día en casa después de la escuela, cocinar para sus familias y cuidar a sus hermanos pequeños. Muchas sueñan con encontrar empleos, ganar dinero, salir con chicos y decidir su propio futuro y destino.

Pero con mucha frecuencia, sus padres aún viven en el pasado y quieren que permanezcan en casa y no tengan novios. Algunas veces, esta presión es demasiado fuerte para ellas; conocen a un hombre mayor y abandonan su hogar. En algunas ocasiones se dejan "raptar" por una semana o dos y regresan "casadas". Entonces descubren consternadas que sus nuevos esposos las obligan a retirarse de la escuela, a permanecer en casa y a esperarlos allí hasta que regresen de sus trabajos.

El robo de chicas era algo que sucedía con mucha frecuencia

en Carolina del Norte. Hombres que frisaban los treinta años merodeaban por las escuelas con la intención de conocer latinas jóvenes, aventureras o desesperadas por escapar una mala situación en casa, y muchas veces terminaban siendo víctimas de ellos. Ellas les veían muchos atractivos. Tenían autos y el dinero que ganaban en sus empleos, y les creían que estaban enamorados de ellas. A veces iban a la escuela con ropa nueva o los regalos que les habían dado ellos, y finalmente desaparecían una semana o un mes. Sus padres, angustiados y molestos, sabían que se habían "robado" a sus hijas, una práctica que no era completamente desconocida en las zonas rurales de México. Todos sabían lo que sucedía; las chicas regresaban "casadas" o juntadas con el hombre, y las familias llegaban a algún tipo de acuerdo. Sin embargo nunca les permitían a sus hijas regresar a casa. Ya estaban casadas y tenían que vivir con sus esposos, lo que generalmente suponía que tenían que irse a vivir a la casa de sus suegros. Las chicas descubrían con rapidez que simplemente habían cambiado a sus padres por sus suegros.

Fish no podía irse a vivir con Elisa al apartamento que compartía con sus amigos, así que la llevó a casa de sus padres (los de él) y les explicó sus intenciones con Elisa. Ellos la aceptaron en la familia. Ahora consideraban a Fish su esposo, y por tanto, esperaban que él la mantuviera.

Muchas parejas latinas no están casadas formalmente; simplemente están juntadas, tal como lo harían los campesinos mexicanos. Las parejas que no pueden pagar los costos de una boda simplemente se unen en matrimonios por ley común. Sin embargo, estas parejas asumen su compromiso con la misma seriedad que si se hubieran casado por la iglesia.

Las parejas de inmigrantes latinos de Carolina del Norte tenían dificultades para casarse formalmente, pues era necesario que suministraran su número de seguridad social en la licencia de matrimonio. Las parejas indocumentadas no tenían tarjeta de Seguro Social, y por lo tanto no podían casarse legalmente. El estado, en su intención de promover el matrimonio como institución, decidió que las parejas indocumentadas podían firmar una licencia de matrimonio aunque no tuvieran un número de Seguro Social, pero que debían revelar en otra hoja la razón por la cual no tenían dicho número, algo que fue cualquier cosa menos una solución práctica. El padre Dan, mi amigo de la Iglesia de Santa Julia, me había dicho que algunas veces llevaba parejas a ciertos condados de Carolina del Norte o del Sur con leyes más flexibles, donde les expedían una licencia de matrimonio.

Fish llegaba tarde a clases con frecuencia porque primero tenía que dejar a Elisa en su clase. Los estudiantes americanos no podían entender por qué los latinos acompañaban a sus novias a la escuela, ni por qué se aferraban tanto a ellas. A su vez, los latinos no podían entender por qué los americanos tenían problemas para entender esta señal de afecto. Las chicas americanas creían que los latinos abrumaban a sus novias y las mantenían a raya, mientras que a las latinas les encantaba esa atención y ese afecto. Las reglas eran completamente diferentes para ambos grupos. Los chicos latinos querían mostrarle a todo el mundo que eran sus chicas, que estaban juntos y enamorados. Para las latinas, eso significaba que ellos realmente las querían. Pero los americanos no podían entender por qué las latinas renunciaban tan fácilmente a su independencia.

Estaba leyendo en casa cuando recibí una llamada de Indio. Su voz denotaba urgencia y preocupación. Generalmente era jovial y amable cuando me llamaba, y me gustaba que lo hiciera. Su actitud hacia la vida siempre me levantaba el ánimo.

"Oye, Paul; tengo que hablar contigo", me dijo. "No manches, tengo que irme a México".

Esto me llamó la atención. "¿Por qué? ¿Sucede algo?"

"Mi abuela está sumamente grave. No creo que vaya a sobrevivir y quiero verla", dijo esforzándose para que le salieran las palabras. Estaba conmocionado.

Yo sabía que él estaba sufriendo bastante. Era muy unido a su abuela, a quien había visto en numerosas ocasiones cuando vivía con la familia en Carolina del Norte. Era una mujer menuda y pequeña de más de sesenta años de edad, y su cabello era tan ensortijado como una esponja de brillo. Era diabética desde hacía varios años y había sido incapaz de modificar su dieta. Regresó a México para vivir con una hija y su condición empeoró. Sufría de fuertes dolores de cabeza y estaba perdiendo la visión.

"No puedes hacerlo, Indio", le dije honestamente. "Puedes perder muchas cosas, como tu educación. Es probable que no llegues a tiempo para terminar tus estudios". Yo me preocupaba por él porque muchas veces las familias latinas dejaban que sus hijos adolescentes decidieran el curso de sus vidas. Así eran las cosas en el rancho, en el campo. Indio pronto cumpliría diecisiete años, es decir, sería un hombre según los parámetros culturales mexicanos. Yo esperaba que sus padres tuvieran la sensatez suficiente para no dejarlo viajar.

Dos días después recibí una llamada de Don Indio, su padre, pues quería venir a hablar conmigo sobre esta situación. Don Indio y yo nos habíamos hecho amigos. Yo había sido el entrenador de su hijo durante más de cinco años y conocía bien a la familia. Era alto para ser mexicano, esbelto y fuerte, y su hijo se parecía mucho a él. Era un hombre inteligente aunque sólo había estudiado hasta sexto grado, e inspiraba respeto. Había pasado cinco años en la pollera, la planta avícola.

"Cuadros, quería decirte que me voy a México", dijo Don Indio. Lo invité a mi oficina y me explicó que su hijo no debía irse. Era su madre quien estaba enferma y él debía cuidarla. A diferencia del caso de Fish, que necesitaba compañía porque su madre se había ido, Don Indio podía encargarse de su situación.

"Quiero que me ayudes. Sé que eres escritor y quisiera que escribieras una carta para mis hijos antes de irme. Tú sabes muy bien lo que podría sucederme, y quiero que ellos lo entiendan", dijo y guardó silencio, tratando de contener las lágrimas.

"Por supuesto", le dije, poniéndole la mano en el hombro. "Escribiré cualquier carta que me pidas". Don Indio quería que yo escribiera la carta en un estilo muy profesional. Me senté frente a la computadora y le pedí que me dictara lo que quería decirles. Él la firmó cuando la terminamos, la introduje en un sobre y lo cerré. Luego me miró con sus ojos oscuros y penetrantes.

"Cuadros, no les entregues esta carta a menos que yo no pueda regresar", dijo con solemnidad. "Sólo en ese caso se la darás".

Yo entendí; eran las últimas palabras para sus hijos antes de embarcarse en un viaje peligroso, en el que no había garantía de regreso. Bebimos una cerveza, hablamos sobre su viaje y bromeamos que todo saldría bien. Le dije que no se preocupara, que pronto regresaría. Él se marchó y yo guardé la carta en un libro de mi biblioteca, en donde permanece hasta el día de hoy.

17

La angosta avenida atravesaba el centro de Siler City y subía por una colina hasta el viejo cementerio, en los antiguos límites occidentales de la ciudad. Muchos años atrás, esta zona había sido el hogar de las familias y de obreros que trabajaban cosiendo y cortando telas en las fábricas textiles. La industria sureña había vivido momentos difíciles y ahora se encontraba en estado agonizante: era otra víctima de la globalización, que quita pero también da. Cuando la migración latina despegó realmente a mediados de los años noventa, un hombre emprendedor conocido como "Pelucas", debido al bisoñé que llevaba, decidió ofrecerle vivienda al creciente número de trabajadores provenientes de América Latina que trabajaban en las plantas avícolas. Era propietario de algunas casas destartaladas a lo largo de la avenida, y se las alquiló a mexicanos, guatemaltecos y salvadoreños. Las casas estaban en muy mal estado, las ventanas estaban rotas, no había calefacción ni aire acondicionado y estaban infestadas de cucarachas. Eran poco más que guaridas en donde los trabajadores podían dormir luego de sus turnos en la planta avícola.

Con el transcurso de los años, la "Avenida Pelucas" —como llegó a ser conocida— se convirtió en un enclave de los trabajadores latinos y sus familias; y si tuviera un corazón, estaría localizado en el patio trasero de la casa de Indio. Allí, detrás de su pequeña casa blanca, estaba la cancha.

Ese fue el lugar donde nació el fútbol para todos los latinos de Siler City. Los chicos llegaban de todos los sectores de la ciudad para jugar detrás de la casa de Indio. Pero la pequeña cancha no sólo atraía a los chicos del sector, sino también a los trabajadores de las plantas, quienes iban a jugar una cascarita y a beber unas chelas después del trabajo y también los domingos. A fin de mejorar las condiciones de la cancha, Don Indio instaló dos porterías, incrustando varios postes de madera en la tierra rojiza de Carolina. Los arcos de madera no duraron mucho, y él logró que un amigo que trabajaba como plomero soldara tubos metálicos sólidos y los regalara.

La cancha medía 30 x 20 yardas, era dispareja, estaba en la loma que subía al cementerio, y tenía varios obstáculos. En el costado norte había una cabaña vieja, y en el costado opuesto había una pequeña cerca de alambre y algunos árboles. Los obstáculos no tenían mucha importancia, pues no había límites demarcados. Si un jugador tenía el balón, simplemente daba una vuelta alrededor de la cabaña, y desaparecía brevemente antes de reaparecer por el otro lado. Algunas veces durante un partido, un jugador que tenía el balón desaparecía un momento detrás de la cabaña y pronto aparecía otro corriendo en dirección opuesta luego de haberle quitado el balón.

Conocí a Indio en la cabaña que él y su padre habían convertido en un cuarto. Su hermano Perico, su tío y él dormían allí para escapar al hacinamiento de la casa principal. A Indio le encantaba. Podía salir hasta altas horas de la noche y regresar a la cabaña, que básicamente era como un apartamento propio.

"Está bien; háblame de Juan Salvaje", le dije. Habíamos estado estudiando y preparándonos para el año siguiente, especialmente para su clase de inglés, en la que tendría que sacar buenas calificaciones si quería estudiar en la universidad. Su tarea de verano era leer *Un mundo feliz,* de Aldous Huxley.

"Juan Salvaje se suicidó porque no pudo adaptarse", me dijo.

"De acuerdo, pero quiero que lo relaciones con la discusión que tuvimos sobre Darwin y la evolución. ¿Qué hablamos con respecto a la supervivencia del más fuerte?"

"Darwin dijo que los animales necesitaban adaptarse para sobrevivir". Hizo una pausa; estaba pensando a dónde quería llegar yo. "Juan Salvaje no se adaptó a su ambiente".

"Correcto", le dije. Indio estaba muy cerca de llegar al punto esencial. "Ahora, ¿no se adaptó, o más bien eligió no adaptarse? ¿Qué crees?"

"Él decidió no adaptarse cuando se suicidó". Indio había entendido.

"Muy bien. Tienes que adaptarte para sobrevivir en tu ambiente, pero primero tienes que tomar la decisión de hacerlo. Déjame preguntarte algo: "¿Tú eres Juan Salvaje? Vienes de otro país, pero ¿te has adaptado a Estados Unidos?"

"Sí; me he adaptado en cierto sentido. Soy mexicano pero estoy aprendiendo inglés. Estudio y juego fútbol aquí. Mi vida está acá".

Yo quería cuestionarlo un poco más y hacerlo pensar. El cerebro de Indio funcionaba mejor en niveles concretos; los temas y las ideas abstractas no eran fáciles para él. Y si quería aprobar la asignatura de inglés, necesitaba responder a la literatura de una manera diferente, menos rígida y literal. "Está bien, déjame hacerte otra pregunta. ¿Podrías jugar fútbol para Estados Unidos?"

Esta pregunta le agradó. "Sí, podría jugar para Estados Unidos. Sería una oportunidad para demostrarle a la sociedad que los hispanos podemos lograr resultados y hacer cosas buenas".

Profundicé más. "¿Podrías jugar para Estados Unidos contra México?"

Echó su cabeza atrás y sonrió. Pensó un momento y sonrió de nuevo. Aún no podía responder esa pregunta; era muy semejante a sus sueños. Finalmente dejó de sonreír y asintió. "Sí, podría hacerlo", dijo. "Podría jugar contra México, aunque tal vez sería mejor permanecer en el banco".

Cinco años antes de ese día, Indio estaba viviendo en Ciudad de México con su madre, su hermano y su hermana. Su padre había emigrado a Estados Unidos más de tres años atrás, y el chico de once años lo extrañaba terriblemente. Era un estudiante destacado, pero según los parámetros mexicanos, estaba llegando al final de su educación. Si quería seguir estudiando, la familia tendría que pagar por ello, pero era muy improbable que pudieran comprar los uniformes, los libros y otros implementos.

Indio extrañaba a su padre. El vacío y la desolación de su casa y de su corazón se hacían más grandes con cada día que pasaba. Era algo que lo había abrumado y consumido en cada momento de su corta vida. Era un chico muy concentrado, que podía trazarse una meta e insistir hasta el final. Le suplicó a su madre que lo dejara ir a Estados Unidos para reunirse con su padre y ella habló con su esposo, quien hizo los arreglos para que Indio llegara hasta Carolina del Norte.

Era un martes cuando abordó un autobús hacia la frontera con Texas. Se encontraría con un primo de su padre, quien lo acompañaría. Habían contratado a un coyote confiable y Don Indio había pagado una alta suma de dinero para que su hijo cruzara la frontera sin problemas. Pero el primo no llegó, y el pequeño Indio estaba solo cuando se unió al grupo y comenzó a caminar por el desierto. Su familia estaba desesperada por saber qué le había sucedido, pero no podía hacer nada ahora que el niño estaba en el desierto. Su padre en Carolina del Norte y su madre en México suspiraban, esperando el momento de tener noticias de su primogénito.

El grupo estaba conformado en su mayoría por hombres; llevaban tortillas y latas de sardinas y frijoles en sus bolsas. Indio cruzó un río a caballo, y cuando tocó la otra orilla, creyó que ya había llegado a Estados Unidos y que el viaje había terminado. Sin embargo, estaba equivocado; al tercer día se quedaron sin alimentos y sin agua. Estuvieron cerca de ser pisoteados por una estampida de ganado y se salvaron de la muerte ocultándose detrás de unos árboles. En otra ocasión, estaban tan sedientos que vieron excrementos de ganado y se los llevaron a la boca para beber el líquido que contenían. "No me importó; tenía mucha sed", me dijo Indio. "Hubiera bebido cualquier cosa". Le tomó aversión a los frijoles y juró que nunca más volvería a comerlos. Miraba las estrellas y pensaba en su padre. "Sólo pensaba en él. No me importaba morir; lo único que quería era ver a mi padre". La temperatura descendió mucho y los miembros del grupo abrigaron al chico con sus cuerpos para darle calor. Llegó a una casa segura, comió varios platos de frijoles y muchas tortillas calientes, y luego se quedó dormido. Durmió tanto y tan profundamente que casi pierde la furgoneta que lo llevaría a Carolina del Norte.

Eran las primeras horas de la mañana cuando la furgoneta se detuvo finalmente en Siler City e Indio bajó de ella. Había viajado 2,000 millas para ver a su padre. Pero era como si realmente nunca lo hubiera visto, salvo en un sueño que tenía dificultades para recordar. Vio a un hombre menor de treinta años, con cabello oscuro y un bigote ralo, parado frente a un auto rojo. Entre sus rodillas estaba la licencia del auto, de esas que hacen por encargo en los centros comerciales, con la palabra MARÍA; era el nombre de su pequeña hermana. Indio miró al hombre y vio también a su hermano Perico. Lo había extrañado mucho, y allí estaba él, hecho un hombre. Perico y su padre eran idénticos, separados tan sólo por dieciocho años de diferencia. Indio y su padre se abrazaron y sollozaron. Don Indio se había preocupado mucho. Imagine que usted envía a su hijo a cruzar el desierto con desconocidos, sin teléfono ni forma alguna de tener contacto con él, sabiendo que ni los niños pueden escapar al calor, al sol, a los bandidos, a la patrulla fronteriza ni a la muerte. Don Indio había imaginado todos estos y otros horrores durante los cinco días pasados. Pero allí estaba su hijo. "Me sentí feliz cuando vi a mi padre. Nunca olvidaré ese momento", dijo Indio. "Fue el día más feliz de mi vida". Padre e hijo pasaron el año siguiente conociéndose de nuevo.

La gente rechaza a los migrantes que cruzan la frontera sin documentos. Pero a los once años, Indio no sabía que lo que hacía era ilegal. "No estaba bien cruzar la frontera", me dijo una vez cuando hablamos sobre esto en su cuarto. "Pero tampoco lo era estar separado de tu padre y no poder verlo nunca, tanto que un día te duele el corazón. Lo haría de nuevo aunque supiera que es ilegal".

Vi una foto en la que aparece Indio de pie frente al porche de su casa en la Avenida Pelucas, cuando llegó a Carolina del Norte. Don Indio está a su lado con una camisa blanca y mangas azul claro, jeans negros y una correa oscura. Su rostro tiene una expresión de sorpresa entrecortada. Tiene su brazo izquierdo alrededor de Indio, quien aparece con un desparpajo infantil, las manos en los bolsillos, con una camisa negra de mangas largas con una franja roja y blanca que le cruza el pecho y los brazos. Indio está feliz y sonriente, lo cual es extraño, pues en todas las fotos posteriores aparece con una expresión seria, como si estuviera posando para un daguerrotipo. Pero son sus ojos los que llaman la atención. Tienen una expresión feliz pero cansada. Puedes ver el polvo del desierto en ellos, y observar que el liviano manto del cruce de la frontera le ha tocado el rostro. Todos estos chicos llevan esa marca; es un acontecimiento transformador. A algunos les deja cicatrices casi imperceptibles, pero a otros les penetra hasta los huesos.

Indio no tardó en destacarse en la escuela. Tan pronto se familiarizó con las reglas y con lo que esperaban de él, comenzó a aplicarse. Dos años después fue elegido como el Estudiante del Año. La sala de su casa es prácticamente un santuario que alberga sus logros académicos y deportivos. Varias placas, certificados, medallas y trofeos están en la pared o en la estantería de los libros, en clara demostración de sus talentos.

Indio siguió sobresaliendo en la secundaria, donde obtuvo un puntaje promedio de 3.7. Sus asignaturas favoritas eran las matemáticas, el diseño y las ciencias. Era menos aficionado al inglés y a las ciencias sociales, pero así era Indio: un chico verdaderamente pragmático que no se llenaba de ideas sublimes o abstractas y quería ser arquitecto para diseñar casas y edificios. Había trabajado en la construcción de casas como muchos otros latinos, y muy pronto vio quién era el mero-mero, es decir, el jefe. Aspiraba a ser la persona que tuviera los planos en sus manos, pero esa sería una meta muy difícil de lograr.

Al igual que miles de chicos migrantes que habían venido a Carolina del Norte y del Sur en los quince años pasados, Indio no era un residente legal y no podía estudiar en las universidades públicas del estado, a pesar de cumplir con los requisitos académicos. Si los estudiantes como él lograban ser aceptados, tenían que pagar una tarifa mucho más alta, como si se hubieran graduado en escuelas de secundaria de otro estado. Este obstáculo hacía que estudiar en la universidad fuera prácticamente imposible para estos chicos. No importaba con qué frecuencia obtuvieran las notas más altas o cuántos premios de liderazgo recibieran, el estado los veía como personas insignificantes cuando se graduaban de secundaria. Hay muy poca diferencia entre el administrador de una planta de pollos que despide a un trabajador latino porque se corta la mano o el capataz de una construcción que echa a un albañil porque se ha fracturado un pie, y un estado que de un momento a otro considera como forastero a un niño al que anteriormente ha aceptado y educado en su sistema. Cuando un inmigrante latino se hace menos útil o se vuelve una molestia, ya se trate de un niño, un adolescente o un adulto, es desechado y arrojado como si fuera basura.

Tratar a estos chicos como estudiantes de otro estado era un insulto ridículo y descarado. ¿Cómo es posible que un estudiante que ha sido educado durante doce años y se ha graduado de la escuela secundaria en la misma calle de una universidad pública como la de Carolina del Norte-Chapel Hill, sea considerado como un extranjero de un momento a otro? Es algo absurdo, una farsa que podría agregarse a la gran lista de incoherencias que deben soportar los trabajadores latinoamericanos y sus familias en Estados Unidos. Una sociedad que no les permita alcanzar sus sueños a los miembros más brillantes y destacados de su comunidad, lo hace a su propio riesgo. Los chicos brillantes y motivados encontrarán la forma de alcanzar el éxito; eso es indudable, y los estados deben preguntarse si ese éxito es legítimo o ilegítimo. Tener a un grupo de personas inteligentes y educadas obligadas a vivir marginadas de manera permanente no contribuirá en lo más mínimo a la consolidación de una sociedad saludable.

Indio quería estudiar en la universidad, y yo le había prometido ayudarle a cumplir su sueño. Tenía las calificaciones para hacerlo y era un deportista excelente, el mejor de JM. Tenía talento para llegar a jugar con el entrenador adecuado en la escuela adecuada que le pudiera ayudar a solucionar su problema de residencia. No deja de ser curiosa la forma en que las escuelas consiguen visas para sus estudiantes y deportistas extranjeros cuando realmente quieren contar con ellos, y esa era la única posibilidad real que tenía Indio. Si había alguien en el equipo que podía hacerlo, era él. Tenía fuerza, talento e inteligencia, pero creo que lo que más le ayudaba en su vida y en sus logros era su optimismo constante e inquebrantable. Siempre creía que las cosas saldrían bien.

Indio se acercó a la ventana al escuchar la bocina de un auto. "Es Güero", dijo, cerrando la cortina. "Ah, y Bomba está con él".

Nos pusimos de pie y salimos de la cabaña. Habían venido a jugar una cascarita en el patio. En cuestión de minutos, escuchamos la canción "Gasolina" de Daddy Yankee saliendo del viejo Nissan. Güero había instalado unos parlantes enormes en el baúl, y abrió las puertas para que retumbara el *boom boom* del bajo. Poco después llegó Fish, seguido por Loco, Perico, Beto, Pepa y Chuy. Los chicos se dividieron en dos equipos y comenzaron a jugar, corriendo con rapidez y tratando de eludir a los rivales. Saqué los guayos que tenía en el auto y me puse un par de medias. Levanté la mirada y los observé por un momento mientras me amarraba los cordones negros debajo de mis guayos Adidas World Cup que tenía desde la escuela.

Ellos llevaban una vida difícil. Todos eran muy pobres, algunos no tenían a su padre en casa o se habían separado de sus familias en México, pero se tenían unos a otros. Eran un grupo compacto, unido. Jugaban fútbol juntos, apostaban a sus partidos y competían por hamburguesas de McDonald's. Habían bebido juntos sus primeras cervezas y se habían armado de valor para sacar a bailar a una chica respaldándose mutuamente, reparaban sus autos entre todos, peleaban y aprobaban o perdían juntos sus asignaturas. En una ocasión se interesaron en el boxeo. Y como eran jóvenes e ingenuos, decidieron boxear con los chicos negros de la escuela. Se encontraron en un lote detrás de la casa de Indio; estaban ansiosos y excitados. Los chicos negros asistieron; eran más grandes y mucho más experimentados. Pero los chicos latinos no se amilanaron. Se pusieron los guantes y comenzaron a intercambiar golpes. Habían realizado cuatro peleas y perdido tres antes de declarar un empate entre Indio y su rival. No pude creerlo cuando me lo contaron: ¿En qué estaban pensando? Sin embargo, se rieron y lo consideraron como otra aventura. No tengo la más mínima idea de lo que los chicos negros pensarían de ellos.

Envidiaba sus vidas, su juventud, sus desafíos y la forma en que superaban los obstáculos. Sufrían derrotas terribles pero también disfrutaban victorias maravillosas. La experiencia que yo había tenido en la escuela era aislada, anónima y solitaria. Batallaba por mi lugar y me preguntaba quién era. Los chicos que yo entrenaba también pasaron por eso, pero lo hicieron juntos. Eran un grupo alegre, y cuando las cosas se ponían muy difíciles, se reían o decían simplemente, "Así lo quiere Dios", y seguían adelante. Su paso decisivo había sido el desierto, y todos habían vivido para contarlo. Era algo que se reflejaba en cada uno de sus rostros. Todos sabían que habían tenido una dura jornada laboral, que habían sido sometidos a pruebas difíciles, habían sido víctimas de prejuicios terribles y que tenían un futuro incierto. Pero todo eso se desvanecía cuando se calzaban los guayos y saltaban a la cancha. Si había un lugar al que pudieran llamar hogar, un lugar en el que realmente se sintieran en casa, era allí, entre los dos arcos en una cancha polvorienta. Y yo también había encontrado finalmente mi lugar.

"Vamos, Cuadros", me gritó Indio.

Me puse de pie, hice un par de estiramientos y troté alrededor de la cancha. Estaban más preparados que en la primera temporada. Todos estaban en la cúspide de la vitalidad, eran ágiles, veloces y talentosos con el balón. Pero a mí todavía me quedaban un par de jugadas.

18

El sol de julio era calcinante, hacía que la hierba del terreno de béisbol se reflejara como agua verde y humeante. Entrecerré los ojos para evitar el resplandor. Era el comienzo de una nueva temporada y había llevado los implementos habituales al dugout. El entrenador de béisbol estaba allí, sentado como una estatua con los brazos cruzados y los ojos cerrados. Se despertó cuando me escuchó llegar con la bolsa de los balones de fútbol. Me disculpé como siempre por utilizar su terreno para nuestras prácticas, pero ya ambos estábamos familiarizados con la rutina y no tuve que hablar mucho.

Los chicos comenzaron a llegar casi de inmediato. Venían en sus autos con el golpeteo constante del reggaetton saliendo por las ventanas. La antigua música ranchera mexicana, los corridos, la música norteña y los tambores de Durango eran cosa del pasado; en esta nueva generación, el rap duro de Daddy Yankee los había reemplazado con su ritmo caribeño. El campo no tardó en llenarse con chicos morenos que pateaban balones blancos de fútbol al aire, y enviaban disparos al arco. Era una nueva temporada.

Pero el que debía ser nuestro equipo más fuerte y promisorio estaba resultando ser el más débil. Todos los cholos habían fracasado y eran inelegibles. Ya no estaban Pony, Servando, Chisco, Nemo, Ro-Ro ni Santos. El único que se mantuvo fue Güero, quien escasamente logró aprobar sus clases y permanecer en la escuela. Este era el año en que debíamos aspirar en serio al campeonato de la conferencia, derrotar a Albemarle y obtener el título del Valle Yadkin. Sin embargo, todo parecía indicar que terminaríamos en tercer lugar.

Las derrotas que habíamos sufrido me hicieron sentir deprimido con respecto a la temporada que se avecinaba. Parecía como si nunca pudiéramos sincronizarnos y lograr algo realmente grande. Comencé a pensar que por más duro que trabajara con ellos o los motivara a ser mejores individuos, nunca sería suficiente para que superaran sus problemas. Quería que fueran campeones y prepararlos para sus vidas aquí en Estados Unidos. Sabía que esta sociedad los sometería a grandes pruebas de maneras impredecibles. Las humillaciones, la degradación, los golpes que acababan con el orgullo, todo eso les esperaba cuando se graduaran, si es que lo lograban.

Tenían una conciencia vaga de lo que les esperaba después de la escuela secundaria. Pero por ahora vivían en una burbuja, a resguardo de la indignidad de ser latinos en Estados Unidos. Se sentían seguros, podían utilizar sus verdaderos nombres y no tenían que vivir en el oscuro mundo de los indocumentados. Pero dentro de un par de años, todos sus logros se desmoronarían y quedarían con poco más que un "estatus" de inmigrantes ilegales. Tendrían que asumir nuevas identidades y vivir en un estado continuo de temor a ser descubiertos.

Yo quería que fueran triunfadores, campeones, que supieran

que eran los mejores en algo. Esperaba que eso consolidara sus identidades, endureciera sus pieles y, por decirlo de algún modo, que fortaleciera sus huesos. Pero todas mis esperanzas parecieron diluirse el primer día de entrenamiento. Siempre seríamos contendientes, pero nunca campeones.

El único rayo de esperanza apareció cuando supe que Loco había logrado que lo dejaran jugar esta temporada. Parecía que sólo le faltaba terminar con la clase de levantamiento de pesas, en la que había obtenido la máxima nota antes de irse para Atlanta, pero Moody se apiadó de él y le expidió la certificación que le permitió participar. Mi mediocampista principal había regresado intacto.

Teníamos ocho jugadores nuevos de noveno grado, y eran muy diferentes a sus hermanos mayores. La mayoría eran chicanos, pues habían nacido aquí. La población estudiantil latina estaba cambiando. Cada vez era más originaria de Estados Unidos, y sólo el tres por ciento de los estudiantes eran recién llegados. Aquellos eran más adaptados, hablaban inglés perfecto y español, les iba mejor en la escuela y tenían mayores expectativas. Pero también eran víctimas de problemas asociados con la pobreza y la alienación. No sabían dónde encajaban, ni cuánto debían esforzarse en la escuela. Se aferraban a cualquier cosa que los hiciera latinos, desde escuchar reggaetton a hablar sólo en español, actuar muchas veces como cholos o entablar amistades sólo entre ellos.

Estaban Árabe; Kawasaki, a quien le decían así porque parecía japonés; Guapo, un chico bien parecido; César; Cheeseburger, un chico regordete y divertido; Frankie; y Chaquetas, un jugador delgado, de tez clara y extremadamente talentoso cuyo apodo significaba una palabra vulgar en jerga mexicana. De los estudiantes de secundaria, Chaquetas era claramente el más talentoso y, al igual que Tereso, el más conflictivo.

El núcleo del equipo era un mediocampo estelar conformado por Edi, Güero y Loco, y comandado por Indio. La defensa era fuerte y estaba dirigida por tres veteranos: Fish en el
arco, Lechero y Anthony. Lecherito y Bomba complementaban
la línea defensiva. Los verdaderos interrogantes eran los delanteros. Perico, el hermano menor de Indio, había sido promovido a
delantero, y aunque era pequeño, podía escabullirse entre los
defensores contrarios. A su lado estaba La Pepa, uno de los estudiantes de noveno grado de la primera temporada que no había
podido jugar para la segunda porque había faltado a muchas
clases. Pepa era un chico inusualmente alto; medía unos 6 pies
con 2 pulgadas y se había esforzado bastante para regresar al
equipo. Era el último año que podía jugar y realmente quería
ser titular. No tuvo problemas en asegurarse un puesto como
atacante debido a su estatura y su físico.

Yo me sentía mal por el equipo, no sólo porque habíamos
perdido a los cholos talentosos, sino porque yo estaba solo por
primera vez. Ricardo se había marchado después de la primera
temporada. Matt todavía estaba con nosotros pero no podía
venir con frecuencia a Siler City. Lenin, quien yo pensaba que
algún día dirigiría el equipo, había regresado a México. Chuy, el
jugador de la primera temporada, se ofreció a ayudarme durante
los partidos, al igual que Chad Morgan. Pero, básicamente, sólo
estaríamos los chicos y yo.

Nuestro primer partido de la conferencia sería contra nuestros odiados rivales de Albemarle. Comenzamos donde
habíamos terminado la última temporada. Todos los jugadores
recordaban lo que nos habían hecho los Bulldogs nueve meses
atrás y estaban ansiosos por derrotarlos. Nos sentíamos seguros.
Éramos mayores, teníamos más experiencia en la cancha y ha-

bíamos madurado en capacidades y estrategias. Nuestro juego de posesión funcionaba a las mil maravillas. Sin embargo, el fútbol es un deporte de espíritu y de habilidades, y los jugadores necesitan estar mentalizados en la cancha para ayudarse mutuamente.

El árbitro llamó a los dos equipos al medio de la cancha para hablarles del reglamento antes de comenzar el partido. Este hombre bajito, de cincuenta y tantos años, miró a los Jets y dijo: "¿Dónde están los americanos?" Todos los chavos gruñeron. Le dije: "Son americanos; son latinoamericanos". Se rió, pero entendió que su pequeña broma había molestado a nuestro equipo. Intentó disculparse, pero dijo a continuación: "¿Todos ustedes entienden inglés?" Ellos gruñeron de nuevo. Este tipo de cosas era muy común. No era extraño que el entrenador del equipo rival pasara frente a mí y se dirigiera a Chad, el jugador blanco, pensando que era el entrenador. Yo me había acostumbrado a estas afrentas, las cuales eran nuevas para los chavos. Generalmente yo les restaba importancia porque si reaccionaba cada vez que me sucedieran, viviría en un estado de furia permanente. Los chicos tenían que aprender a manejar esta situación por sí mismos.

Todo el verano había pensado en las palabras con las que pudiera motivar a los jugadores, en las charlas que contribuyeran a su unión y que los hicieran trabajar el uno para el otro. Había visto algo que hizo un equipo durante un partido de fútbol universitario para animar a sus jugadores a mantenerse unidos y decidí ponerlo en práctica. Fui a una ferretería y le dije al propietario que me vendiera un pedazo de cadena grande, de unos veinticinco eslabones, la uní con un mosquetón, y la llevé al partido en una bolsa azul.

"Bien, chicos. Ya es hora", les dije. Miré a cada miembro del equipo pero me concentré en los que habían jugado el último partido de la segunda temporada. "Les dije a algunos de ustedes que recordaran lo que sentimos aquí cuando perdimos nueve meses atrás. Y aquí estamos de nuevo. ¿Recuerdan lo que nos hicieron la última vez que estuvimos aquí?"

Sus ojos me decían que lo recordaban con claridad. La simple mirada de Lechero bastaba para incendiar el campo de fuego. "El año pasado salimos avergonzados de aquí. Y dije que nunca más quería ver ese tipo de conducta. Nunca volveremos a jugar de ese modo. Nos comportaremos como hombres, bien sea que ganemos o perdamos. No seremos unos camorristas. No vamos a renegar, cometer faltas, gritarles a los árbitros, ni quitarnos las camisetas. Esas son las cosas que no vamos a hacer. Jugaremos duro, respetaremos a nuestros rivales, a los árbitros, ganaremos partidos y también los perderemos. En eso consiste ser un Jet".

El equipo estaba mucho más tranquilo que en la temporada anterior. "Es una nueva temporada", continué. "Y sólo quiero decir tres palabras. Es lo que ustedes serán este año; son simples pero significa mucho: fuerza y honor. ¿Qué significan? La fuerza nos permitirá ganar los partidos, pero con el honor seremos triunfadores". Saqué la cadena larga y gruesa de la bolsa; era como una serpiente grande. Era la primera vez que los chicos la veían y los ojos se les iluminaron. La retiré para que no la tocaran. Luego la levanté y les pregunté qué era.

"Es una cadena", dijo Beto, y los chicos se rieron.

"¡No!", grité. "Somos nosotros. Y cuando nos unimos, somos como esta cadena: ¡fuertes, duros y forjados en hierro!" La extendí y los chicos se acercaron y la sostuvieron firmemente con sus manos. Edi comenzó a cantar nuestro lema: "¿Quiénes son los Jets?", preguntó. Los chicos respondieron: "Nosotros". Y su canto salió desde sus adentros, desde sus entrañas, y fue aumentando hasta que gritaron "¡Vamos, Jets!", y entraron a la cancha.

Los Jets empezaron a jugar con timidez; estaban inseguros de sí mismos. No pasaban el balón con precisión y perdimos varios contra Albemarle, quienes todavía jugaban bien a pesar de no contar con varios de sus jugadores talentosos. Edi parecía ser el único que recordaba nuestro juego de posesión y nuestra estrategia de atacar por los costados. Los Bulldogs penetraron en los tres cuartos de cancha y Anthony cometió una falta contra un jugador contrario. El árbitro pitó un tiro libre afuera de las dieciocho. Y mientras la defensa de los Jets discutía cómo armar una barrera para contener el tiro directo, los Bulldogs lo cobraron rápidamente y tomaron por sorpresa a Fish.

Albemarle nos había marcado un gol al tercer minuto. Fue una jugada astuta y oportuna. Parecía como si nunca pudiéramos derrotar a Albemarle. En los deportes, hay equipos que conocen muy bien a sus rivales. Saben qué hacer para derrotarte o, más bien, saben dejar que te derrotes.

Necesitábamos ganarle a Albemarle no sólo para vengar el dolor y la derrota de la temporada anterior, sino también para ganar la conferencia y jugar como locales en las eliminatorias. Yo siempre les insistía a mis jugadores que se concentraran en ganar la conferencia para así jugar en calidad de locales durante las eliminatorias, pues era una ventaja definitiva. Pero ese gol tan prematuro fue terrible. Los chicos no se estaban concentrando y escuché que criticaron a los defensores por no estar preparados. Lechero estaba perdiendo la calma, pero Fish lo tranquilizó; le dijo que simplemente los habían cogido desprevenidos, y que era hora de levantar el ritmo.

Y esa vez, en lugar de doblegarse y caer en el desespero y la autodestrucción, los Jets reaccionaron. Indio asumió las riendas, tomó el balón, dribló a dos zagueros en la mitad de la cancha y se lo pasó a La Pepa, quien lo recibió, se dio vuelta y disparó al arco. Las redes de la portería contraria se inflaron y empatamos el partido. Era el primer gol que conseguíamos marcarle a este equipo, y eso les dio un nuevo sentido de confianza y profundidad a los chavos. Nuestro equipo no sería vencido con facilidad ni se derrotaría a sí mismo.

El segundo gol no tardó en llegar, y de nuevo fue Indio quien armó la jugada, avanzando por el medio y pasándole el balón a Loco en el carril derecho, quien se descolgó rápidamente por la línea lateral, dejando atrás al zaguero y lanzando un disparo que venció al portero. El tercer gol fue gracias a un tiro de esquina. Edi cobró, Güero cabeceó y el balón entró en la red. Los entrenadores de Albemarle les gritaron a sus jugadores que marcaran y regresaran atrás, pero era evidente que estaban sorprendidos. Poco después, Edi marcó otro gol; se descolgó rápidamente con el balón por el lado izquierdo y le dio un potente zurdazo que sobrepasó al arquero. Chaquetas marcó el quinto en el primer tiempo, cuando recuperó un balón perdido en la mitad de la cancha, corrió, y lanzó un tiro que superó y desmoralizó al guardavalla de Albemarle.

Cuando sonó el pitazo final, habíamos derrotado a los Bulldogs 8–1, una estruendosa goleada con la que nos desquitamos de todos los goles que nos habían marcado en las tres temporadas anteriores. Hicimos treinta y cinco tiros al arco, seis tiros de esquina y dos goles anulados. Nuestro equipo había alcanzado la victoria y cinco jugadores habían anotado, pero yo sabía que el triunfo se debía en gran parte a la determinación que mostró uno de nuestros jugadores para ser el mejor. Indio no había marcado ningún gol en el partido, pero asistió cuatro, permitiendo que sus compañeros le propinaran un golpe tras otro al corazón de Albemarle.

Los chicos celebraron en la misma cancha en donde habían

llorado con tanta amargura la temporada anterior. No podían
creer que le hubieran dado una vuelta tan grande a las cosas.
Durante mucho tiempo, Albemarle había sido una potencia en
el fútbol y había ganado varios campeonatos de la conferencia,
pero eso había terminado. Nunca más volverían a ser el mismo
equipo. Habíamos acabado con la superioridad que tenían sobre
nosotros y aplastado su mística para siempre. Ahora eran sólo
otro equipo más.

Pero la alegría de haber derrotado a Albemarle no nos duró
mucho, pues nos desmoronamos frente a Chatham Central,
nuestros rivales del condado. Edi avanzó velozmente por el lado
izquierdo pero fue derribado por un zaguero. Voló por el aire y
cayó sobre su hombro. Al ver que no se levantaba, supe que le
había pasado algo grave. Lo movimos con cuidado y vimos que
se había fracturado la clavícula izquierda. Vino una ambulancia
y fue llevado al hospital. Ver a un jugador lesionado de ese modo
es la peor sensación que hay en el mundo. No pudimos derrotar
a Chatham Central, y yo sólo quería abandonar la cancha para ir
a visitarlo al hospital. Indio, Güero y Fish también fueron a
verlo.

Edi se había fracturado la clavícula en tres partes y el hueso le
salía en forma de ángulo. Fue necesario insertarle una platina y
cuatro tornillos. La cirugía tuvo resultados positivos; Dolores y
yo lo llevamos a su pequeña casa de concreto y lo acostamos en
el mismo sofá en donde había descansado Enrique después de
su cirugía en la rodilla. Enrique miró a Edi y le dijo, "Ahora
sabes lo que significa la pasión por el juego". Intercambiaron
historias sobre sus lesiones y cicatrices, y les dije en broma que
estaban hechos de cristal porque se rompían con mucha facilidad. Edi permanecería dos meses alejado de la cancha.

Perderlo fue un golpe para el equipo, aunque yo sabía que él
estaría listo para la segunda mitad de la temporada y para las

eliminatorias. Pero justo cuando creía que podríamos sobreponernos a esta pérdida, tuvimos otro revés al saber que Güero había tenido un problema con la policía.

Güero estaba harto de la escuela. No le gustaban las clases, pues eran demasiado fáciles para él, pero tampoco se imponía el reto de tomar otras más difíciles. Aún estudiaba ESL a pesar de tener los conocimientos suficientes para tomar otras clases. Sin embargo, no quería hacerlo porque la mayoría de sus amigos también estudiaban ESL. Le gustaba haraganear en clase, dar problemas y estar con los cholos.

Güero había decidido que la escuela no era para él y estaba resuelto a dejarla. El viernes posterior al partido contra Chatham Central, recogió a su novia y fueron al Parque Bray. Estaban besándose en el auto cuando llegó una patrulla de la policía y amonestó a Güero por no estar en la escuela y por conducir sin licencia. El oficial se apiadó de la pareja y no arrestó formalmente a Güero ni lo multó por manejar sin documentos. Moody lo suspendió por tres días y no podría jugar el partido del lunes contra Thomasville. Me lo encontré el lunes por la tarde antes del partido frente al centro comunitario. Se acercó dócilmente y nos sentamos en las escaleras para hablar de lo sucedido.

"Me pincharon, Cuadros", comenzó a decir bajando la cabeza. Yo no sabía si sentir lástima o reprenderlo. Ser detenido, esposado y arrojado al interior de una patrulla de la policía por primera vez era una experiencia muy fuerte. Aunque también era posible que Güero me estuviera engañando, pues era muy listo.

Le dije que ésta era una oportunidad para que pensara en su vida y viera lo que hacía. Estaba entrando a un túnel oscuro y eso era una premonición de lo que le sucedería si no cambiaba. "¿Qué quieres hacer con tu vida?", le pregunté. Me miró con sus ojos castaños claros debajo de su cabello color miel y se encogió de hombros. Todos le decían Güero porque parecía blanco. Nadie pensaba que fuera latino hasta que abría la boca. Era bien parecido, fuerte, travieso y naturalmente todas las chicas se morían por él.

Le insistí, y finalmente me dijo que quería ir a la universidad. Yo no le creí mucho; era un argumento sin fundamentos porque él era indocumentado. Yo no sabía si Güero quería estudiar en la universidad o no, pero vi la oportunidad de presionarlo para que terminara por lo menos con su educación secundaria. Muchos chicos se desilusionaban de la escuela y dejaban de asistir, pues les parecía una pérdida de tiempo, ya que luego no podrían estudiar en la universidad. No eran tontos. Ser indocumentados era también una excusa para dejar la escuela, para no intentarlo y para no arriesgarse a fracasar.

"Güero, tú no sabes si las leyes vayan a cambiar", le dije mirándolo. "Pero al menos tendrás tu educación secundaria, que es más de lo que tus padres tuvieron. Pero si te sigues comportando así, terminarás en la cárcel y luego serás deportado".

Pero él estaba decidido. "Voy a *qüitiar*". Iba a dejar la escuela y yo no podía permitirle que lo hiciera, pero tampoco parecía encontrar la forma de disuadirlo. Entonces decidí utilizar el equipo como un medio para que siguiera en la escuela, por lo menos durante el resto de la temporada. Sabía que mis intenciones eran interesadas —pues lo necesitaba en el equipo para ganar— pero también creía que esto lo haría reconsiderar su posición impulsiva, y que cambiaría de opinión con el transcurso del tiempo. Los adolescentes son así.

"¿Cómo que vas a dejar el equipo?", le dije enfatizando en mis palabras. "Somos un equipo. Comenzaste en él y ahora debes terminar el proceso. Quédate con nosotros, Güero". Yo le había dicho las cosas de frente. Él asintió y dijo, "Está bien". Vi que los ojos se le estaban humedeciendo. Güero era un chico duro, nunca lloraba ni se mostraba vulnerable ante los demás.

"Mira, Güero. Sé que esto es difícil, pero quiero que algún día te gradúes de esta escuela". Era mi turno para rematarlo. Lo rodeé con mi brazo y lo acerque hacia mí. "Quiero verte recibir tu diploma en el auditorio. Quiero ver eso".

Nos despedimos sin saber si iba a dejar la escuela o no. Creí que tal vez sólo había ganado un poco de tiempo, y que la decisión estaba en sus manos. Perdimos 3–2 contra Thomasville, en medio de un fuerte aguacero, y perdimos nuestro liderato de la conferencia. Sólo habíamos permanecido cinco días en la cumbre.

Nuestra derrota ante Thomasville hizo que el liderato de la conferencia fuera muy disputado. Habíamos caído al segundo lugar, detrás de los equipos de Thomasville y de East Montgomery, los cuales eran predominantemente latinos. Los mejores equipos de la conferencia habían pasado de ser mayormente blancos a mayormente latinos. Nos recuperamos cuando Güero se incorporó al equipo luego de su suspensión; había decidido seguir en la escuela.

Obtuvimos cinco victorias seguidas. Cuando íbamos a jugar como locales contra Thomasville, ya habíamos ganado siete partidos consecutivos y los chicos estaban emocionados con la posibilidad de ganarles luego de haber perdido con ellos. Lo que debió ser un partido disputado se convirtió en una victoria aplastante, pues los Jets reaccionaron rápidamente a un gol inicial de Thomasville, y les marcaron seis, lo cual nos dejó un paso más cerca del título de la conferencia.

Nuestro último partido de la temporada era como visitantes

contra South Davidson. Me preocupaba jugar contra ellos. Estábamos a un paso de ganar el campeonato de la conferencia, pero temí que tuviéramos problemas contra ese equipo al que queríamos derrotar. Ellos no tenían nada que perder y podían provocarnos para que cometiéramos disparates.

Les advertí a los chicos que no perdieran el control del partido ni de sí mismos. Estábamos a un paso de la victoria y necesitaban controlar el temperamento aunque los insultaran, empujaran, halaran o derribaran desde atrás. Sería una prueba para nuestro carácter colectivo y tendríamos que soportar sus golpes. Es más duro enfrentarse a un equipo menos talentoso que a un rival del mismo nivel. Realmente no era necesario humillar al otro equipo, pero al mismo tiempo querías hacer tu juego.

Los aplastamos 6–0. Sin embargo, esta vez no escuchamos sus cantos, sus insultos desagradables ni las diatribas raciales. Sus hinchas fueron amables. El equipo de South Davidson tenía incluso un par de hermanos latinos, y escuché a padres de familia sureños gritar, "Vamos, Say-sar", intentando pronunciar el nombre César. Creo que la migración estaba comenzando a sensibilizar a Denton. Incluso en este bastión sureño las cosas estaban cambiando.

El ejemplo que mejor ilustraba el cambio experimentado por ese equipo y por sus hinchas, fue cuando faltaba un minuto para terminar el partido y uno de los jugadores de South Davidson, que había sido futbolista americano, tomó el balón con sus manos en la mitad de la cancha y llegó hasta nuestro arco. Los chicos observaron a este jugador grande y blanco avanzar por la cancha. Fish fue el único en permanecer atento, salió a neutralizarlo y lo derribó antes de que pudiera llegar al arco. Los jugadores de ambos equipos saltaron sobre Fish y el otro jugador, formando una pila de cuerpos que luchaban por el balón. Se rieron y bromearon de la mejor manera. Yo los miré sorprendido desde la línea lateral, pero entendí lo que hacían los jugadores de Davidson. Habían sido futbolistas americanos, estaban próximos a graduarse y querían divertirse un poco. Lo que me pareció notable fue que mis chicos respondieran con las mismas buenas intenciones. Al final, era imposible saber quién era quién en medio de ese tumulto.

Cuando el partido terminó minutos después, los jugadores de ambos equipos se dieron la mano con una calidez genuina. Esta experiencia había sido directamente opuesta a la del año anterior, y reconocí admirado el gran trabajo que había hecho su entrenador para corregir esa situación en aquella escuela. El fútbol es un deporte internacional jugado en todo el mundo, y no había mejor ejemplo de ese espíritu que el último partido en South Davidson.

Ganamos el partido y la conferencia. Permanecí en la línea lateral observando a mis jugadores, sintiéndome fortalecido y orgulloso. Habíamos tardado apenas tres temporadas en alcanzar el campeonato de la conferencia y terminar con el dominio de Albemarle. Y lo habíamos hecho a nuestra manera, con fuerza y honor. Ese había sido mi objetivo principal: lograr el título de la conferencia. Cualquier cosa podía suceder en las eliminatorias. Un fuera de lugar que no pitara el árbitro podría acabar con nosotros. Las eliminatorias eran impredecibles. Pero sin importar lo que sucediera, siempre seríamos campeones.

19

Los Jets están confundidos y desesperados. No podemos encontrar el gol. Estamos penetrando por los costados y por el medio, pero no logramos terminar el trabajo. Hendersonville se esfuerza con valor, pero no están a la altura de los Jets. Su única estrategia consiste en penetrar por el lado derecho y cruzar el balón para que su jugador alto y de cabello ensortijado lo introduzca en la red. Pero nuestra línea defensiva ya conoce esa estrategia y la neutraliza desde el comienzo. Como son incapaces de penetrar con su arma principal, Hendersonville recurre a sus viejos trucos: se esfuerzan en arrebatarnos el balón y nos cometen faltas. Pero nuestro equipo es diferente al del primer año. No somos un equipo unidimensional que depende de un solo jugador talentoso para anotar. No, ahora atacamos con seis jugadores excelentes, y todos ellos tienen la capacidad de marcar goles.

Sin embargo, les estamos permitiendo que nos hagan un buen partido debido a nuestro juego improductivo. Conseguimos un tiro de esquina y los chicos se apretujan en la zona de penalti, halándose y empujándose para ubicarse cuando llegue el balón aéreo. Pepa está allí, salta, cabecea y el balón entra en la red. Siento alivio: hemos anotado el primer gol. Los chicos vienen y se reúnen a mi alrededor. Procuro decirles algo significativo.

Nos estamos acercando, pero no estamos terminando las jugadas", comencé a decirles. "Tienen que calmarse un poco y armar un ataque más efectivo. Quiero que penetren más por los costados. Nos estamos concentrando mucho en el medio. Envíen el balón hacia los banderines y dejen que Loco y Edi corran por él; son más rápidos que nuestros rivales".

Los chicos entran trotando al campo de juego. Las luces comienzan a resplandecer y la cancha se torna un verde luminiscente. Los Bearcats sacan el balón e intentan a toda costa hacer pases largos y aéreos. Lecherito envía un balón a la línea final; es tiro de esquina. Los chicos toman sus posiciones y los zagueros cubren a sus hombres. El cobro es rastrero y duro, y Lecherito, quien ha estado cerca del poste, sale a rechazarlo. Pero en vez de sacarlo, lo devuelve y Fish no puede detenerlo. Es un autogol y el partido está empatado de nuevo. Lecherito está destrozado, con lágrimas en los ojos, y sabe que eso puede arruinarle el partido a nuestro equipo. Su hermano mayor se le acerca enfadado y con los ojos muy abiertos. Va a increpar a su hermano menor por el error, pero Fish lo detiene. "Cálmate, Lechero", le grita llevándose a la boca sus manos cubiertas con los guantes blancos. Habría sido difícil escuchar esas palabras el año anterior, pero este equipo se ha encontrado a sí mismo. Fish y Lechero permanecen un momento allí. Son estudiantes de último año, veteranos de la cancha que están hablando y calmándose. Lechero asiente, va donde su hermano y le dice en jerga mexicana: "No te agüites" (no llores).

Los Jets insisten y lanzan un ataque frenético contra los Bearcats. Pero aunque son capaces de penetrar con el balón, no consiguen anotar. No podemos marcar un gol y el partido termina como empezó, con dos tiros nuestros que dieron en el palo contrario pero no entraron.

Nos vamos a tiempo adicional y no hago cambios. Los chicos han entrenado duro esta semana, preparándose para el partido de desempate. Están listos y nadie se siente cansado. Indio está totalmente inmerso en el partido. El tiempo adicional consta de dos tiempos de diez minutos cada uno. Los jugadores se empujan y se dan empellones. Se caen al suelo con sus guayos cubiertos de barro apuntando hacia arriba.

El primer tiempo adicional va a concluir, y Perico entra finalmente con el balón al área. Avanza por la izquierda, pero un defensor lo derriba antes de que pueda marcar el gol del triunfo. Perico cae hacia delante y prueba el sabor de la hierba. El árbitro pita una falta y creo que finalmente cobraremos el penalti que sellará el partido. Pero el árbitro decreta un tiro indirecto dentro del área. Ningún árbitro haría eso si un jugador está atacando con el balón frente al arco y es derribado. El árbitro dice que no hubo entrada fuerte, sino obstrucción. El juez de línea tampoco da una explicación sólida. Es una decisión bastante anormal. Los Jets cobran, pero el balón es rechazado por la defensa de Hendersonville. El primer tiempo termina empatado.

"Chicos, quiero hablarles de un teléfono especial que traje para las eliminatorias", les dije, captando su atención. Estaban entusiasmados con los teléfonos celulares y les gustaba jugar con ellos. "Este es un teléfono especial, y cuando lo saque, llamaré a uno de ustedes o a todos. No sé quién me contestará, pero uno de ustedes tiene que hacerlo. Les pregunto ahora mismo: ¿Quién contestará mi llamada?, ¿Quién tomará el teléfono y me dirá: 'Sí, Cuadros, aquí estoy'? ¿Quién contestará por el equipo?, ¿Quién dará un paso adelante?"

El segundo tiempo consta de dos mitades de cinco minutos. Es muerte súbita; es decir, el primer equipo que anote un gol gana el partido. Faltan pocos minutos para que termine y el estadio está desbordado. Los hinchas golpean las tribunas con los pies, aplauden, hacen sonar bocinas y trompetas, y tocan tambores. Las chavas cantan de pie: "¡Queremos gol! ¡Queremos gol!" Toda la escuela ha asistido al partido del sábado por la noche: profesores, estudiantes y empleados. Hasta el entrenador de béisbol observa desde un extremo de las tribunas.

Atacamos de nuevo y esta vez Indio penetra por el medio, deja a dos jugadores atrás y le pasa el balón a Güero, quien supera al defensor y entra al área de las dieciocho. Corre hacia la meta, que se ve más grande y amplia a cada paso que da. Güero puede concluir la jugada, pero sigue aproximándose al arco en vez de disparar desde la distancia. Un defensor de Hendersonville no ve otra opción que derribarlo desde atrás.

Es una falta clara y el árbitro debe decretar un penalti. Sin embargo, pita otro tiro indirecto. El balón está a sólo seis yardas del arco. La escena es ridícula, pues todo el equipo contrario se hace de un lado al otro del arco.

Indio y Bomba están frente al balón. Es un tiro indirecto, y otro jugador tiene que tocar el balón para que el gol sea válido. Indio lo acomoda y Bomba toma impulso, extendiendo su pierna derecha hacia atrás y tocándose la espalda con el talón de su guayo. Luego estira la pierna hacia delante y le da al balón con fuerza. Ni siquiera lo veo, pero va derecho y fuerte. Lo único que escucho es un *plink*, y luego veo que entra al arco. Bomba ha logrado introducir el balón entre el poste y un jugador de Hendersonville. Los suplentes que están en el banco entran felices a la cancha dando saltos. Yo corro con ellos. Es un momento de oro. Los jugadores se abrazan y se lanzan a la cancha bajo las potentes luces. Todos se abalanzan sobre Bomba.

Miré hacia la cancha y observé que los chicos se reían y lloraban. Luego se reunieron a mi alrededor. No dije una sola palabra, pero cuando hicieron silencio, comencé: "Esta noche les dije que yo tenía un teléfono especial. Les dije que iba a llamar a los Jets para que me contestaran. Dije que alguien de este equipo necesitaba contestar. Yo no sabía que lo haría el jugador más tranquilo del equipo, ni que sería el más silencioso. Pero él es un jugador que habla con sus actos, con sus tiros y con sus goles. ¡Bomba contestó el teléfono esta noche!" A los chicos les encantaba cuando yo me ponía dramático. Todos le dieron una palmadita en la espalda a Bomba, quien simplemente asintió. "Los espero a todos en el entrenamiento del lunes. ¡No lleguen tarde!"

Los jugadores abandonaban la cancha en grupos, y yo me acerqué a Bomba y a Indio, quienes iban juntos. Simplemente estiré mi mano y Bomba me la apretó. Le di las gracias.

Los cuartos de final de las eliminatorias eran contra uno de nuestros rivales de la conferencia, un equipo predominantemente latino de North Moore High School, en Robbins, ciudad natal del antiguo senador John Edwards. Los habíamos derrotado dos veces en la temporada y estábamos un poco nerviosos para el tercer partido, pues North Moore había sorprendido en la primera ronda de las eliminatorias al derrotar al equipo número uno del estado, el campeón defensor del condado de Polk, el cual subestimó al irregular equipo latino. El triunfo nos abrió la puerta para poder jugar todos los partidos de las eliminatorias en calidad de locales, lo cual era una gran ventaja.

El partido contra North Moore era relativamente fácil, pues habíamos recuperado el equilibrio y nuestro estilo dominante y ofensivo. Les marcamos dos goles en el primer tiempo y los acabamos. La Pepa marcó de nuevo en el segundo tiempo, esta vez con una gran jugada desde el costado derecho, gracias a Loco, que había aprendido a pasar el balón, además de disparar al arco. El partido terminó 3–0 y clasificamos a las semifinales, en las que jugaríamos el sábado como locales contra Surry Central Golden Eagles. Llevábamos doce victorias seguidas, y nada nos impediría llegar a las finales.

Yo estaba hecho polvo. No podía dormir y contaba las horas que faltaban para el próximo partido. Habíamos comenzado en julio y ya era casi mediados de noviembre. Me sentía simultáneamente como si recién hubiéramos comenzado y como si estuviéramos allí desde siempre. La escuela apoyaba sólidamente nuestro equipo y nuestra campaña. Y aunque esto era definitivamente agradable, también creaba mayores expectativas. Los otros entrenadores me decían en broma que teníamos que llegar hasta el final. Moody también me decía en tono jocoso que mi cargo como entrenador dependía de ganar el campeonato estatal. Me volví extremadamente supersticioso. Me ponía la misma camiseta para los partidos, seguía los mismos rituales, utilizaba el mismo silbato y la tablilla para escribir, y cierto tipo de hojas para llevar las estadísticas del juego. Tenía un ritual para todo lo imaginable.

También me había presionado mucho a mí mismo. Quería que los chicos fueran triunfadores. Quería alejarlos del prejuicio, de su estatus de residencia, y permitirles superar las barreras impuestas por personas de mentalidad estrecha.

Los entrenadores de fútbol de secundaria sienten una gran responsabilidad antes de un partido, algo que no tiene el fútbol de clubes que se juega en todo el país. Esos entrenadores no juegan para sus comunidades. Ningún ciudadano se les acerca en la farmacia para estrecharles la mano y desearles suerte. Esos entrenadores nunca cargan con el sueño de una comunidad; su labor es sólo un ejercicio aislado que realizan frente a sus compañeros, pero no ante una comunidad más grande. Esto es lo que hace que el fútbol de secundaria sea un juego superior y me sentía orgulloso de formar parte de él.

El viernes antes del gran partido tuvimos una práctica liviana en la que hicimos tiros al arco, trotamos un poco alrededor de la cancha, y jugamos una cascarita porque los chicos se la habían ganado; quería que estuvieran tranquilos y relajados antes del partido. Todos los jugadores fueron a la práctica, a excepción de Fish y su hermano Güero, cosa que me preocupó.

Yo no sabía que Fish había trabajado hasta tarde en la cocina de un restaurante la noche anterior, cuando recibió una llamada telefónica. Era su novia, estaba llorando y alcanzó a decirle que su padre había recibido un disparo y que había sido llevado al hospital.

José, el padre de Fish, había llegado cansado a casa después del trabajo y quería relajarse. Trabajaba duro durante muchas horas en una planta que fabricaba piezas de repuesto para autos. Le gustaba llegar a casa, cenar y reunirse con sus primos para beber algunas cervezas. Era la noche del jueves y esperaba el día de pago. Condujo hasta la casa de uno de sus primos donde se encontró con varios amigos y comenzaron a beber. Los mexicanos de Siler City bebían mucho. Las páginas judiciales del semanario local estaban llenas de latinos arrestados por conducir embriagados.

Esa noche, José guardó su pequeño revólver en el bolsillo delantero. Estaba sentado en la mesa de la cocina bebiendo y hablando, y decidió sacar el revólver y dejarlo sobre la mesa. Haló accidentalmente el gatillo al llevarse la mano al bolsillo, la bala le atravesó el muslo, le destrozó el fémur y salió por el otro lado. Fue llevado al Hospital de la Universidad de Carolina del Norte-Chapel Hill. Fish y Güero lo acompañaron esa noche y al día siguiente, mientras los médicos lo operaban.

Cuando supe la noticia, llamé varias veces a Fish para preguntarle en qué podía ayudarlo, pero no pude encontrarlo. No sabía si Fish y Güero jugarían el sábado o permanecerían en el hospital.

Estuve despierto toda la noche pensando qué hacer y cómo reemplazar a los dos titulares para el partido. Podría sustituir fácilmente a Güero por Chaquetas, el talentoso jugador de segundo año, pero reemplazar a Fish sería todo un problema; tendría que utilizar a "Univisión", un estudiante brillante y fornido de primer año. Le había permitido jugar en los partidos que íbamos ganando ampliamente para que adquiriera un poco de experiencia, y había tenido un buen desempeño. Era disciplinado, pero le faltaba liderazgo.

Fish había tenido una buena temporada. Llevaba nueve juegos sin recibir un gol y tenía más de cien atajadas a su favor. Era un veterano de muchos partidos, y tenía una seguridad en el arco que pocos arqueros tenían. Sin él, nuestras posibilidades de alcanzar la victoria eran pocas.

No había nadie cuando llegué a la cancha el sábado por la tarde. Generalmente, un par de personas caminaban por la pista haciendo ejercicio, pero ese día la temperatura era baja y el estadio estaba vacío. Saqué los implementos que necesitábamos para el partido: los balones para la práctica y el partido, los chalecos, el termo y las botellas de agua, las anclas para los arcos, la bolsa de las medias, el botiquín de primeros auxilios y la bolsa azul donde guardaba la cadena. Fui al hangar de los Jets por los banderines de los tiros de esquina y los puse en la cancha. Luego saqué la máquina para pintar las líneas y ocho latas de pintura. Quería hacer un buen trabajo por última vez en la temporada. La cancha necesitaba tener el mejor aspecto para las semifinales, y las líneas tenían que quedar perfectas.

Comencé por la esquina oriental y tracé una raya azul gruesa; era la línea final. Pensé en la temporada y en todo lo que habíamos logrado; estábamos a un paso de las finales. Pero aunque pensaba en todos nuestros logros, me mortificaba que Fish y Güero no jugaran el partido. Negué con la cabeza al pensar que el padre de Fish se había disparado accidentalmente en la pierna. Parecía como si los latinos siempre encontráramos la forma de dispararnos a nosotros mismos en el pie derecho justo cuando estábamos a un paso de alcanzar nuestros objetivos. Era la vida loca, nuestra forma desorganizada de vivir, que siempre nos liquidaba y nos impedía lograr nuestros sueños. Vivíamos en un estado perpetuo de drama, confusión y caos. Nuestras vidas siempre tomaban rumbos inesperados.

Miré las líneas que había trazado en la cancha. El césped estaba moribundo; aún tenía un poco de verde, pero también había parches marrones. Las líneas azules definían la cancha, mientras que las blancas del campo de fútbol se habían desvanecido bajo el sol de Carolina. Podíamos competir con los mejores y ganarles entre esas líneas azules. Aunque la cancha tenía una corona, era la más nivelada que habíamos conocido. Yo había pasado mi vida buscando un lugar propio. Crecí aislado y separado de mi comunidad, viviendo siempre en la periferia. Ser entrenador me había conducido al centro. Me sentía en casa cuando estaba en la cancha, con los chicos a mi alrededor. Jugábamos, peleábamos, reíamos y llorábamos allí. Y yo sabía que en esta ciudad sureña, en esta cancha verde y azul, yo había encontrado un lugar al que podía considerar como propio.

Los chicos comenzaron a llegar a las cinco de la tarde. Vinieron en grupos: amigos y hermanos que venían con sus uniformes impecables de color blanco y azul. Me dispuse a organizarlos y hacer que calentaran. Algunos de ellos ya estaban pateando el balón y pasándolo entre sí. Y entonces vi a Fish, con shorts negros y una camisa azul de manga corta. Güero estaba con él.

"¿Cómo está tu papá?"

"Bien", dijo Fish sonriendo. "Lo operaron anoche y va a estar bien. Nos dijo que viniéramos a jugar".

"No sabía si alcanzarían a hacerlo", les dije.

"Yo no me iba a perder esto", dijo Fish y tomó su posición en el arco.

Los Surry Central Golden Eagles eran nuestros duplicados exactos. Era un equipo conformado exclusivamente por latinos del norte del estado, y habían llegado a las semifinales gracias a su rápido estilo defensivo. Yo les decía los Jets Bizarros —el personaje de las tiras cómicas de Supermán— porque eran nuestro fiel reflejo. Pero a medida que los miraba calentar, les encontré muchas semejanzas con el equipo de East Montgomery. Eran jugadores rápidos y talentosos que operaban tan sólo a un nivel por encima de la cascarita. Su estrategia se limitaba a hacer pases largos que sus atacantes perseguían con la intención de anotar, pero nosotros sabíamos cómo neutralizar eso; tendríamos posesión del balón, conduciéndolo al mediocampo, controlándolo e impidiendo que hicieran pases largos y nos atacaran desde los costados. Yo tenía la seguridad de poder hacerlo, pues contaba con Fish y Güero.

Los chicos se reunieron antes del partido. Había muchas cosas que decir en un momento como éste. Podía hablarles de campeonatos, de trofeos, de nuestra comunidad, de nuestro orgullo y todo lo demás. Sin embargo, decidí hablarles de nuestros padres.

"Quiero dedicar el partido de esta noche a todos nuestros padres", dije. "Muchos de ellos están aquí, y esta noche jugaremos para esos hombres que nos enseñaron a jugar este deporte. Cuando yo era niño, fue mi padre quien me enseñó a patear el balón, y sé que lo mismo les sucedió a muchos de ustedes. Amamos este deporte porque nuestros padres también lo aman. Y sé que un día sus hijos también amarán este deporte". Cuando terminé, Fish se acercó y me puso su guante blanco, grueso y de payaso en mi hombro. Tenía los ojos aguados. "No dejes entrar a nadie, Fish", fue lo único que le dije.

Es un partido rápido y cada uno de los equipos pelea por la posesión del balón. Han pasado veinte minutos del primer tiempo y los Jets están tomando el control del partido. Lechero rechaza el balón con la cabeza y regresa a su posición cada vez que los Eagles tratan de enviar pases largos a sus delanteros, quienes no pueden penetrar nuestra defensa.

Los Jets parecen nerviosos y tensos. Edi parece otro jugador, y no se descuelga por el lado izquierdo. Se ve aletargado y sin aire. Los últimos rayos de sol y el calor han desaparecido sobre el arco custodiado por Fish, y las fuertes luces hacen resplandecer la cancha. Faltan sólo quince minutos para que termine el primer tiempo y los Jets controlan el partido. Indio arma una jugada; recupera un balón de un defensor de Surry Central y le da la espalda para impedir que lo ataque. Amaga a la izquierda y luego a la derecha, y avanza por un costado con el balón, dejando atrás al defensa. Lanza la bola a la mitad de la cancha y sigue corriendo. Ésta rebota frente a Perico, que no puede controlarla. Pero Güero esta allí; la toma, dribla a su derecha, supera a un defensor y avanza. Tres defensores lo atacan, pero logra pasar hábilmente entre ellos. Está en el área de las dieciocho y el arquero está cerca del poste izquierdo, con las manos en los muslos, en la clásica posición de los arqueros. Pero es demasiado tarde: Güero lanza un zurdazo, el balón vuela al poste derecho y entra. Un jugador de Surry Central observa el balón alojarse en la red. Se lleva la mano a la cara y se tapa los ojos, pues no puede creer que le hayan permitido disparar al arco. Ha sido una jugada singular, con estilo y velocidad, finalizada con autoridad. Güero lo ha hecho por su padre. Los asistentes pitan, celebran ruidosamente, y gritan: "¡Sí se puede!, ¡Sí se puede!, ¡Sí se puede!". Aprovecho para sacar a Edi y entro a Chaquetas para ver qué puede hacer. Hablo con Edi y me dice que los nervios no lo dejan respirar.

Los Eagles van perdiendo sólo por un gol y tratan de recuperarse, pero la defensa de los Jets es bastante sólida. Fish no es puesto a prueba. Los Jets continúan presionando por los dos lados, haciendo circular el balón por la cancha, pasando el balón una, dos y tres veces entre los diferentes jugadores, controlando el esférico y el partido.

El balón va por el aire y Anthony se apodera de él. Indio está de espaldas al arco y lo recibe. Se da vuelta y deja a un defensor atrás. Llega otro, pero Indio se mueve a la derecha y lo deja en el suelo. Indio sigue presionando y avanza solitario. Un tercer defensa le sale al encuentro, pero él va muy rápido, tiene un gran control del balón y lo elude. Loco corre por el carril derecho. Un cuarto defensor intenta cerrarle el paso, pero Indio lo supera. El quinto y último defensor lo ataca, pero en vez de dejarlo atrás, Indio le pasa el balón a Loco, quien está solo y dentro del área. El arquero se mueve al poste derecho para cubrir el ángulo mientras Loco se acerca para disparar. Ha realizado tres disparos desde la distancia esta noche y se prepara para intentarlo de nuevo. Un defensor viene corriendo detrás de él, y cuando lo alcanza, el portero sale para cubrir el poste. Loco se detiene y envía un pase suave y rastrero al otro costado. La Pepa está allí, e introduce el balón en el arco contrario.

Es un gol espectacular, el clásico engaño en que el atacante atrae a los defensas y deja libre la zona central para cruzar por allí. Es difícil ver goles más lindos que ese, y la belleza del nuestro aplasta a los Eagles. Ellos saben que el gol los ha derrotado no por nuestra fuerza o poder, sino por nuestro talento y disciplina. El primer tiempo terminar con los Jets ganando 2–0. Faltan 40 minutos para pasar a las finales del estado.

Sin embargo, los Eagles no se dan por vencidos. Nos atacan y presionan nuestra línea defensiva, no logramos controlar el ala derecha y nos marcan un gol. El partido está ahora 2–1.

Pero los Jets reaccionan ocho minutos después. Una vez más, Indio comienza la jugada. Ganamos un rebote a diez yardas del área del equipo contrario. Indio corre tras el balón, lo atrapa en el aire y avanza con él, pero un defensor lo derriba desde atrás mientras se acerca al área. El árbitro pita un tiro indirecto. Indio discute tendido en la cancha, rodeado por los defensores de Surry Central. Lo insultan, y él responde agitando sus brazos en el aire. Alguien le da un empellón. El árbitro se acerca y los separa. Le saca tarjeta roja a uno de los jugadores de Surry Central, quien abandona la cancha.

Los Eagles forman una barrera sobre la línea del área. Está conformada por cinco jugadores, y La Pepa está en un extremo para impedir que el portero tenga buena visibilidad. Indio y Bomba deciden quién cobrará el tiro; lo hará Bomba. El árbitro hace que los defensores retrocedan cinco yardas. Indio comienza la jugada recogiendo el balón y pasándoselo a Bomba, quien lanza un potente disparo al lado izquierdo del arco. El balón va de frente y el portero lo pierde de vista; lo único que puede hacer es levantar el brazo derecho para tratar de contenerlo, pero el balón va muy rápido y se clava en el ángulo superior izquierdo. Suenan los pitos de nuevo y los gritos celebratorios para los Jets.

Falta menos de un minuto y logramos marcar un gol en una jugada confusa. Termina el partido y los Jets se alzan con la victoria. Hay una verdadera algarabía en la cancha: hemos pasado a las finales.

John Phillips entró a la cancha con dos trofeos. Eran dos grandes placas de madera con láminas doradas y una pequeña base. Les entregó el trofeo de subcampeones de la División Oeste a los Surry Central Eagles, quienes lo recibieron sin emoción. Lo tomaron, asintieron y salieron llorando de la cancha. Habían jugado un buen partido, pero no estuvieron a la altura de los Jets, y fracasaron con sus pases largos y su juego de cascarita.

Luego, Phillips les entregó el trofeo del campeonato de la división Oeste a los Jets. La Pepa lo recibió y lo levantó; todos los chicos se acercaron para tocarlo. Los vi celebrar, levantar el trofeo y pensé que probablemente ese sería el único campeonato que ganaríamos en esta cancha. Levanté tres dedos cuando me acerqué a ellos y el periodista deportivo local me preguntó por qué hacía esto.

"Es el número de años que tardamos en lograrlo", le dije. Todos los chicos querían sostener el trofeo, incluso los que no habían jugado un solo minuto. Pero el triunfo también era suyo. Allí estaban Lechero y su hermano Lecherito; Edi y su hermano Árabe; Indio y su hermano Perico; Loco y Chuy y Fish y Güero. Todos hermanos, todos carnales. Tenían el trofeo en sus manos. Estaban erguidos y orgullosos y las luces resplandecían sobre sus cabezas.

Sentí alivio al haber ganado. Todo el estrés, el nerviosismo, los momentos de ansiedad sin saber si Güero y Fish iban a jugar, la vida loca, todo eso había quedado atrás. Habíamos logrado mucho como equipo independientemente de lo que sucediera en las finales, bien fuera que perdiéramos o ganáramos. No me importaba ganar el trofeo del campeonato estatal; sólo quería lograr otra cosa más, y la deseaba con todas mis fuerzas. Era lo que yo anhelaba desde que había comenzado el programa, la imagen que mantenía en mis ojos, y que no me permitía siquiera decirla en voz alta. No se lo había dicho a nadie. Pero en cada entrenamiento y en cada partido en los tres años pasados, sólo había pensado en ello.

20

El sol se estaba ocultando detrás del tablero azul marino, llevándose consigo los últimos rayos de calor. Hice sonar mi silbato y terminé el entrenamiento del día. Sólo tendríamos tres prácticas más antes del partido final en el que se decidiría el campeonato estatal. Contaba las horas que nos faltaban. Habíamos jugado toda la temporada con la mentalidad de que siempre habría otro día y otro partido. Teníamos que pensar en las batallas, los marcadores, los triunfos y en las derrotas, pero todo seguía su curso. Sin embargo, no habría más partidos después del sábado. Allí terminaba todo y nadie en el equipo quería que fuera así. Los chicos me preguntaron si podríamos jugar contra equipos de otros estados en caso de ganar. La respuesta era no; eso era todo, la temporada terminaría independientemente del resultado. Y aunque yo estaba extenuado física y emocionalmente, tampoco quería que todo terminara. No deseaba colgar los guayos aún.

El entrenamiento había terminado bien. Trabajamos básicamente en acondicionarnos y prepararnos para el gran partido en el estadio de SAS, en el parque de fútbol de Cary. La cancha era gigantesca, de tamaño profesional, y era la antigua sede del Carolina Courage, el equipo campeón femenino. El torneo profesional femenino había terminado, y el estadio era utilizado para torneos de fútbol universitario y de secundaria.

Era una cancha preciosa, plana y de un verde exuberante. Medía 130 yardas de largo por 75 de ancho. La mayoría de los equipos escolares jugaban en canchas que medían 120 yardas de largo por unas 50 de ancho. Teniendo en cuenta esas dimensiones, yo sabía que jugaríamos contra dos rivales el sábado: los Devil Pups de Lejeune High School, y la cancha enorme; me preocupó más la cancha que el equipo rival.

La mayoría de los partidos de secundaria se jugaban en canchas más pequeñas, y por eso los partidos eran generalmente más rápidos e intensos; los jugadores podían atacar y cubrir con mayor facilidad, impidiendo que los rivales tuvieran mucho tiempo el balón antes de salir a defender. Pero en una cancha más grande, los chicos podrían controlar el balón por más tiempo antes de ser atacados. Y como era mucho más ancha, los flancos estarían abiertos y habría mucho espacio para avanzar por las bandas laterales.

Trabajamos bastante en el acondicionamiento y los hice correr cuatro millas durante los entrenamientos a fin de prepararlos para la final. Los efectos eran visibles en el aspecto físico de los jugadores, quienes comenzaron a verse esbeltos. Venían a los entrenamientos con un cuerpo y salían con otro. Yo intentaba resaltar la importancia de seguir una dieta adecuada, de incrementar el consumo de proteínas para la formación de músculos y de carbohidratos como fuente energética. Sabía que obtenían carbohidratos de la gran cantidad de tortillas que comían después de los entrenamientos, pero me preocupaba la falta de proteínas en sus dietas, y tenían que consumir más.

El miércoles antes del partido, les dije que corrieran menos y que se concentraran más en la posesión del balón en espacios más amplios. No quería que llegaran exhaustos al juego a causa de los entrenamientos. Prepararse para un campeonato era cuestión de organizar el tiempo; lo más apropiado era hacer que se esforzaran al máximo y que luego se relajaran, para llegar así en buen estado al partido final. Lo último que quería como entrenador era que mis jugadores llegaran cansados a la final tras los ejercicios de la noche anterior.

Después de ganar la semifinal contra Surry Central, investigué todo lo que pude sobre el equipo de Lejeune; hablé con otros entrenadores que se habían enfrentado a ellos, leí las noticias y los artículos que encontraba en Internet, analicé su historial, sus goles y porcentaje de partidos ganados. Sabía que los entrenadores de Lejeune probablemente estaban haciendo lo mismo para prepararse contra nosotros. Contemplé la posibilidad de cambiar nuestro estilo de juego, de enseñarles algo diferente a los chicos e implantar un nuevo sistema, táctica o plan defensivo. Sin embargo, concluí que esto sólo terminaría por confundirlos. Íbamos a ganar y lo haríamos con nuestro estilo de juego. No modificaríamos eso. Dejaríamos que Lejeune transformara su juego todo lo que quisiera y se inventara trucos, pero nada de eso me importaba. Los Jets estaban preparados para lo que fuera.

Lejeune ocupaba el primer lugar en el estado. Habían llegado a las finales estatales dos años atrás y derrotado a Albemarle —nuestros antiguos rivales— en tiros de penalti después de que el partido terminara empatado. Fue una derrota demoledora para los Bulldogs. Lejeune siempre había sido una potencia en el fútbol de la División Este, y no era ninguna casualidad que jugara su segunda final en sólo dos años. Tenían buenos entrenadores, jugadores grandes que estaban en equipos importantes de la liga de clubes en Jacksonville y a lo largo de la costa de Carolina. Eran conocidos como los Devil Pups (Los cachorros del diablo, un diminutivo de los Perros del Diablo), un remoquete que los alemanes le dieron a la Marina en la Primera Guerra Mundial. Eran hijos de miembros de la Marina que estaban en la base de Camp Lejeune. La escuela estaba localizada dentro de la base, y la secundaria había sido fundada por el Departamento de Defensa. En otras palabras, jugaríamos contra la Marina.

Lejeune era un equipo defensivo, y esa era su fortaleza. Habían jugado la mayoría de la temporada con un bloque defensivo de cuatro que no contaba con un zaguero atrás. Esto significaba que sus cuatro defensores se alineaban en línea recta y buscaban el fuera de lugar. También confiaban y recurrían a su arquero como el último hombre de la defensa. Esto tenía sentido, pues él había sido el jugador más valioso en las finales estatales en que derrotaron a Albemarle. Era un chico atlético, alto, musculoso, capaz de cubrir ambos postes en fracciones de segundo, y tenía una gran habilidad para saltar en el aire y detener los disparos rivales. Era la estrella y el bastión de su equipo.

Sus delanteros no era tan talentosos pero tenían jugadores capaces. Lejeune creía en el viejo adagio de que los campeonatos se obtienen con la defensa. Durante las eliminatorias, habían cambiado su estilo de cuatro defensas en línea por otro con un zaguero atrás. Yo no sabía qué estilo defensivo emplearían para la final del sábado. Sin embargo, hice que mis dos delanteros, Perico y La Pepa, se concentraran en correr en diagonal e intentaran sobrepasar a los jugadores en línea recta, buscando pases y tiros al arco. Trabajamos duro en esto, aunque no creí que Lejeune fuera a jugar con una línea defensiva de cuatro en una cancha tan grande, donde había un mayor espacio para penetrar su línea defensiva. Ellos habían jugado con un líbero durante las eliminatorias y pensé que conservarían ese sistema de juego.

Enfaticé en todas las cosas que nos habían llevado a la final, y trabajé para mejorar aquello que el equipo necesitaba realizar con mayor eficacia. Trabajamos en el juego de posesión como nunca antes, preparándonos para la cancha grande. Hice que los chicos jugaran cinco contra cinco en una cancha de 60 yardas de largo por 53 de ancho, un espacio grande para un equipo de cinco jugadores, que los ayudaría a aprender a conservar el balón y a sentirse cómodos en un espacio tan amplio y abierto. Comenzaron con dificultades, se sintieron perdidos en la cancha, y hacían pases demasiado largos mientras los defensores se esforzaban en ir por el balón. Cuando se acostumbraron, los hice jugar con posesión a un toque, y cuando dominaron esto, sabía que ya estábamos listos.

Además de la posesión, nos concentramos en hacer tiros largos. Como los chicos no estaban acostumbrados a una cancha tan grande como la del SAS, tuvieron que cambiar los hábitos de la cascarita y disparar desde fuera del área. Los hice driblar entre los banderines que clavé en la cancha en forma de zigzag antes de hacerle tiros a Fish.

Posteriormente fui al hangar de los Jets y encendí las luces para aquellos que quisieran quedarse perfeccionando la técnica. Escuchamos el ruido de las lámparas al encenderse, destilando inicialmente una luz azul difuminada, y resplandeciendo luego con un blanco brillante. La cancha estaba completamente iluminada y era imposible ver más allá de ella. Una vez adentro de la cancha, entrabas a un mundo privado, a una isla en la oscuridad de noviembre donde podías jugar mientras las luces estuvieran encendidas.

La mayoría de los chicos fueron a ducharse a sus casas, a hacer las tareas, a trabajar o simplemente a descansar o a jugar videojuegos. Pero un jugador permaneció en la corona de la cancha. Indio levantaba el balón con su pierna derecha y lo lanzaba hacia arriba en dirección a las luces antes de atraparlo con la izquierda. Hizo varias veces esto y me le acerqué.

"Indio, ¿quieres hacer tiros?", le pregunté. Él quería seguir practicando y no parecía haberme prestado atención. Mantuvo sus ojos en el balón, el cual lanzaba en dirección a las luces. Asintió y pensé que haríamos tiros desde afuera.

Indio era un deportista talentoso. Arrasaba con los defensores y los superaba con facilidad. Sin embargo, tenía una limitación: los remates al arco. Si lograra terminar las jugadas luego de sobrepasar a los defensores contrarios, literalmente podría anotar goles cuando quisiera. Esta era su debilidad en la cancha. Era el armador del equipo, sus compañeros iban a donde él los guiaba, y si pudiera mejorar los tiros desde la distancia, sería un mediocampista completo, que no solamente podría penetrar por el medio y lanzar pases a los costados como lo había hecho contra Surry Central, sino que también podría lanzar disparos mortíferos al ángulo superior derecho, en cuyo caso serían imparables.

Le dije a Indio que se alejara a 40 yardas del arco. Tomé un balón y lo lancé hacia arriba en dirección a él. Indio tenía que correr, recibirlo y correr por la cancha. Yo corrí hacia él, pero Indio tenía que disparar al arco antes de que yo lo atacara. Sus primeros disparos salieron desviados, pero después comenzó a afinar su puntería.

"Indio, la idea es que dispares tan pronto me eludas. Cuando disparas después de superar a un defensor, le ocultas la dirección del balón al portero, quien no sabrá por dónde vendrá, pues ya está en el aire. Dispara tan pronto me pases, sin importar en dónde estés. ¿De acuerdo?"

"De acuerdo, Cuadros", me dijo y sonrió. Era muy receptivo a las instrucciones; escuchaba y luego ponía en práctica lo que le decía. Tenía el sello de un buen jugador.

Indio disparó tan pronto me superó. Yo no lo ataqué duro, pues no era la intención. Simplemente quería que él aprendiera a hacerlo, y sólo lo ataqué con más fuerza cuando asimiló ese concepto. Al cabo de unos doce balones, comenzó a anotar y a tener una gran efectividad. Echaba la pierna atrás, luego la estiraba completamente hacia delante, le daba al balón, que salía elevado y luego lo pateaba con la otra pierna.

Un tiro perfecto consiste en transferir el peso. El tiro nace cuando el jugador dobla su pierna atrás hasta tocarse la cadera, y luego la estira hacia delante, haciendo contacto con el balón en los cordones de los guayos. La verdadera fuente de la potencia se da cuando el jugador descarga su propio peso de la pierna en la que está parado, a la pierna con la que golpea el balón, transfiriéndole así toda la energía y apoyándose finalmente en el pie con el que ha pateado. Cuando este movimiento es ejecutado a la perfección, el balón sale con una voluntad propia, desviándose ligeramente a la izquierda o a la derecha durante su recorrido sin girar. El portero no puede saber en qué dirección va el balón porque no gira. Es un tiro letal que acaba con los equipos, desmoraliza a los arqueros, y hace que a los defensores les tiemblen las piernas.

"Bien, ¿estás listo para el gran partido, amigo?" Estábamos leyendo juntos *El gran Gatsby* para su clase de inglés. Indio me recordaba a Gatsby en algunos sentidos cuando estaba en la cancha. Su excelencia, su juego limpio y su talento. Era tan pulido como Gatsby en el área.

"Por supuesto, amigo", respondió sonriendo. Nos gustaba decirnos así.

Abandonó la cancha y yo lo observé mientras ingresaba a la luz difusa que había alrededor de la pista. Pareció detenerse un momento allí, suspendido en la duda —una silueta desenfocada— antes de diluirse finalmente en la oscuridad. Me agaché para recoger los balones que estaban desperdigados por la cancha y echarlos en la bolsa negra mientras veía a Indio entrar a un mundo desconocido. Era un deportista genial en el campo de juego que despertaba adoración debido a su talento, que tenía un futuro promisorio. Pero una vez que salía de la cancha y cruzaba sus líneas azules, se convertía en un ilegal, en un animal que debía ser capturado y deportado. Esa era la forma como el país lo veía.

¿Era un campo de fútbol diferente a una plantación de tomates, a la planta avícola o al campo de la construcción? Los latinos siempre se sentían seguros cuando estaban en sus campos, pero cuando salían de ellos y se alejaban de sus luces protectoras, se internaban en la oscuridad, en el mundo desconocido de ser indocumentados.

Indio tenía muy pocas probabilidades de estudiar en la universidad. Tendría que recurrir a todo su talento en la cancha para cumplir su sueño de tener una educación superior. Si jugaba lo suficientemente bien y podía dejar su nombre lo suficientemente en alto, quizá algún entrenador universitario lo quisiera bastante como para ayudarlo a superar el obstáculo de su estatus. Esa era su mayor oportunidad. En realidad, era la única que tenía.

Yo estaba ocupado redactando algunas notas para un artículo que publicaría en la revista *Time* cuando recibí una llamada. Era alguien que decía ser un hincha de Lejeune. Llamó para felicitarnos por haber llegado a las finales. Me pareció extraño y un poco atrevido. En los tres años que llevaba como entrenador, ningún hincha me había llamado antes de un partido. Yo no tenía muchos deseos de hablar con él, ni mucho qué decirle, pero él insistió y me preguntó si había investigado algo sobre Lejeune. Me dijo que él había hecho lo mismo con los Jets. "Está bien", pensé. Todos sabemos lo que debemos hacer antes de un partido. ¿Qué quería este hombre?

"Escucha, creo que podríamos intercambiar información sobre nuestros equipos", dijo para mi asombro. "Me hablarás de tu equipo y yo te hablaré del mío".

Su oferta me sorprendió y tardé un minuto en reponerme. "Puedo decirte que hice lo mismo con Albemarle cuando Lejeune jugó las finales con ellos dos años atrás", me dijo.

"¿Por qué no nos limitamos simplemente a ver qué sucede el sábado?", le respondí, pensando que yo debía averiguar con los entrenadores de Albemarle y confirmar sus declaraciones tan pronto colgara. No le creí un solo instante, pues conocía a los entrenadores y sabía que jamás habrían hecho algo tan extraño antes de un partido por el campeonato. Luego se tornó desagradable.

"¿Sabes algo? Realmente me sorprende que hayan llegado tan lejos", dijo sonriendo. "Es decir, creí que ustedes no podrían superar a Surry Central".

Si él quería una pelea o un intercambio verbal, había llamado a la persona equivocada, pues ese no era mi estilo. Decidí comportarme como un tonto para neutralizar sus intentos de provocarme. Era obvio que su intención era intimidarme, irritarme, sacarme de las casillas, con la esperanza de que yo le dijera algo que pudiera utilizar contra mi equipo.

"Mira, simplemente nos alegra llegar a las finales", le dije, y me esforcé para sonar lo más natural posible.

Sin embargo, no se detuvo. Me dijo que saliéramos a cenar la noche anterior al partido; yo no podía creer que estuviera hablando en serio. Rechacé amablemente su invitación y le dije que nos veríamos el sábado.

Llamé de inmediato a los entrenadores de Albemarle y nos

reímos con la historia. El deporte hace que las personas se comporten de diversas maneras. A veces crea la capacidad para superar la adversidad y competir con ferocidad aunque de una manera honesta. Pero otras veces despierta los instintos más bajos; un comportamiento que en el mejor de los casos puede ser considerado como antideportivo. Si el hincha quería intercambiar información sobre los equipos, entonces había tenido éxito. Yo ya sabía qué clase de hinchas tenía Lejeune, y podía inferir qué clase de jugadores despertaban semejante tipo de apoyo.

La mañana del sábado finalmente llegó. Les pedí a los chicos que nos encontráramos frente al gimnasio. Quería que estuvieran en el corredor de los campeones de la escuela. Llegaron en grupos pequeños, cargando las mochilas y bolsas de fútbol con sus guayos y uniformes. Era temprano —las siete de la mañana— y se quejaron de la hora. "No manches, Cuadros", fue lo único que dijo Indio. Les dije que quería que llegaran temprano al estadio para que nos acostumbráramos a la extensión de la cancha en la medida que fuera posible antes de las diez de la mañana, hora en que comenzaría el partido.

"Quería que nos encontráramos en este lugar de la escuela por una razón", comencé a decirles. Algunos estaban somnolientos, pero la mayoría estaba alerta. Era obvio que no habían dormido mucho la noche anterior. "Ustedes pasan todos los días por este corredor cuando van a clases. Y todos los días miran esas fotos". Detrás había una serie de fotografías gigantescas con marcos de madera, a la vista de todos.

Estaba la foto del equipo de básquetbol que había ganado el campeonato estatal de 1997. Los jugadores eran negros y blancos, estaban de pie y sus rostros jóvenes tenían una mirada seria.

Luego estaba el equipo de *cross-country* con uniformes blancos y azul marino; todos los chicos eran blancos y sonreían alegres. Y después había dos filas impecables de chicas rubias del equipo campeón de tenis y una afroamericana entre ellas. Y también se encontraban dos equipos de golf con sus trofeos.

En ningún lugar de la pared de campeones había estudiantes que se parecieran a los de mi equipo. En los años anteriores me había preguntado qué sentirían estos chicos al caminar por este corredor sin ver una sola foto de una persona que se pareciera a ellos. ¿Acaso no se habían preguntado por qué no había ninguno como ellos y cuándo llegaría el momento de cambiar eso? Yo había comenzado el equipo por varias razones: para darles a estos chicos la oportunidad de jugar, para que siguieran estudiando, para que tuvieran una oportunidad de ir a la universidad, pero había una razón que consumía mis pensamientos más que cualquier otra, y era esa pared. Siempre creí que podríamos ser campeones de la conferencia pero nunca me atreví a pensar que pudiéramos ser campeones estatales. El sueño de tener una fotografía exhibida en el corredor pertenece a ese tipo de sueño que nunca te permites tener, por temor a que nunca se realice. Habíamos ganado la División Oeste, pero la fotografía era la razón por la cual yo quería ganar. Quería que estos chicos caminaran por el corredor y vieran caras parecidas a las suyas. Quería que supieran que ellos también eran parte de esta escuela.

"Esta es nuestra foto, en esta pared del corredor", dije tocándola. "Nuestra historia aún no se ha contado aquí. Nuestra historia aún está escrita con ladrillos y argamasa". Los chicos me miraron y vieron en mis ojos lo que yo sentía. "Pero nuestro día ha llegado finalmente. Hoy jugaremos por un lugar en la pared de los campeones. Y un día sus hermanos o hermanas menores, o incluso sus propios hijos, podrán venir aquí y mirar esta pared y ver que ustedes fueron campeones, que nuestra gente puede ser campeona, que nosotros podemos ser grandes". Fish, el estudiante de último año que jugaría su último partido, entendió exactamente lo que yo quería decir. Esta era la historia para nosotros; por primera vez estábamos dejando nuestra marca en Siler City. Fish se acercó y luego los otros chicos me rodearon y permanecimos un momento en silencio. Salimos del corredor y abordamos el autobús.

El viaje de Siler City a Cary sólo tardaría cerca de una hora. Nos alegró que la señorita Brickhouse condujera el autobús, no sólo porque era una conductora segura y confiable, sino también porque nos había llevado a todos los juegos de la temporada. Los chicos la consideraban como su amuleto de la buena suerte. Enseñaba agricultura en la escuela, era inteligente, sabia y se llevaba bien con el equipo.

El autobús atravesó Pittsboro y pasó por el lago Jordan, un lago artificial en el condado de Chatham en donde estaba localizada una planta de energía nuclear que alcanzaba a vislumbrarse en el horizonte.

Miré por la ventana y pensé en los antiguos jugadores del equipo; quise que algunos estuvieran con nosotros. Los rostros de chicos como Pee Wee, Oso y Dougie-style desfilaron por mi mente. Pee Wee con su pelo rizado de portorriqueño y sus ropas y aspecto de patinador. Oso, con sus piernas gruesas y negras, y tan largas como árboles. La sonrisa pícara de Doug y su gorra de béisbol que le daba un aspecto de colegial. Pensé en Lenin y su cabeza grande y redonda de calabaza, su gran sonrisa, jugando en el autobús con Enrique. Salí de mi ensueño cuando escuché un sonido fuerte y apagado delante de mí, muy cerca de la rueda delantera derecha del autobús. Me levanté rápidamente y me acerqué a la señorita Brickhouse. "¿Qué fue eso, Brick?" Parecía como si hubiéramos pisado un venado o algo así.

"No sé", dijo, sujetando el timón con fuerza. Vi un humo blanco y vaporoso saliendo a un lado del motor. No habíamos pisado a un venado, y pensé que se trataba de un neumático pinchado, pero también sentí un olor a aceite quemado y a humo. Tendríamos que evacuar el autobús de inmediato. La señorita Brickhouse se detuvo a un lado de la carretera y les dije a los chicos, "Tenemos que bajar ya". Inicialmente creyeron que yo estaba bromeando, pero vieron que hablaba en serio y comenzaron a moverse. Les pedí que tomaran su equipaje. El humo parecía haber disminuido pero yo no estaba dispuesto a correr riesgos. El autobús podría incendiarse.

Los chicos bajaron rápidamente y afortunadamente no sintieron pánico. Cuando estábamos afuera, vi que un líquido salía del motor; se había reventado el vástago. El autobús no iría a ninguna parte y nosotros tampoco.

21

Enrique!", dije rápidamente. Yo estaba llamando a todos mis conocidos para que vinieran a recoger al equipo. "Mira, el autobús se echó a perder en la Carretera 64. ¿Puedes venir más temprano y recogernos?" Enrique había tomado el día libre en su trabajo para asistir al partido. Lo localicé en su teléfono celular, pero su familia aún se estaba arreglando.

"¡No puede ser!" Lo imaginé sonriendo con los ojos cerrados. "Sí, les diré que se apuren y los recogeré". Enrique llevaba varios meses trabajando como aprendiz de plomero. Le encantaba su trabajo y quería obtener la licencia y abrir su propio negocio.

Colgué y llamé al siguiente número de mi lista. Ya le había informado a John Phillips de nuestro inconveniente, pero me dijo que si enviaba otro autobús, de todos modos no llegaría a tiempo. Llamé a Leda, la periodista que había conocido en la manifestación de David Duke, y le pedí que recogiera a algunos de los chicos. Después de la manifestación, ella y yo comenzamos a salir y nos enamoramos; se había convertido en la mayor hincha del equipo y en todos los partidos iba de un lado al otro de la cancha y les gritaba a los árbitros. Me devané los sesos tratando de pensar en alguien que tuviera una furgoneta o camioneta. Llamé a mi amigo Dan de la Liga de Fútbol de Chatham, pues sabía que asistiría al partido. Eran apenas poco más de las ocho de la mañana y aún podíamos llegar a tiempo.

Los chicos se habían reunido en un terraplén al lado de unos pinos. Bromeaban con nerviosismo, diciendo que llegaríamos tarde, como era costumbre entre los latinos. Otros estaban visiblemente molestos y preocupados por la posibilidad de que anularan el partido.

"Calma, chicos. ¿Cuántos de ustedes han cruzado la frontera?" Casi todos levantaron inmediatamente la mano. "Bien, les diré algo: esto es mucho más fácil que eso". Los chicos se rieron. Sabían que habían pasado por cosas peores que estar a un lado de la carretera. Habían superado tantos obstáculos en sus cortas vidas, que un autobús averiado era nada para ellos. A medida que pasaban los minutos, me sentí confiado en que de alguna manera llegaríamos allá. Estaba aplicando todos los secretos que había aprendido durante mis años de periodismo, y rastreando fuentes por vía telefónica para localizar personas que vinieran a recogernos. Iríamos en varios autos, tal como lo hacen la mayoría de los clubes privados para los torneos, y no veía ningún problema en eso. "¡Oye, sal de la carretera!", le grité a Lechero, quien estaba moviendo su pulgar como si pidiera un aventón. Él se rió.

Luego, algunos autos redujeron la velocidad y se estacionaron detrás del autobús. Les dije a los chicos que se vistieran, en caso de que no hubiera autos suficientes para acomodar nuestro equipaje. Llegaron los padres de Anthony, los de Indio y también Leda. Luego apareció una furgoneta blanca. Llevaba varias escaleras arriba y pertenecía a Turner Plumbing, el empleador de

Enrique. El propietario había visto a Edi y a Árabe al lado de la carretera y se había dado cuenta de que eran hermanos de Enrique. Momentos después, siete jugadores subieron a la furgoneta y se acomodaron entre las herramientas y los equipos. Otros cuatro o cinco se subieron al camión que estaba conduciendo Enrique, y echaron el equipaje en uno de los autos. Todos teníamos un asiento, y dejamos el autobús atrás para dirigirnos al estadio. Había valido la pena salir temprano. Loco dijo, "Estamos dejando toda nuestra mala suerte en el autobús". Esperé que fuera así.

Los Lejeune Devil Pups llegaron al Parque de Fútbol SAS en un autobús fletado, grande e imponente, con una imagen enorme de un marino uniformado con gorra blanca y una espada. Ahora sí que había llegado la Marina; los Devil Pups estaban vestidos de rojo, negro y blanco. Estaban clasificados como el equipo número uno del estado, y se esperaba que dominaran a Jordan-Matthews.

Un grupo variopinto de autos, camiones y la furgoneta de Turner Plumbing se estacionó en el andén que conducía a la entrada del estadio; parecíamos una cuadrilla de trabajadores listos para cumplir con una agotadora jornada laboral en una construcción, y no un equipo que disputaría el campeonato. Teníamos todo el aspecto de mojados, y no pude dejar de sentir las miradas de incredulidad que nos lanzaban los miembros de Lejeune y sus seguidores mientras veían a estos "mexicanos" saltar y salir de sus vehículos. Los chavos —vestidos con sus jérseys blancos, sus shorts azules y sus guayos— estaban listos para entrar a la cancha. Miraron el autobús de Lejeune y me dijeron, "Oye, Cuadros, ¿por qué no podemos conseguir uno como ese?", y "¡Vamos a vencer a la Marina!"

Nos apresuramos al estadio y entramos a la cancha. Habíamos sido designados como equipo local y dejamos nuestras cosas al lado de la zona de las tribunas y las casetas de prensa. La cancha era hermosa y plana, una gran alfombra verde de hierba suave que iba de un lado al otro. El rocío matinal le había dado un lustre resplandeciente, lo que significaba que el balón estaría resbaladizo. La temperatura era perfecta; era fresca pero no fría, y el sol estaba comenzando a calentar y a secar la humedad.

Los chavos no veían la hora de entrar a la cancha y comenzar a lanzar balones. Pisé el césped y sentí una descarga eléctrica en las piernas. La cancha parecía grande, pero por alguna razón se sentía más pequeña cuando estabas en ella. La cancha profesional había alcanzado dimensiones colosales en mi mente. Y mientras la miraba y lanzaba balones con los chicos, supe que podíamos ganar en un lugar como éste.

Nuestra alineación titular sería igual a la de antes. Fish en el arco, Lechero como líbero, Anthony y Lecherito como zagueros laterales y Bomba como defensor central. Quería que los dos jugadores más rápidos del medio jugaran por los costados; Edi por el izquierdo y Loco por el derecho. El mediocampo estaba complementado por Güero e Indio. Adelante estaban Perico y La Pepa. Tenía una pequeña lista de suplentes, pero no quería recurrir mucho a ella durante este partido.

Los equipos ya habían calentado y comenzó el espectáculo. Les dimos la mano a nuestros adversarios, unos jugadores grandes y altos con piernas gruesas, y escuchamos a los árbitros hablar sobre el comportamiento que esperaban de nosotros. El anunciante leyó los nombres de dos jugadores de ambos equipos y luego sonó el himno nacional.

Permanecimos en la mitad de la cancha con las manos sobre nuestros corazones, y por un momento pensé en un partido que habíamos jugado durante nuestra primera temporada. Tuvo lugar el 11 de septiembre, un año después de los ataques a Nueva

York y Washington. Los chavos habían marcado un gol sorprendente, celebraron, y debajo de sus jérseys tenían camisetas que habían pintado con un letrero que decía ESTE GOL ES PARA LOS ESTADOS UNIDOS, algo que no me habían dicho. El árbitro se acercó y me dijo que era una violación a las reglas, aunque entendía la intención de los chicos y se olvidó de ello. Pensé en ese gol, en el equipo y la forma en que estos chicos querían expresar su amor por el país que los había adoptado. Me hizo recordar la ocasión en que mi padre me envió a comprar un juego de bolígrafos que tuvieran el mensaje, AMO LA PAZ EN MI AMÉRICA. Casi nunca expresaba su amor por este país, pero por alguna razón quería un juego de bolígrafos que tuvieran esa inscripción. Me pidió que le leyera la inscripción y la leí tal como aparecía.

Nuestras tribunas estaban repletas de hinchas de Siler City vestidos de blanco y azul. Habían fijado avisos coloridos en las barandas que decían ¡SÍ SE PUEDE! y ¡VAMOS JETS!, y exhibían los números de sus jugadores preferidos. También habían traído pitos, tambores y aparatos para hacer ruido. Estaban listos para cantar, aplaudir y animar a sus héroes. Miré la tribuna y me agradó ver que Siler City realmente había venido al gran partido. Había estudiantes negros, blancos y latinos en las tribunas. Los profesores habían ido a respaldar a sus estudiantes. Los defensores y empleadores de los latinos, y cualquiera que tuviera contacto con ellos también habían comprado boletos. Habían venido personas curiosas a ver por qué había tanto revuelo. Los medios también habían venido. Pensé que independientemente de que perdiéramos o ganáramos, habíamos conseguido al menos que la ciudad estuviera unida en torno a algo.

Cuando terminó el himno nacional, nos dirigimos a nuestro lado y sostuvimos la cadena. Los chicos se emocionaron. Yo tenía que decirles una última cosa y quería que fuera breve. Quería hacer que mis jugadores la vieran y la sintieran, que comprendieran exactamente para qué estaban jugando, y animarlos a dar todo de sí en la cancha.

"Estos tres años han sido un largo viaje", empecé a decir con serenidad. "Algunos de ustedes comenzaron en este equipo, y en esa época teníamos un sueño, el de ser campeones algún día. ¡Y ese día finalmente ha llegado!"

"¡Sí, Cuadros! ¡Sí!", gritaron.

"Hoy jugaremos por todos los que estuvieron antes de nosotros y ya no están aquí, por los veteranos que nos verán hoy. Jugaremos por nuestros padres, quienes nos enseñaron este hermoso deporte. Jugaremos por nosotros mismos y por tener una foto en la escuela. Jugaremos por todos los equipos latinos que no pudieron avanzar a estas instancias. Pero hoy, jugaremos en nuestros corazones para nuestra gente. Somos mexicanos, salvadoreños, guatemaltecos, peruanos y americanos. Hoy jugaremos por todos los miembros de nuestra comunidad, ¡y todos seremos campeones!"

Edi comenzó a entonar nuestro canto mientras los chicos sostenían la cadena que yo tenía en mis manos. "¿Quiénes son los Jets?", preguntó, y los chicos respondieron: "¡Nosotros! Nosotros somos los Jets!", y todos cantaron en coro: "¡Uno, dos, tres, vamos, Jets!". Y saltaron a la cancha.

Lejeune saca el balón y lo pasa a sus mediocampistas, pero Güero lo recupera, se lo entrega a Indio, quien elude a un defensor y se lo pasa de nuevo a Güero, quien dribla a un rival y le lanza el balón al costado izquierdo a Edi, pero es derribado. El partido es tenso, y los dos equipos juegan con cuidado. Sin embargo, nosotros hemos controlado el esférico y dominamos la cancha. Lejeune no ha podido pasar del mediocampo, y nuestros mediocampistas les roban continuamente el balón.

Los dos equipos están equilibrados y percibo que el partido se decidirá en la mitad de la cancha.

El arquero de Lejeune hace un saque aéreo que llega más allá de la mitad del campo y Lechero lo recibe y se lo pasa a Perico; avanza rápidamente con él y se lo entrega a Güero, quien se descuelga por el medio. Hace una jugada de más y pierde el balón, que pasa de un equipo a otro en la mitad del terreno. Ninguno de los equipos está utilizando los carriles laterales. La cancha es tan ancha que los jugadores juegan exclusivamente en el medio. Les grito que "abran el partido".

Indio controla el balón y me calmo un poco. Cada vez que Indio toca el balón, tengo la certeza de que podemos armar buenas jugadas y llegar al arco contrario. Sin embargo, le hace un pase demasiado largo a Edi, quien no logra recibirlo por el lado izquierdo. Un jugador de Lejeune choca con Indio y le da un rodillazo en el muslo. Indio cae al suelo pero se incorpora rápidamente.

Detrás de mí, los hinchas cantan en coro: "¡Sí, se puede! ¡Sí, se puede!" Lejeune llega a la mitad de la cancha, un mediocampista ve a un delantero en el área y le envía un pase aéreo. Pero Fish ha visto el peligro antes de recibir el balón, y ha salido de su línea para interceptarlo, agarrándolo con las dos manos. Lo saca en un arco elevado. Lejeune está jugando con una línea defensiva de cuatro, y necesitamos penetrarla.

Anthony comienza una jugada por la derecha, atrapando un balón aéreo. Corre con él y cuando un mediocampista lo ataca, se lo pasa a Perico en el medio, quien lo recibe con el pie izquierdo y se da vuelta. Ve a La Pepa adelante y a la izquierda y le pasa el balón en bombita. Pepa está solo y persigue el balón, que ha pasado la línea defensiva de Lejeune. La Pepa lo toma y entra al área contraria. Nuestros rivales ven el peligro y van hacia él. Pepa está frente al arquero, quien está agazapado como un gato cazando. Sin embargo, no dispara al arco; esquiva a un defensa con mucha calma y lo deja en el suelo. Ve a Edi en el medio y le pasa el balón. Sin embargo, éste rebota y Edi lo deja pasar porque Güero está listo para disparar; le da al balón con la parte exterior del pie izquierdo y lo envía hacia el poste horizontal. Parece un tiro mortífero, como una clavada de voleibol. Pero el arquero de Lejeune es uno de los mejores del estado; se eleva en el aire y desvía el balón a tiempo. Es una jugada emocionante y los hinchas de ambos equipos celebran ruidosamente.

Al igual que en el partido anterior, Edi se ve inusualmente cansado y distraído, y lo sustituyo por Chaquetas. Edi dice que los nervios no lo dejan respirar. Mientras tanto, Lejeune es incapaz de hacer varios pases consecutivos. Somos más fuertes de lo que ellos esperaban, y hemos podido hacer tres o más pases consecutivos.

Y luego sucede algo. El balón va del campo de Lejeune al lado izquierdo de nuestra defensa. Lecherito lo envía hacia adelante. Güero lo recupera, gira y busca a un compañero. Elude a un defensor; Pepa está adelante y tiene a un zaguero a su lado. Güero ve a Perico en el medio y le pasa el balón. Perico lo recibe de espaldas al arco. Sabe dónde está Pepa, gira y le envía un pase suave al área por encima de la línea defensiva. ¿Cuántas veces ha realizado esa jugada y le ha pasado el balón a Pepa o a otro de sus amigos en la cancha del patio trasero? Es el tipo de jugadas que obedecen a un sexto sentido y que sólo es posible luego de jugar muchas horas en espacios pequeños.

Pepa está esperando el balón; lo recibe e ingresa al área contraria. Está frente al arquero. Pepa es nuestro goleador y puede terminar la jugada. El arquero es consciente del peligro y sale para achicar el ángulo, pero a Pepa no le preocupa eso. Envía un tiro duro y rasante al otro palo. El arquero está descontrolado e intenta abalanzarse a toda a costa sobre el balón, esperando detenerlo con alguna parte de su cuerpo. Sin embargo, es demasiado tarde y el balón se interna en el ángulo izquierdo. Los Jets anotan un gol. Nuestros jugadores se acercan a Pepa, lo abrazan y se abalanzan sobre él. La hinchada de Siler City se enloquece. Hemos vencido la línea defensiva de cuatro. El pase de Perico la ha herido, y Pepa le ha dado el golpe de gracia. El chico que el año anterior había sido inelegible por faltar a clases y que se esforzó para ser parte del equipo este año, es el héroe del momento. Pero yo no me puedo relajar con una ventaja de un gol a cero. Lejeune no claudicará fácilmente.

El gol ha inspirado a los Jets y lanzan otro ataque demoledor. Esta vez es Chaquetas quien avanza haciendo gala de una gran destreza, pasando entre dos jugadores y llegando al área contraria. Indio está allí para recibir el pase. Chaquetas no lo duda. El arquero sale a contener el balón, pero Chaquetas llega primero y le da un zapatazo izquierdo que lo supera. La bola está entrando, pero aparece un defensor y la saca antes de cruzar la línea. El arquero está sorprendido, y no puede creer que los Jets estén llegando con tanta claridad. Les grita a sus defensores que protejan mejor el arco. La hinchada se emociona, y las chavas gritan: "¡Muy bien, muchachos, muy bien!"

El primer tiempo termina 1–0 a favor de los Jets.

Los chicos salieron de la cancha y se sentaron. Estaban sudorosos pero no cansados; excitados pero no nerviosos. Indio no era el mismo de siempre; había sufrido una contusión y el preparador físico le aplicó un ungüento.

"¿Cómo va el partido?", les pregunté.

"Cero a cero", respondieron tal como les había enseñado, pues sabían que cualquier cosa podía suceder.

"Sólo faltan cuarenta minutos para ser campeones: cuarenta minutos. Quiero que cada uno de ustedes dé todo lo que tenga en esos cuarenta minutos. ¿Recuerdan el teléfono especial que tengo para llamar a los jugadores cuando los necesitamos? Pues bien, los estoy llamando a todos ustedes, incluso a los que están en el banco. Tienen que estar listos. Este es un equipo fuerte. Faltan cuarenta minutos", les dije, y luego hice una pausa. "La vida es dura y todos ustedes lo saben. Apenas estamos comenzando nuestras vidas aquí. Pero no importa a dónde vayan ustedes ni qué suceda, siempre sabrán en lo más profundo de sus corazones que fueron los mejores, que fueron campeones y que pueden hacer cosas grandes. Y cada uno, cada habitante de este estado, también lo sabrá".

Le pregunté a Indio cómo se sentía antes de regresar a la cancha, y me dijo que mucho mejor gracias al tratamiento. Los jugadores de Lejeune estaban siendo rudos con él. Lo miré; necesitaba que se recuperara y desplegara todo su potencial. Yo esperaba más de él, y él también. Indio asintió. "No te agüites, Cuadros, el partido es nuestro".

"No manches, amigo".

Lejeune comienza el segundo tiempo atacándonos con todo. Saben que necesitan equilibrar pronto el partido para no correr el riesgo de perder. Todo se decidirá en los quince minutos iniciales, y Lejeune se ha apoderado de la cancha. Nuestra defensa cede pero no sucumbe. Lechero despeja muchos balones y contiene a varios jugadores. Y cuando el balón llega al arco, Fish vuela para agarrarlo antes de que un delantero pueda cabecear. Y quince minutos después, veo que los jugadores de Lejeune empiezan a cansarse. El gran tamaño de la cancha y nuestros ataques los están extenuando.

Indio recibe el balón en el mediocampo y le envía un pase largo a Perico, quien deja que el balón caiga adelante y va a buscarlo. Lo controla y entra por una esquina del área con un defensor detrás. Lo elude con una jugada habilidosa, el defensor se ve derrotado, lo agarra de la cintura y derriba al pequeño jugador dentro del área. Sin embargo, el árbitro no pita un penalti. El público le reclama, pero él dice, "sigan jugando".

Güero está perdido en la cancha. Se está desdibujando y no muestra todo su potencial; lo reemplazo por Beto. Hablo con Güero sobre su desempeño; está disgustado. Quiere dar lo mejor de sí, pero siente que no lo está haciendo. Le digo que descanse un momento y que luego volverá a jugar. Dice que no lo hará y se sienta en el banco.

El arquero de Lejeune envía el balón a nuestro campo, pero Edi se lo arrebata a un delantero contrario, va al carril izquierdo y le envía el balón a Perico, quien avanza por ese costado, penetrando en los tres cuartos de cancha del rival. Sabe que Edi se está descolgando por el costado y le pasa el balón por encima de la línea defensiva. El balón cae delante de él y Edi corre para alcanzarlo, pero está solo allá. Un defensor central se le acerca; ambos están frente a frente dentro del área. Sin embargo, Edi es muy rápido y tiene el balón en sus pies. Va a disparar, pero el defensor le hace zancadilla y Edi sale volando con los brazos extendidos. Cae estrepitosamente y su rostro se retuerce de dolor. Es una falta clara desde atrás que amerita un penalti, pero el árbitro está lejos y dice que sigan jugando. Tal parece que no está dispuesto a pitar ningún penalti.

Comienzo a pensar que tendremos que ganar este partido por un gol de diferencia, en medio de la tensión y los nervios. No podemos terminar nuestras jugadas ofensivas. Bomba le ha hecho dos pases largos a Loco por la esquina derecha; él ha estado libre y ha entrado al área para disparar, pero la defensa de Lejeune ha neutralizado ambos ataques.

El arquero de Lejeune no está dispuesto a permitir más goles; es el bastión de los Devil Pups. Permitieron un gol, pero no más. El arquero envía lejos el balón, pero Chaquetas lo recibe y se lo pasa a Pepa. Los defensores de Lejeune ya lo están marcando de cerca, y no puede ingresar al campo contrario con el balón. Pero ve a Indio en el medio, a unas 35 yardas del arco y le hace un pase elevado.

Indio baja el balón con el pie derecho y luego lo acomoda con el izquierdo. Nadie se le ha acercado; el arquero está a su izquierda, cubriendo el poste más cercano. Indio está lejos del área de las dieciocho, a unas 25 yardas del arco. Pero eso no importa: hemos trabajado toda la semana en ello. Esta es su oportunidad, y él va a disparar.

Apunta y le pega duro al balón con el lado exterior del pie derecho. El balón se eleva y luego desciende en dirección al ángulo derecho. Es un tiro profesional, un disparo demoledor, de esos que parecen detenerse, retroceder y ser ejecutados de nuevo debido a su gran energía, a su audacia, a su fuerza y contundencia.

El arquero está muy a la izquierda y el cañonazo de Indio lo toma por sorpresa. Hay algunos deportistas que son triunfadores natos, que saben que pueden levantar a todo un equipo y decidir el marcador, que apelan a la magia, pueden colarse entre la defensa contraria y atestar el golpe final. Uno quiere que ese tipo de jugadores tenga el balón en los momentos finales. Son armadores de juego y definidores de partidos, y en esos momentos finales parecen contar con capacidades sobrehumanas. Eso es lo que los hace triunfadores, y el Indio es un triunfador. Su disparo va silbando hacia el arco, cae en la línea final y rebota al ángulo derecho. Las redes se inflan como las velas de una embarcación y el partido ha terminado. Yo lo sé, Lejeune lo

sabe y los chavos también. El arquero está desconcertado y tendido en el suelo sin poder creerlo. Un defensor se lleva las
manos detrás de su cabeza: es la señal universal de la capitula-
ción en el campo de batalla.

Los chicos abandonan sus posiciones y corren hacia Indio.
Saltan sobre él, lo abrazan y lo agarran como si estuvieran pal-
pando la magia que acaba de realizar. Estoy a un lado de la
cancha y los veo dispersarse. Pepa va trotando junto a Edi, con
el brazo en el pecho de Lechero; éste acompaña a Fish, quien
tiene su cabeza unida a la de Indio. Perico trota al lado de su
hermano mayor. Todos tienen una sonrisa radiante, y en sus
ojos hay una felicidad que pocas veces asoma cuando pasas de
cierta edad, pero que está dentro de todos nosotros, dormida y
esperando para aflorar en un momento verdadero y honesto.
Eso es lo que hace el deporte: despierta esa sensación oculta de
verdadera felicidad.

Faltan sólo quince minutos y el gol de Indio supone un
golpe letal. Es imposible que Lejeune pueda marcar tres goles
en quince minutos contra una defensa que no les ha permitido
hacer un solo tiro directo al arco en todo el partido. Sé que
todo ha terminado y cierro mi libreta de estadísticas para poder
saborear y recordar estos momentos finales.

Cuando el anunciador empieza a contar los diez segundos
finales, el partido se detiene y los chicos comienzan a celebrar.
Los suplentes se levantan del banco y todos los jugadores se
abrazan y saltan en la cancha. Pero un jugador permanece detrás; Güero no siente ánimos para celebrar. Todos sus amigos,
los chicos con los que ha crecido, están gritando de felicidad,
pero él no puede sentirla. Lo único que siente es que ha defrau-
dado al equipo y a sí mismo. Pero los chicos no lo abandonan a
su suerte y van por él para que reciba la medalla.

Entré lentamente a la cancha para reunirme con mi equipo, y mientras lo hacía, pensé en todos los jugadores que había tenido en las tres temporadas anteriores. Sus rostros desfilaron ante mí y los vi correr en nuestra cancha. Todos ellos ya eran campeones. Sin importar lo que hubiera sucedido en sus vidas, siempre sabrían en lo más profundo de sus corazones que podrían ser los mejores en algo. Podían competir y ganar, aunque el rival pareciera estar a su misma altura. Los ojos se me humedecieron, pero lo que me mantuvo firme fue pensar que yo había hecho todas estas cosas —la coordinación, las peleas, las zalamerías, las negociaciones, los ardides, el juego, las incontables noches de insomnio— por mi gente. Comprendí que todos los latinos eran mi gente.

Nos habíamos unido en un solo equipo. Mexicanos, guatemaltecos, salvadoreños, hondureños, peruanos y americanos habíamos trabajado de manera conjunta para lograr un objetivo común. Muchas personas creen que no podemos unirnos en torno a una misma causa, pero yo sabía que eso no era cierto, y nuestro equipo lo demostró. Podemos ser un solo pueblo. Yo me sentí alienado y separado de todos los demás cuando crecí en Ann Arbor, pues había muy pocos latinos en el interior del país. Yo había dedicado mi carrera a escribir y a explorar las comunidades latinas a lo largo de nuestro territorio, pero cuando entré a la cancha para reunirme con los chavos, supe que había encontrado un hogar entre ellos. Saltaban y brincaban, abrazándose y gritando, "¡Somos campeones!". Y me metí entre ellos.

Los organizadores no tardaron en llevar una mesa al centro de la cancha para entregar las medallas y los trofeos. Los jugadores de Lejeune estaban visiblemente molestos por quedar subcampeones; era muy duro aceptar esa realidad. Mientras tanto, era una historia completamente diferente para los Jets, quienes no dejaban de celebrar. Cuando todos habían recibido sus medallas

—incluido Güero— los organizadores le entregaron el trofeo del campeonato a Fish. Lo miró un momento y lo levantó encima de su cabeza. Los chicos aplaudieron en círculo. Los asistentes estaban enloquecidos, pitando y tocando tambores.

Faltaba otro trofeo por entregar. El presentador anunció al jugador más valioso del partido. Pepa se lo merecía por el primer gol, que fue muy importante porque nos abrió la puerta del triunfo, pero Indio también podía recibirlo por el gol con que había sepultado a nuestros rivales. "La elección del panel especial es: de Jordan-Matthews High School… Indio". Él se lo merecía. Había controlado el mediocampo, hecho muchos pases y cuando vio un espacio, lanzó un riflazo que sepultó a los Devil Pups. Avanzó sonriente y levantó su placa. Ninguno de sus compañeros estaba celoso, pues todos sabían que él había comandado el equipo durante toda la temporada.

Después de recibir las medallas, los chicos me levantaron y me llevaron en sus hombros. Me daba pena pero ellos estaban felices. Levanté la placa que me había concedido la Asociación Deportiva de Secundaria. Me cargaron desde la cancha hacia las tribunas donde estaban los hinchas de Siler City y de otros lugares que habían venido a apoyar a los primeros campeones estatales de fútbol de JM. El público me aclamó, y luego los chicos dieron la vuelta olímpica. Fish iba adelante, sosteniendo siempre el trofeo encima de su cabeza. Cuando se acercaron a los aficionados, Enrique y Dougie-style bajaron de las tribunas para felicitarlos.

La escuela consiguió otro autobús que nos esperaba para llevarnos a casa. Mientras regresaba a Siler City, miré hacia atrás para ver qué hacían los chicos. El sol resplandecía por las ventanas y la temperatura era inusualmente alta. Los suplentes estaban felices. No habían jugado un solo minutos pero parecían deleitarse más con la victoria que los titulares. Indio se había quitado el uniforme, llevaba su ropa habitual y hablaba sonriente por su teléfono celular. Lechero estaba tranquilo, sentado al lado de un suplente. Vi que las lágrimas comenzaban a asomar lentamente en sus ojos. Era su último año y lo iba a terminar como campeón. Al otro lado del pasillo, Edi dormía con la cabeza recostada contra la ventana; estaba exhausto.

El autobús llegó a la calle Raleigh de Siler City: estábamos en casa. Pasamos a un lado de los pabellones blancos y vaporosos de las plantas avícolas y nos dirigimos hacia el centro. Los chicos se asomaron por las ventanillas para saludar y celebrar con las personas que estaban en los andenes. Los conductores comenzaron a tocar las bocinas de sus autos cuando nos vieron. Las personas que vivían en la calle principal salieron de sus casas y nos saludaron sonrientes, sabiendo que el equipo había regresado victorioso. Vi a personas blancas animarnos, a negros aplaudir y a latinos gritar de felicidad. Doblamos hacia la Segunda Avenida y el sonido de las bocinas aumentó. Todos los habitantes de Siler City ya sabían que los Jets habían obtenido el campeonato estatal. Salieron de sus tiendas, sitios de trabajo y hogares para ver pasar las caras morenas y sonrientes de los chavos que iban en el autobús.

Observé el edificio de piedra gris del ayuntamiento donde David Duke y sus partidarios se habían reunido para protestar contra la presencia de los trabajadores avícolas y a sus familias. Pero ésta era una demostración diferente, una celebración alegre de un equipo y de una ciudad que estaba superando sus dificultades con la gran migración latina del siglo veintiuno. ¿Dónde se encontraba la ciudad ahora? Si aceptar la migración era como las cinco etapas del dolor, Siler City había dejado la rabia atrás e iba camino a la aceptación. A lo largo de Estados Unidos, las comunidades locales como Siler City estaban luchando con esta migración. Algunas estaban sumergidas en la negación, pero muchas estaban furiosas, tal como lo había estado Siler City. Pero luego de ver que los residentes salieron y nos saludaron, tocaron las bocinas, aplaudieron y lanzaron sus puños al aire, supe que el equipo había superado todos los prejuicios y había hecho que la comunidad se uniera en torno a un solo equipo. Supe que estos chicos ya no eran latinos a los ojos de quienes los aclamaban: Eran los Jets y todos estábamos en el mismo equipo.

El autobús no se detuvo en la escuela. Indio dijo que su familia había organizado una celebración y le pidió a la señorita Brickhouse que se dirigiera a su casa. Llegamos allá, las chavas recibieron a los chicos y los llevaron al patio de la casa de Indio donde estaba la cancha; devoraron las pizzas y bebieron todos los refrescos que pudieron. Contaron historias con sus medallas rojas, blancas y azules en sus cuellos. Algunos se sentaron en el suelo o en bloques de concreto alrededor de la casa. Estaban cansados después del partido. Fish estaba tendido con un brazo en el balón y la cabeza recostada en las piernas de Elisa. Loco estaba sentado a su lado, de espaldas a la casa, con su gorra de béisbol a un lado de su cabeza. Güero besó a su novia y la abrazó; ella se había puesto el jérsey de los Jets de su novio. Los jugadores posaron con sus hermanos, primos o padres junto al trofeo estatal. El campeonato había sido un verdadero acontecimiento familiar.

Los chicos descansaron, se levantaron y comenzaron a jugar una cascarita con algunos de los chicos que no habían cumplido los requisitos para estar en el equipo, como Pony. "¿No han tenido suficiente fútbol en las finales?", les grité. "No, Cuadros, ¡queremos jugar más!" "No manches", les dije, y le pasé el trofeo a Leda para que lo sostuviera. Me puse los guayos y fui a jugar la última cascarita.

Al día siguiente, el periódico local publicó una fotografía grande en primera página en la que aparecían los chicos llevándome en hombros con el trofeo del campeonato. Hay dos primeras páginas de ese periódico en las que la comunidad latina ha ocupado un lugar importante. La primera fue durante la manifestación de David Duke, afuera del edificio del ayuntamiento casi cuatros años atrás. La segunda es la del equipo triunfal. Siler City había vivido durante varios años con la mancha negra de ese primer día, y la ciudad se había hecho famosa por la manifestación. Pero era indudable que el equipo había borrado esa mancha para siempre.

Muchos periódicos y estaciones de televisión de la zona difundieron la historia de los Jets, y salimos incluso en la sección deportiva del periódico *New York Times.* Siler City ya sería conocida por otra cosa.

Una semana después supe que Güero había dejado la escuela. Fui de inmediato a su casa para convencerlo de lo contrario. Llevaba una semana sin asistir desde que habíamos ganado el campeonato. Lo había decidido el sábado y entendí por qué estaba tan decepcionado con su forma de jugar el día del partido. Había resuelto que sería su último partido con la escuela y quería que fuera el mejor. Le dije que dejar los estudios no era la respuesta, pero él ya había tomado la decisión y no pude convencerlo.

"¿Qué vas a hacer ahora?"

Me miró y dijo que había comenzado a trabajar en la planta avícola. Sentí que el suelo se hundía debajo de mí. No me importaba si trabajaba en cualquier otro lugar, menos en la planta avícola.

"Estoy trabajando en el segundo turno", murmuró. Parecía avergonzado pero no expresaba sus emociones.

"Güero, ahora vas a aprender algo", le dije serio. Podía irse despidiendo de su novia; ella no era ninguna estúpida. ¿Por qué habría de permanecer junto a un desertor escolar que trabajaba en la planta avícola? Él tampoco encontraría el menor rastro de compasión allí. Lo despedirían cuando llegara tarde, y lo mismo le sucedería si cometía un error. Ahora tendría que madurar.

"Güero, es muy difícil regresar a la escuela después de haberla dejado". Pero él no me escuchaba; era imposible persuadirlo. Había jugado su último partido como un Jet, y no podría jugar el próximo año si dejaba de asistir a la escuela. Le dije que tendría que esperar dos temporadas para regresar al equipo.

"Está bien, Güero". Negué con la cabeza y le pasé el balón del campeonato. Lo llevé porque él no lo había firmado como el resto de sus compañeros. "Llámame si necesitas algo".

Firmó el balón y entró a su casa. Permanecí un momento afuera. Yo me había esforzado mucho para crear un ambiente que motivara a estos chicos a permanecer en la escuela. El equipo servía para animarlos y hacer que siguieran en las aulas escolares. Y en ese momento me sentí un fracaso, y comprendí que no podía hacer nada para salvarlos, que tal vez había sido un soñador al creer que podría hacerlo a través de un equipo de fútbol. A fin de cuentas, era simplemente un juego.

Recordé lo que me había dicho John Phillips mucho tiempo atrás: "Eres su entrenador, no su trabajador social". Él tenía razón. Pero yo los había entrenado con amor y creía firmemente en eso. No podía dejar de creer simplemente porque Güero hubiera abandonado los estudios. Era cierto que yo no podía salvarlos, pero podía estar disponible, y es probable que eso fuera lo único que cualquier persona pudiera hacer: estar disponible para ellos, escucharlos, ayudarlos en la medida de lo posible, darles consejos si así lo querían y estar a su lado. Ellos tenían que vivir sus propias vidas. El fútbol es un deporte de jugadores. Una vez suena el pitazo inicial, son los jugadores quienes deben saber cómo jugar el partido y trabajar juntos para anotar goles y ganar. Es poco lo que pueden hacer los entrenadores cuando ha comenzado un partido. Y la vida también es así. La gente realmente puede hacer muy poco por ti. Eres tú quien debe saber cómo jugarle a la vida. Las personas pueden apoyarte: tus padres, profesores, entrenadores y amigos. Pero en última instancia, eres tú quien tienes que correr en la cancha para cumplir tus metas. Yo siempre estaría allí para estos chicos, dentro de la cancha y fuera de ella.

Los estudiantes de carpintería tardaron un mes en hacer el marco de madera para la gran foto del equipo que había ganado el campeonato estatal de fútbol. La colgaron en el corredor, y está allí sola en una pared de concreto pintada de blanco. Los Jets se ven orgullosos, de pie o arrodillados, para que toda la escuela los vea. También en la foto están las personas que me ayudaron a entrenar el equipo a lo largo de los años: Ricardo, Matt, Chad, y Chuy, que jugó en la primera temporada y regresó como entrenador en la tercera. Miro la foto y todos están allí: Pepa, más alto que todos; Edi, con una sonrisa radiante; el tímido Bomba, que escasamente se atreve a mirar a la cámara; Güero escondiendo su rostro; Anthony a un lado; Loco, fugazmente inmóvil; Perico, pequeño pero con un juego grandioso; y finalmente Indio, que aparece tan serio que es como si sus ojos pudieran quemar el papel fotográfico. Fish está adelante con el balón del partido, yo estoy a su lado, inclinando orgullosamente la cabeza a un costado. Estoy rodeado por mis chavos. Y todos los días, cuando suena el timbre escolar y los chicos salen de sus salones para ir a la próxima clase, pasan junto a la foto. Cuando lo hacen, ven más que una simple fotografía de chicos con uniformes blancos y azules: se ven a sí mismos con la promesa de un futuro mejor.

EPÍLOGO

———

Yo nací perteneciendo a una minoría, pero no moriré como una minoría. Estados Unidos está sufriendo cambios fundamentales en su población, los cuales alterarán para siempre su carácter nacional. En los próximos cincuenta años habrá más personas que se parecerán a mí, y la identidad del país se transformará. Según los cálculos del Departamento de Censos de Estados Unidos, en 2050 la mitad de la población del país será blanca no-hispana. La otra mitad estará conformada por personas de color y los latinos serán el grupo más grande, con un porcentaje que se calcula en el 24 por ciento. La discusión sobre la raza y la etnicidad cambiará para siempre y se tendrá que crear un nuevo lenguaje para hablar del tema más persistente y complejo de Estados Unidos. La idea de una clase minoritaria de personas probablemente se descarte y surja un nuevo paradigma de fraternidad. Si nadie reclama ser mayoría, entonces nadie puede pertenecer a una minoría, y probablemente la línea de color que ha esclavizado, marginado y lastimado a muchos, tanto a los que han sido explotados a través de la humillación física como a los explotadores mediante la degradación moral, pueda eliminarse y logremos surgir unidos, purificados, y a las puertas de un comienzo nuevo.

Estados Unidos apenas está despertando a la migración silente que se ha filtrado sigilosamente en sus pueblos y ciudades, y está enfadada, al igual que lo estuvo Siler City seis años atrás. Los conservadores, las organizaciones contra los inmigrantes y los grupos supremacistas y extremistas blancos se han valido del cambio demográfico como una nueva causa para preservar el privilegio blanco en Estados Unidos. Esta es la corriente sucia en la que todos estos grupos introducen sus tazas y la fuente que nadie reconoce que existe. Hay una violencia absoluta detrás de las leyes que sólo aprueban el inglés, de los oficiales locales que hacen cumplir las leyes federales de inmigración, de considerar a los migrantes y a sus hijos como criminales, del deseo de despojar de la ciudadanía norteamericana a los hijos de inmigrantes no autorizados, de los programas de trabajadores invitados que les confieren la condición permanente de marginados y de otras medidas punitivas que tienen por objeto castigar a un grupo étnico emergente que un día será el mayor de Estados Unidos.

Bajo el disfraz de la seguridad nacional, estos grupos han desatado su jauría mediática para que eche espuma por la boca y le ladre a asuntos complejos que requieren una comprensión que está más allá de la solución simplista de construir una valla, que el Congreso defiende de manera tan radical. Peter King, representante republicano de Nueva York, y coautor de una ley que propone que los inmigrantes no autorizados sean considerados criminales y apoya la construcción de una valla en la frontera, tiene una casa en Long Island cuyo jardín lo arreglan inmigrantes latinos, uno de los cuales entró de contrabando al país. Cualquiera que haya estado en el desierto de Sonora y haya visto su modesta inmensidad y su belleza asombrosa, entiende claramente que una muralla no sólo será ineficaz para detener la migración, sino un pecado en sí misma. Dios no ve murallas desde el cielo, y por eso todas las que se han construido también han sido derribadas. Estados Unidos tiene tanta rabia que las únicas propuestas para enfrentar esta migración y la emergencia de los latinos, han sido punitivas.

Las mismas fuerzas que han impulsado esta última migración han sido olvidadas o ignoradas. Muchas de sus causas se originan en las políticas de libre comercio de Estados Unidos, en la globalización y en los últimos destellos de la Guerra Fría. Pero también en la pobreza. Éstos son los factores que obligan a una madre a atravesar el desierto con sus hijos y arriesgar sus vidas para tener la oportunidad de alimentarlos. Ni una sola propuesta por parte del Congreso o del Presidente ha considerado siquiera de manera remota estos factores que impulsan a los latinos hacia el Norte. Y otras migraciones tendrán lugar hasta que Estados Unidos no comience a prestarle una atención real a estas causas. Hay quienes dicen que no es responsabilidad nuestra ayudar a México o a América Latina, aunque los vecinos se ayuden mutuamente. No es responsabilidad nuestra pero sí nuestro interés nacional. Un México fuerte y justo será un impedimento contra futuras migraciones. México y su clase dirigente debe hacer ahora lo que nunca ha hecho ni le ha importado hacer: educar a su pueblo, ofrecer empleos dignos y hacer que los pobres asciendan a la clase media. Aunque la migración ha sido un problema para Estados Unidos, es también una desgracia nacional para México y sus líderes.

La migración de los latinos a Estados Unidos que ha ocurrido en los últimos quince años ha dejado al país con rabia y en carne viva. Actualmente, nuestro país sólo quiere castigar, incluso a los inocentes que no han violado ninguna ley. Los niños que fueron traídos por sus padres aquí sin su consentimiento no deberían sufrir los estigmas y consecuencias que se debaten actualmente. Ellos son seres inocentes atrapados en el remolino de la globalización, de la codicia corporativa y de las privaciones subsiguientes. ¿Estados Unidos cree ahora que los hijos deben soportar las inequidades de sus padres? ¿Qué hará Estados Unidos con esta generación ilegal? ¿Estados Unidos ya no tiene espacio en su corazón para el perdón, la amnistía, para los niños que no han violado ninguna ley? ¿Es así como se endurece el corazón del faraón?

La rabia es sólo una de las etapas que se sienten al enfrentar este fenómeno. Al país todavía le falta superar varias, así como Siler City tiene que lidiar con el éxodo de estudiantes blancos de sus escuelas. La demografía es el destino, y si esto es cierto, entonces los inmigrantes latinos serán aceptados algún día. Sin embargo, todavía estamos muy lejos de ese momento.

Los jugadores continuaron con sus vidas después de la temporada del campeonato. Todos siguen jugando fútbol y sueñan con ser campeones de nuevo.

PRIMERA TEMPORADA

Oso: No pudo realizar estudios universitarios en Estados Unidos por su estatus migratorio y regresó a Honduras, donde se matriculó en una universidad para estudiar ingeniería civil, se graduó y ahora vive en su país de origen.

Pee Wee: Tras dejar la escuela, Pee Wee pensó en entrar a la Fuerza Naval, pero trabajó un tiempo en una fábrica de la ciudad y luego en un restaurante. Su madre regresó a Siler City y él encontró un hogar de nuevo. Obtuvo su GED y juega fútbol en La Liga.

Caballo: Dejó la escuela durante el grado once de secundaria y comenzó a trabajar en la industria de la construcción. Se lesionó accidentalmente al meterse un clavo en la rodilla con una máquina para pegar clavos. No tenía seguro médico, le retiraron el clavo y hasta el día de hoy sigue recuperándose de su herida. Ahora es padre de un niño y lo está criando en Siler City.

Chuy: Se concentró en su trabajo en el restaurante pues no podía estudiar en la universidad. Actualmente administra su propio restaurante y toma clases de administración de negocios. Sigue ayudando al equipo cuando el tiempo se lo permite y juega los fines de semana en La Liga. Se ha convertido en un hombre maduro y responsable, y en un líder de la comunidad empresarial.

Lobo: Se graduó de secundaria pero no pudo ir a la universidad debido a su estatus migratorio, a pesar de sus excelentes calificaciones. Trabajó un tiempo en la industria de comidas rápidas, pero actualmente trabaja en jardinería y construcción. Se casó y es padre.

Fidel: Se convirtió en un cholo y dejó la escuela secundaria. Fue arrestado por entrar ilegalmente a una propiedad privada y por huir de la policía. Este residente legal cumple actualmente su pena en prisión y será deportado cuando termine de cumplir su sentencia.

SEGUNDA TEMPORADA

Dougie-style: Doug es ciudadano americano y está estudiando Administración de Negocios y Políticas Públicas en la Universidad de Carolina del Norte-Chapel Hill. Dougie encontró una verdadera familia en los Jets y viene a verlos jugar en sus vacaciones. Piensa viajar a África y trabajar en organizaciones humanitarias. Planea graduarse el año que viene.

Chisco: No pudo integrarse al equipo después de terminar su primer año, pero consiguió hacerlo en el tercero. Sin embargo —y debido a problemas disciplinarios y luego de darle varias oportunidades— se le pidió que abandonara el equipo y entregara su uniforme. En su último año de secundaria, Chisco volvió al equipo hecho un hombre nuevo. Había madurado y crecido. Solidificó la defensa de los Jets con honor y ayudó a llevar al equipo a los cuartos de finales de las eliminatorias estatales.

Nemo: Se reintegró durante su último año de estudios después de perder la oportunidad con el equipo campeón. Mejoró sus calificaciones y comportamiento, y se convirtió en un defensor sólido que reemplazó a Lechero. Dejó la escuela un mes antes de terminar el curso escolar. Veo a Nemo de vez en cuando, cuando trae a su hermana Debra a su entrenamiento de fútbol femenino. Hoy trabaja en la industria de la construcción. Siguiendo la posición de defensa de su hermano, Debra pasa a convertirse en la mejor jugadora de la conferencia y la región en el equipo de fútbol femenino. Es invencible en el fondo de la cancha.

Pony: No regresó al equipo. A pesar de su talento y de ser uno de los mejores jugadores de la escuela, tuvo problemas con sus calificaciones y su asistencia escolar. Actualmente juega en La Liga los fines de semana y, como tantos otros, trabaja en la industria de la construcción.

Lenin: Regresó a México para cuidar a sus padres. Actualmente estudia ciencias en una universidad. Me comunico con Lenin de vez en cuando y él se mantiene al tanto de lo que ocurre con el equipo por Internet. Es el mismo Lenin alegre de siempre, y dice que se casará el año que viene.

TERCERA TEMPORADA

La Pepa: No pudo jugar cuando cursaba su último año de secundaria debido a su edad, pero siguió colaborando con el equipo durante los partidos. Hizo pruebas para integrarse a un equipo de una universidad local pero no las pasó. No pudo seguir estudiando debido a su estatus migratorio. Se fracturó la pierna cuando cursaba el último año de secundaria y lo llevé al doctor Taft, quien lo operó y le insertó cuatro tornillos en la pierna. Espera abrir un día su propio restaurante y sueña con volver a jugar fútbol. Desde ese entonces, La Pepa no ha cambiado. Sigue siendo el muchacho alto y bien parecido que era cuando estaba en el equipo. A veces lo veo en partidos informales los domingos y no ha perdido su toque.

Lechero: No pudo cursar estudios universitarios después de graduarse de JM debido a su estatus migratorio. Ha aprendido a controlar su temperamento y se ha enamorado de una chica de Guatemala. La última vez que lo vi estaba con ella en una marcha, enarbolando una bandera americana el 10 de abril en Siler City, solicitando la oportunidad de ser residente legal. Desde ese entonces se ha casado con su novia y todavía viven en Siler City.

Perico: Se convirtió en un goleador estrella al año siguiente, marcando 29 goles para los Jets. Ayudó a liderar a su equipo para conseguir el segundo campeonato consecutivo de la conferencia y llegar a las eliminatorias del estado. Su último año de secundaria fue difícil para él cuando se enteró que sería padre. Agobiado por sus problemas, sólo convirtió doce goles en toda la temporada. Su novia Ashley, norteamericana, dio a luz una hermosa beba, la primera norteamericana de su familia. Ahora trabaja en construcción con su padre para mantener a su familia.

La Bomba: Fue aceptado en dos universidades privadas de Carolina del Norte, pero su proceso de admisión está pendiente debido a su estatus migratorio. Él es residente legal bajo protección temporal al igual que sus padres, y está aprendiendo que su estatus es difícil y complejo, y que muchas universidades no están familiarizadas con las leyes de inmigración. Al final, se mudó a Wilmington, N.C., para trabajar como electricista. Lo hirió terriblemente ver a los estudiantes universitarios de la zona pasar caminando mientras él trabajaba. Regresó a Siler City y conoció a una mujer maravillosa con la que luego se casó. Me llamó de la nada un día para contarme que finalmente había recibido su tarjeta verde y es residente legal permanente. Ahora puedo revelar su nombre: Reyes Ventura. Espero algún día poder hacer lo mismo con todos los muchachos.

Loco: Se graduó de secundaria pero no tiene posibilidades de estudiar en la universidad debido a su estatus migratorio. Espera abrir su propio negocio. Mientras tanto, trabajó un tiempo en restaurantes y luego consiguió trabajo en una empresa constructora. Sigue jugando al fútbol y no ha perdido ni su velocidad ni su locura en el campo de juego. Toca en una banda mexicana y canta con su novia.

Edi: Fue elegido para participar en los Juegos Estatales de Carolina del Norte en el equipo de las estrellas, y varios entrenadores universitarios se interesaron en él. Fue aceptado en una escuela superior básica y comenzará a estudiar este otoño, jugando para su equipo de fútbol. Ha tenido una carrera exitosa en su colegio universitario. Está comenzando su último año y está ansioso por transferirse a un programa de cuatro años donde pueda seguir jugando. Ha madurado y se ha convertido en todo un hombre. También ha crecido física, técnica y mentalmente como jugador. Su hermano, el Árabe, finalmente condujo al grupo de noveno grado en su último año a los cuartos de final de las eliminatorias estatales, convirtiéndose en el mejor jugador de la conferencia. Su hermana Ana condujo al equipo femenino de fútbol en su último año a los cuartos de final de las eliminatorias estatales y se consagró como mejor jugadora de la conferencia y de la región. Edi la ha estado entrenando para que siga sus pasos y también juegue en la universidad.

Güero: Dejó la escuela después de la temporada del campeonato y comenzó a trabajar en la planta avícola durante el segundo turno. Regresó la escuela al año siguiente, cumpliendo la promesa que me había hecho, pero fue inelegible para jugar. Se dedicó a sus asuntos escolares y en el segundo semestre fue incluido en la Lista de Honor AB. Intercedí por él ante Moody, quien decidió entregarle el anillo del campeonato de 2004 que le había sido negado cuando dejó la escuela. Güero jugó su último año y condujo al equipo a los cuartos de final de las eliminatorias estatales. Ha madurado mucho y se ha convertido en un excelente jugador. Siempre cambiante, Güero abandonó los estudios nuevamente luego de la temporada de su último año. Se puso a trabajar en la industria de la construcción.

Enrique: Después de graduarse de secundaria, tuvo varios empleos que le ayudé a conseguir. No estudió en la universidad a pesar de ser residente legal, y por un tiempo quiso ser policía. Encontró un empleo como asistente de plomería y le gustó mucho. Le encantaba el trabajo duro, las largas jornadas y la satisfacción que sentía tras instalar la plomería de una casa o edificio. Cuando íbamos juntos, señalaba orgulloso las edificaciones en las que había instalado la plomería. Piensa obtener su licencia de plomero y abrir algún día su propia compañía. Sigue viviendo con su madre y su familia, criando pollos y cuidando a sus perros. Le gusta la vida del campo. Desde entonces, Enrique se ha convertido en un excelente plomero capacitado para trabajos tanto residenciales como comerciales. Trabaja muy duro y se ha convertido en un joven ejemplar. Este último par de años, Enrique me ha ayudado a entrenar a los Jets, tanto a los hombres como a las mujeres. Es un gran amigo, y dependo mucho de él por sus consejos y su serenidad. Tiene planeado tomar el curso de cumplimiento de la ley para convertirse en ayudante del Alguacil algún día. Aún vive con su madre y su ovejero alemán Julio en Siler City.

Fish: Se graduó de secundaria e intentó jugar en varios equipos universitarios, pero no pudo hacerlo debido a su estatus migratorio. Trabaja en la industria de la construcción y espera legalizar su estatus para obtener un título universitario. Continúa jugando fútbol los fines de semana, y ocasionalmente me ayuda cuando necesito entrenar a un nuevo arquero. Fish y Elisa se casaron y son los orgullosos padres de un niño. Fish sigue intentando encontrar la manera de mejorar su situación, y todavía cree en el sueño americano.

El Indio: Sufrió una grave lesión en la rodilla en la primavera siguiente al campeonato. Su recuperación fue lenta después de la cirugía que le practicó el doctor Garrett, y no pudo jugar con el equipo en su último año. Indio pensó en retirarse del equipo, pero después de una emotiva conversación conmigo, decidió permanecer y contribuir con lo que pudiera. Se sobrepuso al dolor y a la rigidez, hizo jugadas espectaculares y llevó al equipo a los cuartos de final de las eliminatorias estatales antes de ser derrotados en el segundo tiempo adicional. Lloró abiertamente cuando perdimos, pues no pudo cumplir su sueño de ser campeón una vez más. Solicitó el ingreso a la Universidad de Carolina del Norte-Chapel Hill, pero fue rechazado, y aunque hubiera sido aceptado, su estatus migratorio no le habría permitido estudiar con tarifa de residente del estado. Querer es poder, y nadie representa esto mejor que el Indio. Después de graduarse se convirtió en soldador y me llamó un día desde el aire a una altura de siete pisos donde estaba construyendo un edificio de oficinas. Ahorró dinero y fue aceptado en una universidad donde estudia administración de empresas. Continúa trabajando como soldador ganando buen dinero y pagando su educación. Espera algún día ser dueño de su propia compañía soldadora. Es el epítome del verdadero norteamericano.

LAS CHAVAS

Desde la publicación de la edición en inglés de *Un juego sin fronteras*, las jugadoras del equipo de fútbol femenino no han hecho más que reprocharme el no haber incluido su historia y sus luchas. Ahora hago una breve pausa para corregir esta omisión.

El programa de fútbol femenino comenzó al mismo tiempo que el masculino. Durante la primera temporada de las mujeres no ganamos un solo partido y sólo empatamos uno. Ese año, entre aquellas pioneras estaban jugadoras fenomenales como Deisi, Norma y una de nuestras mejores jugadoras, Guadalupe. La segunda temporada de las Lady Jets fue mucho mejor que la primera, y ganamos nuestro primer partido. Con el correr de las temporadas tanto el equipo como las jugadoras han mejorado. Tuvimos a Diamara, una defensora sólida, Erika, Gloria y Nayeli. Otras jugadoras destacadas fueron Sarah Johnson, una muchacha afroamericana, Brenda, Evaluz, Anna Grey, Liz y Brittany.

Grissel, una pequeña jugadora tenaz con mucha pasión, llegó a ser una de las mejores.

A diferencia del equipo de los hombres, las mujeres se convirtieron en un equipo mixto, representando a todos los chicos del colegio. En la temporada más reciente, las niñas llegaron a los cuartos de final de las eliminatorias estatales, un abismo en comparación con la primera temporada. Ese equipo, el mejor equipo logrado por JM, ha producido algunas jugadoras sobresalientes. Tuvimos nuestra defensa más fuerte, con Ashley, Diana y María, anclada por la pequeña Debra que podía despejar cualquier balón que se le acercara. El mediocampo consistía de Meredith, Shannon, Teryn y Ana que marcó el único gol en nuestra aparición en los cuartos de final. Entre las delanteras estaban Taylor y Yadira que se convirtió en la máxima goleadora, marcando 22 goles esa temporada y 39 goles en su carrera. Yadira fue nuestra primera Lady Jet seleccionada como mejor jugadora del estado

La temporada que viene seguramente será mejor con jugadoras tan promisorias como Tania, Zuleyma, Lupe, Diana, Gloria, Amy, Sierra, Sarah, María, Ali, Diana y Judi.

He lidiado con diferentes asuntos con las chicas a través de los años. He tenido que visitar muchas casas para convencer a madres y padres de que las dejaran jugar. He sido flexible permitiendo que las niñas entrenaran cuando podían si es que tenían que cuidar niños. Y he visto muchachas perderse una temporada para tener un hijo, y reincorporarse la temporada siguiente. A través de los años, he sido bendecido con esta oportunidad de entrenar a muchachas formidables y jugadoras apasionadas.

Les he prometido escribir otro libro sobre ellas si ganan el campeonato estatal. Espero con ansias el día en que las chavas también sean campeonas.

El 10 de abril de 2006, los latinos y sus partidarios se reunieron en Siler City para marchar en el marco de las manifestaciones a favor de los inmigrantes que se estaban realizando en todo Estados Unidos. Un grupo de cincuenta estudiantes y yo nos encontramos frente a la escuela JM y marchamos desde la planta avícola hasta el ayuntamiento. Pasamos por las calles de Siler City y los latinos se nos unieron. Los residentes blancos y afroamericanos salieron de sus casas para observarnos y muchos nos apoyaron. Más de cinco mil personas llegamos al ayuntamiento donde David Duke había despotricado una vez contra la comunidad inmigrante y los "desplumadores de pollo". Me permitieron subir al podio para animar a los participantes. Vi rostros alegres en medio de la multitud de camisas blancas, como si hubieran salido por primera vez a recibir aire fresco luego de muchos días de oscuridad. Estaban radiantes de felicidad. Y entonces los vi a ellos: a los Jets. Sus rostros expresaban orgullo y sus ojos juveniles tenían una mirada desafiante. Había visto esos rostros muchas veces en la cancha. Sostenían pequeñas banderas americanas con los brazos estirados.

AGRADECIMIENTOS

En 1998, yo trabajaba en el Centro para la Integridad Pública en Washington, D.C., y estaba escribiendo un capítulo para un libro que publicaría el centro sobre el Congreso y la financiación de campañas, cuando descubrí que la fuerza laboral que trabajaba en la industria cárnica y avícola estaba cambiando. Rápidamente advertí que lo que estaba sucediendo en las zonas rurales del Medio Oeste y el Sureste era una migración silenciosa de trabajadores latinos fomentada por la industria del procesamiento de alimentos. Desde entonces, he trabajado para encontrar la forma de contar la historia de la Gran Migración Latina a la parte continental de Estados Unidos, y de qué manera esta migración cambiará algún día el carácter del país y la forma en que nos vemos a nosotros mismos. Ese día parece estar muy cerca, pues los medios principales y los gobiernos locales, estatales y federales han abierto sus ojos a la migración actual.

Me siento agradecido con el personal del centro, quienes

me animaron a continuar con lo que sería mi "gran historia". Gracias a Chuck Lewis, quien me orientó en el proceso de escribir un libro sobre la Diáspora; a los periodistas del centro, quienes me alentaron, entre ellos a Bill Hogan, Bill Allison, Alan Green, Nancy Watzman y Anny Shin; y a amigos en Washington como Sam Lowenberg y Sandra Mann, quienes me animaron a realizar este proyecto.

Este libro no habría sido posible sin la Alicia Patterson Foundation; creyeron inicialmente en el proyecto y en la forma en que yo estudiaba e investigaba de qué manera los trabajadores latinos de las plantas avícolas estaban transformando el Sur rural. La beca que me ofrecieron para ir a Carolina del Norte y al condado de Chatham fue el primer paso para finalizar este libro.

Estoy eternamente agradecido con mis amigos, quienes creyeron en mí y escucharon mis preguntas e historias sobre los latinos en el Sur y sobre mi labor como entrenador de fútbol. Jerome Kramer me ayudó a orientarme a través de varios puntos importantes para que me publicaran y le agradezco su experiencia. John Sullivan me ayudó a concentrarme y me ofreció apoyo cuando lo necesité. Robert Sulewski me ofreció sugerencias académicas y unos oídos receptivos al calor de unas cervezas y partidas de Scrabble. También agradezco a mi amigo Robert O'Neill, quien fue mi publicista personal, y experto en fútbol y en los matices de este deporte.

Este libro y esta historia no habrían sido posibles sin la dedicación de mi agente Jeff Kleinman, quien creyó en esta historia, me presionó para que la publicara y me guió hasta el final. Jeff, siempre te estaré agradecido por cumplir un sueño mío.

A mi editor René Alegría y al maravilloso personal de Rayo que se volvieron Jets y entendieron la importancia de este libro desde un comienzo. Gracias a todos ustedes por su trabajo incansable. Sé que este libro será el primero en haber realmente documentado la Gran Migración Latina del siglo veintiuno.

Este proyecto no habría sido posible sin la asistencia, tolerancia y cooperación de las personas bondadosas de Siler City y del condado de Chatham. Ellos me abrieron sus puertas y sus corazones y por todo ello les estaré eternamente agradecido. Sé que algunas personas tienen dificultades para aceptar a los extranjeros, pero esas personas maravillosas nunca me hicieron sentir así. Espero que el país pueda aprender de Siler City y de su gente en este asunto tan importante, y de la forma en que se comportaron en tiempos difíciles.

Mi aprecio y gratitud a Ricardo Jofré, Matt Streng, Lenin Aguilar, Mark Rogerson, Chad Morgan y a Christopher Atkins, quienes me ayudaron a dirigir el equipo y nos apoyaron a los chavos y a mí. Mis agradecimientos a los maravillosos profesores, entrenadores y personal de Jordan Matthews High School. Gracias a todos los equipos de fútbol femenino que he entrenado. Esta no es la historia de ustedes, pero espero contarla algún día. A Gale Brickhouse, quien condujo nuestro autobús y es nuestra mayor hincha, y a John Phillips, nuestro director deportivo, el hombre más racional de Siler City. Y finalmente, mis agradecimientos y aprecio personal a David Moody por apoyar al equipo.

Un agradecimiento personal a Gary Phillips por luchar para la creación del equipo y a Ilana Dubester por apoyar de manera tan incansable a los latinos del condado de Chatham. Mis agradecimientos para Gloria Sánchez y Stephanie Scarce.

Este libro no habría sido posible sin el apoyo y el estímulo de Leda Hartman, a quien conocí en la manifestación de David Duke y de quien me enamoré desde el momento en que la vi con su micrófono. No alcanzo expresar mi profunda gratitud

AGRADECIMIENTOS 317

por animarme, orientarme y ofrecerme tus opiniones y comentarios a lo largo de estos años. Has sido mi mayor hincha y siempre he valorado eso. Gracias, mi amor.

Y finalmente a mi familia, que siempre ha respaldado mis sueños de ser un escritor. Quiero agradecer a mis hermanos Al, Sergio y Willie por haber jugado al fútbol conmigo y por todas las veces que estuvimos juntos y nos apoyamos incluso en los momentos más oscuros. A mi madre, quien siempre me apoyó en los tiempos más difíciles. Y a mi padre, quien me llevaba al parque para jugar fútbol, asistía a mis partidos y siempre me animó a escribir y a hacer algo con mi bolígrafo. Gracias a él soy la persona que soy. Tenía un corazón de poeta y falleció plácidamente en su cama mientras yo escribía este libro, pero él supo que finalmente me había convertido en escritor y sé que se sentía orgulloso de mí. Está enterrado en la misma iglesia donde yo crecí y que él limpió alguna vez. Llevó una vida de inmigrante y fue el hombre más exitoso que he conocido. Gracias por todo, Papi.

Finalmente, a todos los chicos y chicas que entrenaron en todos los equipos de fútbol, que sudaron bajo el sol ardiente, arriesgaron su integridad física en los partidos, hicieron disparos al arco, fueron derribados, se fracturaron huesos y se levantaron de nuevo para seguir jugando. Ustedes me han inspirado profundamente con su valor. Espero que algún día les lean este libro a sus hijos para que ellos sepan cómo logramos ser campeones.

Un juego sin fronteras

ENTREVISTA CON PAUL CUADROS

¿Todavía es entrenador de fútbol en Jordan–Matthews? ¿Cómo le está yendo al equipo este año? ¿Se establecerá definitivamente en Carolina del Norte?

Todavía estoy entrenando al equipo de JM, y le ha ido bien. Después de la temporada del campeonato ganamos la conferencia del Valle Yadkin por segundo año consecutivo, pero las lesiones de varios jugadores nos impidieron alcanzar mayores resultados. La Bomba sufrió una lesión en la espalda, Loco en la entrepierna e Indio sufrió una grave lesión en la rodilla. Le practicaron una cirugía artroscópica para repararle el cartílago antes de la temporada, pero no se ha sentido al máximo de sus capacidades. Como consecuencia de ello, lo que pudo ser una gran temporada tuvo un final prematuro cuando perdimos en el segundo tiempo adicional durante los cuartos de final del torneo estatal. Para responder a su última pregunta, creo que Carolina del Norte será mi hogar. Es un estado hermoso y sigo interesado en escribir sobre su naciente comunidad latina.

¿De qué forma ha cambiado la comunidad para bien desde que los Jets alcanzaron el campeonato, y de qué formas ha cambiado para mal?

Creo que Siler City se ha unido más y hay una mayor aceptación de los recién llegados. Además, y gracias a los comentarios de antiguos residentes que han leído *Un juego sin fronteras,* sé que hay una mayor comprensión de las experiencias que tipifican la vida de los inmigrantes de Siler City. También hay una mayor conciencia de los obstáculos cotidianos que enfrentan los inmigrantes en un país nuevo, como por ejemplo, encontrar atención médica u obtener una licencia de conducción.

Al mismo tiempo, definitivamente hay un límite a los poderes que podrán obtener los recién llegados a Siler City. Después de la manifestación del 10 de abril de 2006 a favor de la inmigración, que reunió a unos siete mil manifestantes pacíficos en el ayuntamiento, hubo una incomodidad palpable en la ciudad en respuesta al gran número de manifestantes. El Vínculo fue el principal organizador del evento. El capítulo local de United Way decidió recortarle los fondos al Vínculo ese año, y señaló que la manifestación había sido la principal causa para eliminarlos. Éstos fueron restaurados posteriormente, pero la reacción apresurada a la manifestación fue muy reveladora: los inmigrantes pueden defenderse, pero sólo hasta cierto punto.

¿Cómo respondieron los estudiantes a su libro? ¿Cuál fue la reacción de la comunidad de Siler City en general? ¿Hubo algo que le haya sorprendido?

Los estudiantes y jugadores respondieron de una manera muy positiva al libro, y muchos incluso se lo han autografiado a los lectores. Les ha emocionado que su historia se haya contado. Siler City también respondió al libro de una manera muy favorable. Hablé en el Club Rotario de la ciudad después de su publicación, y los miembros lo recibieron bien, señalando que había captado con precisión la vida en la ciudad. Creo que el libro les hizo abrir los ojos a los antiguos residentes en términos de entender la experiencia de los inmigrantes y de sus hijos en la ciudad. El libro les ha permitido a muchas personas modificar su opinión sobre los recién llegados.

¿Cómo cree que deberían reaccionar las escuelas a la creciente población estudiantil latina, gran parte de la cual no es residente legal?

Las leyes exigen que todas las escuelas de Estados Unidos les ofrezcan educación gratuita a todos los chicos hasta el grado doce. Las escuelas tienen la obligación de educar a cualquier niño que acuda a ellas, independientemente de su estatus migratorio. Muchos profesores conocen a estos niños, les enseñan, los quieren como si fueran suyos y ven que existe poca diferencia entre los estudiantes latinos y los demás. Actualmente, la población estudiantil latina en Estados Unidos es el grupo más grande y de mayor crecimiento en nuestras escuelas. Tenemos una responsabilidad especial para asegurar que este grupo tenga éxito en la escuela y continúe sus estudios en institutos de educación superior, no sólo para el beneficio de los estudiantes, sino para el de las comunidades que algún día dependerán de estos futuros líderes cívicos y de negocios.

El verdadero problema en materia de educación y de los estudiantes latinos es el acceso a la universidad. Muchos de los integrantes de los Jets no han podido cursar estudios universitarios a pesar de tener las calificaciones para hacerlo por su estatus migratorio, bien sean documentados o indocumentados. Por ejemplo, La Bomba se ha sentido frustrado después de terminar la secundaria. Es residente legal pero no puede recibir ayuda financiera federal porque aún no tiene su tarjeta de residencia. Debido a esto, no ha podido estudiar en ninguna de las dos universidades que lo han aceptado. Al contrario, ha desperdiciado su potencial y trabaja en la construcción, esperando y soñando con estudiar. Indio tampoco ha podido cursar estudios en la universidad a causa de su condición de indocumentado, y también sigue soñando con hacerlo algún día.

Además de las historias conmovedoras como las de La Bomba e Indio, creo que permitirles acceso a la educación superior a los estudiantes talentosos y calificados, ofrecerles las tarifas que se aplican para los residentes del estado y darles ayuda financiera, redundaría en beneficio del país. Las comunidades como Siler City se beneficiarían mucho si sus estudiantes de secundaria pudieran estudiar en la universidad. Al igual que los inmigrantes anteriores, estos chicos están motivados para dejar su impronta en el mundo y en nuestra sociedad. Es una de las formas en que Estados Unidos puede revitalizarse y renovarse a sí misma.

En su libro leemos que usted no transige en los estándares que ha establecido para sus jugadores, bien sea en la cancha o en los salones de clase. ¿Cuáles son los desafíos y sacrificios propios de mantener criterios tan estrictos para usted y sus jugadores?

No es fácil ser estricto. Creo que los estándares pueden ser exigentes pero la justicia debe permitir que sean flexibles en algunas ocasiones para que sean realmente justos. Entrenar y dirigir supone entender la diferencia entre estos dos aspectos. Puedes ser exigente con las reglas y las expectativas, pero también solidario con las circunstancias individuales, de tal manera que el deporte sea algo equilibrado: hay que saber cuándo ser exigente y cuándo ser flexible. Algunas veces, esto implica reprender a un jugador, expulsarlo o también darle otra oportunidad. Es casi imposible tener la certeza de que estás haciendo las cosas bien y eso ha sido lo más difícil para mí: ¿Lo hice bien? ¿Fui justo? En cuanto a los jugadores, es difícil para ellos mantener los estándares y las expectativas. Tienen que hacer sacrificios, trabajar duro, mantener su concentración y estos aspectos pueden ser difíciles para los adolescentes. Como entrenador, también tengo que hacer sacrificios para alcanzar las mismas metas. Esto significa renunciar a mi tiempo, conformar las alineaciones, pensar en mi equipo y en mis rivales, cerciorarme de que mis jugadores estén bien, y trabajar duro para que tengan una experiencia que puedan recordar.

¿Por qué cree que el deporte puede cambiar mentes y corazones?

El deporte tiene la capacidad de resumir y condensar la vida y su pasión, las luchas, la victoria y la derrota en un momento determinado, es una emoción que puede experimentar el público al igual que los deportistas. El deporte nos permite ser testigos de la vida y examinarnos y reexaminarnos en el proceso, así como luchar para lograr la excelencia. El deporte vive en las gargantas de los jugadores y de sus hinchas, y desde allí llega fácilmente al corazón y a la mente. El deporte es el teatro del momento.

¿Cree usted que hay una crisis de comunidad en el Sur? ¿Cómo cree que la floreciente inmigración latina afectará el futuro de la región? ¿Cómo cree que las comunidades pueden y deben enfrentar su rápido cambio demográfico?

Según el informe de 2006 del Instituto Frank Hawkins Kenan para la Empresa Privada de la Universidad de Carolina del Norte, los latinos aportan $9 mil millones a la economía del estado, y se espera que este aporte aumente a $18 mil millones en los próximos diez años. Además, la población latina —la cual es relativamente joven— tendrá un fuerte impacto en las estadísticas demográficas del estado.

Los latinos son una población joven, y muchos están en sus principales años de fertilidad o cerca de entrar a ellos. El 55 por ciento de la población latina de Carolina del Norte tiene entre dieciocho y cuarenta y cuatro años. La población no latina que está en este rango de edad sólo constituye el 37 por ciento. En cuanto a la edad escolar, los latinos constituyen el 21 por ciento de la población entre los cinco y los diecisiete años, comparados con el 18 por ciento de no latinos que hay en el estado. Las diferencias son aún mayores en niños menores de cinco años. El 14 por ciento de los latinos son menores de cinco años, mientras que sólo el 7 por ciento de los habitantes no latinos del estado son menores de cinco años. Se espera que la población juvenil latina en las escuelas del estado crezca en los próximos años.

Como podemos predecir este crecimiento, es imperativo que el estado aproveche la oportunidad para asegurarse de que los niños latinos reciban una educación adecuada en las escuelas. Las comunidades de Carolina del Norte han hecho un buen trabajo en anticiparse a las necesidades de estos niños desde el comienzo de la migración, pero ahora necesitan aumentar sus expectativas, exigir que sean exitosos en las escuelas y abrirles las puertas de las universidades. Es fundamental ofrecerles tarifas de residentes del estado, no sólo para que estos niños cumplan sus sueños, sino para que el estado aproveche y fomente el liderazgo latino, lo cual asegurará su vitalidad económica.

¿Hay una diferencia discernible entre los comportamientos y actitudes de la juventud y la de los adultos? ¿Qué espera usted de las futuras generaciones de residentes de Siler City?

Existen diferencias significativas entre los jóvenes latinos y sus padres. La juventud latina se encuentra en un estado de cambio, no se ha definido aún y está a un paso de encontrar su identidad, la cual será diferente a la de sus padres. Esto es evidente en las relaciones de pareja y en los roles masculinos y femeninos dentro de la juventud latina. Muchas jóvenes latinas quieren ser más independientes, pero sus padres quieren que permanezcan en casa. El conflicto entre la idea tradicional que tienen las familias acerca del papel de las latinas, y la vida que ellas quieren trazarse a sí mismas, puede conducir a conflictos familiares. Muchos jóvenes latinos son conscientes de que sus padres tienen trabajos que no conducen a ninguna parte, y quieren algo mejor para ellos. Esta generación de latinos muchas veces sueña con una vida mejor pero se siente frustrada porque no puede hacerlo debido a su estatus de residencia, sus bajas expectativas y a los prejuicios.

Creo que hay una gran dosis de esperanza para la juventud latina de Siler City y de Carolina del Norte. Siler City es una comunidad única que ha vivido situaciones álgidas en el tema de la inmigración. Ahora mismo, la ciudad ha tomado la gran iniciativa de ofrecerles educación a estos chicos, pero sólo el Congreso y la reforma inmigratoria pueden determinar los puntos culminantes que les permitan alcanzar sus sueños.

PREGUNTAS PARA PROFUNDIZAR

Un juego sin fronteras es un libro que hace pensar en la forma en que la inmigración está transformando nuestras comunidades. Los lectores se harán muchas preguntas después de leerlo —especialmente los profesores y estudiantes— y querrán hablar de asuntos como las proyecciones de población, aspectos de inmigración, el impacto económico, la globalización, el papel de los deportes, el orgullo y la comunidad, las diferencias culturales que hay entre los grupos y el futuro de nuestro país. Estas son algunas de las preguntas que pueden fomentar la discusión, el debate y las ideas para explorar esas tendencias.

1. ¿Qué otros ejemplos hay de migraciones históricas y cómo se adaptaron los demás a los recién llegados a sus tierras? ¿Cuál es la historia de los pueblos del continente americano, cómo migraron y de dónde?

2. ¿Qué característica es exclusiva en la conformación de Estados Unidos si se le compara con la fundación

y el florecimiento de muchos otros países del mundo? ¿En qué sentido Estados Unidos sigue siendo una excepción con respecto a su población? ¿Cúan importante cree usted que sea un idioma común para compartir una identidad nacional?

3. Observe un globo terráqueo. ¿Qué ve? ¿Hay fronteras entre las masas terrestres? ¿Qué dice eso sobre los seres humanos y sobre su necesidad de definirse a sí mismos?

4. ¿Existe una diferencia entre la migración y la inmigración? ¿Cuál es?

5. ¿Cuál es la historia de la migración latina a Estados Unidos? ¿De dónde han venido? ¿En qué sentido la migración de los mexicanos a Estados Unidos es diferente a la de los latinos de Suramérica o del Caribe?

6. ¿Cuáles son las causas de la migración? ¿Puede citar ejemplos recientes en los que los desastres naturales hayan causado la migración de personas?

7. ¿Qué papel tienen los grandes negocios en la migración o en la inmigración —legal y de otras formas— hacia Estados Unidos? ¿Cuánta responsabilidad deberían asumir por las personas que migran ilegalmente para trabajar con ellos?

8. Se calcula que hay 12 millones de inmigrantes indocumentados en el país. ¿Qué se debe hacer

con este grupo de personas? ¿Cree que debería existir
una multa para quienes entran ilegalmente al país?
¿Cree que deberían tener la oportunidad de adquirir
la ciudadanía? ¿Por qué si, o por qué no?

9. ¿Cree que alguien puede ser llamado "ilegal"? ¿Qué
implicaciones tiene llamar así a un ser humano?

10. ¿Qué motivaciones políticas hay detrás de la reforma
inmigratoria y del estricto cumplimiento de la
inmigración? ¿Qué deberían hacer el Congreso y el
presidente con respecto a la inmigración?

11. En el libro, los Jets, antes que representar a un equipo,
representan a una comunidad. ¿Hay ejemplos semejantes en su comunidad? ¿Tienen aspectos positivos y
negativos estas representaciones?

FOTOS DE UNA COMUNIDAD

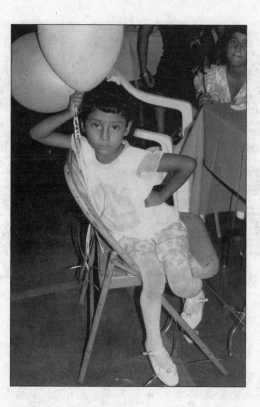

El futuro de Siler City y de otras comunidades en el Sur rural.

Parque de tráilers Snipes. Muchas familias habitan viviendas precarias. (© PAUL CUADROS)

Un trabajador avícola, exhausto después de dos turnos en la planta local, sentado afuera de su tráiler. (© PAUL CUADROS)

Domingo de Ramos en Siler City. La fe juega un papel importante en la vida comunitaria, tal como lo demuestra esta mujer.

(© PAUL CUADROS)

337

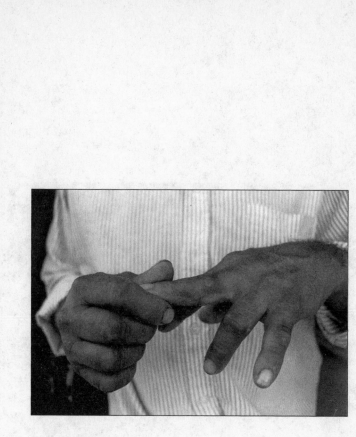

Muchos trabajadores avícolas sufren fuertes dolores y
entumecimiento en las manos luego de trabajar muchas horas
y de hacer movimientos repetitivos. (© PAUL CUADROS)

Pulgar con su pequeño auto en el parque de tráilers Justice, Siler City. (© PAUL CUADROS)